本书系国家社科基金"十一五"规划2010年度教育学一般课题"农村基础教育信息化绩效评估体系构建及应用研究"（项目编号BCA100097）成果

农村基础教育信息化绩效评估及发展研究

THE INFORMATIZATION OF RURAL BASIC EDUCATION
PERFORMANCE EVALUATION AND DEVELOPMENT RESEARCH

解月光◎著

人 民 出 版 社

农村基础教育信息化的可持续发展

2015 年 2 月 1 日，中央一号文件《中共中央国务院关于加大改革创新力度加快农业现代化建设的若干意见》在继承往年关注"三农"问题传统的同时，对农村教育进行了较多的论述，这是过去很难见到的。文件提出"全面改善农村义务教育薄弱学校基本办学条件，提高农村学校教学质量"，重申"因地制宜保留并办好村小学和教学点"，"利用信息技术推动农村学校获得优质教育资源"。这些意见对农村学校改革与发展不仅指明了方向，而且突出了农村教育工作的重点和难点，其意义非常重大。在过去的几年时间，国家教育行政部门和一些地方政府为促进区域义务教育均衡发展，从增加基本办学条件入手，关注农村学校表面硬件条件改善，制定了均衡发展指标，一些县区通过"达标"验收实现了县区内义务教育均衡发展，其结果只不过是"外表漂亮的薄弱学校"。广大的农村仍然存在大量薄弱学校，农村学校教育仍然没有吸引力，区域义务教育均衡发展问题并没有得到根本解决。我认为，2015 年中央一号文件提出"教学质量"这一产出指标才是根本性指标，否则很难说明农村学校摆脱了"薄弱学校"的困境。

实践证明，教育信息化是促进农村基础教育现代化和均衡发展的有效途径。为了尽快缩短我国信息技术教育与世界发达国家的距离，国家层面制定了各种现代教育技术标准体系，在实践中开展了"校校通""农村中小学远程教育工程"等各项工程，使我国的农村基础教育信息化在经费投入、建设规模、应用推进等方面都取得了实质性进步。但同时，相关工程提供的设备和资金却没能够发挥应有的最大效益，其实际成效与预期目标之间存在很大差距。为了减少这种投资浪费，促进农村基础教育信息化持续、有效的发展，亟须构建一种能测量农村基础教育信息化资源配置合理程度的评估标准体系。为了实现这一目标，必须将对农村基础教育信息化水平的评价逐步由"投入为主"，转变为以"绩效为主"，通过绩效评价来促进农村基础教育信息化的应用和可持续发展。

解月光教授是我国教育信息化领域特别是农村基础教育信息化领域的资深专家、"教育部人文社会科学重点基地"东北师范大学农村教育研究所特聘教授和"中国农村教育发展协同创新中心"团队任务首席专家，一直致力于农村基础教育信息化战略发展及绩效评估研究。在过去的十年中，先后主持了全国教育科学规划"十五"重点课题《农村教育资源优化与信息技术教育开展的策略与方法研究》、教育部人文社会科学重点研究基地重大项目《欠发达地区农村基础教育信息化推进战略研究》和国家社科基金"十一五"规划教育学课题《农村基础教育信息化绩效评估体系构建及应用研究》三项有关农村教育信息化的国家级重大课题。本书《农村基础教育信息化绩效评估及发展研究》正是她在课题研究和实践探索的基础上，针对农村基础教育信息化发展现状，从绩效发展与评估角度，对农村基础教育信息化可持续发展的多年研究成果的新思考，具有重要的学术价值和社会效益。主要体现在以下几个方面：

第一，在农村基础教育信息化研究中创新性地引入了系统理论、复杂性理论、自组织理论、生态理论、协同创新、差异性理论，提出了农村基础教育信息化系统整体性、复杂性、自我能动性、生态性、协同性与差异性等特征，深入地探讨了我国农村基础教育信息化的发展规律以及绩效结构、耗散特征、影响因素说和发展阶段论，从理论上解析了农村基础教育信息化系统的动态复杂关系，具有理论先导意义。

第二，在农村基础教育信息化研究中首次提出了农村基础教育信息化的发展阶段与绩效水平层级对应关系，解决了投入产出分析带来的绩效水平与发展阶段的矛盾性，在农村基础教育信息化研究领域具有里程碑的意义。

第三，在理论研究与实证分析结合的基础上，构建了农村基础教育信息化绩效评估体系，探索了绩效评估工具，并在实践中形成了具体的应用方法。研究成果可为我国地方教育行政部门实施农村教育信息化发展策略提供有效咨询和重要参考，对推动我国农村基础教育信息化发展政策的制定与实施具有重要的现实价值。

有幸作为本书的首批读者，通过仔细阅读，我认为除了与时俱进、满足了农村学校教育教学质量提升的需求、具有重要的学术价值和社会效益之外，这本书在内容上还有如下几个特征：

第一，视野很开阔。本书将中外不同发展水平的国家教育信息化政策进行比较研究，使读者既能理解我国改革开放以来相关政策的发展变化过程，也能理解欧美等发达国家和印度等发展中国家的国家政策变化过程。

第二，理论很衔接。本书不是简单地把绩效评估指标直接提出来，而是基于作者多年的理论研究和实践探索之后，有了坚实的积淀才联系到绩效评估指标问题的，理论与实践衔接自然、合理。

第三，调查很深入。作者经过多年承担国家、省部级课题研究之后，基于对教育信息化问题的深刻认识，在大量的调研数据基础上抽象出有价值的指标，保证了科学性、可复制性和可推广性。

第四，指标很科学。指标体系本身结构合理，权重分布适宜，便于不同主题在各种检查、督导、评价时应用。

第五，议题很开放。作者在书中多处谈到，农村学校教育实践外部环境和内部运行因素复杂，学校教育信息化只是其中一个侧面，不是全部。有些教育管理者观念落后，没有民主意识，在信息化时代，还有学校教育之外多种信息媒体造成的城乡之间"数字鸿沟"的存在，这些因素也是农村基础教育发展滞后的基本原因。这些议题都可以在后续研究中逐步展开。

在中国，农村教育发展滞后是不争的事实。农村教育是我国政府高度重视的一个领域。城乡教师合理流动，大幅度提高农村教师待遇，给农村教师提供继续学习的机会，吸引优秀人才到农村学校工作，农村学校布局合理分布，防止农村儿童因为上学远而辍学，解决农村教育机构与农村社区的关系，等等，这些都是迫在眉睫的大问题。我深信，解月光教授这本《农村基础教育信息化绩效评估及发展研究》必将引起广大教育实践工作者、教育理论研究者和一切关心农村教育的人们思考，如何将农村基础教育信息化之路走好，如何实现农村基础教育信息化和现代化。另外，书中结合农村基础教育信息化的现状，以阶段性、人本性以及绩效性等为原则而提出的具有农村特色的教育信息化发展和评估模型，可为教育行政管理工作者、研究人员和一线教师提供很好的实践指导和理论借鉴。

袁桂林

北京师范大学教育学部教授

2015 年 5 月

CONTENTS | 目　录

上　篇
农村基础教育信息化理论分析及研究设计

中　篇
农村基础教育信息化绩效模型及指标体系

下　篇

农村基础教育信息化可持续发展:绩效提升策略与战略选择

总　论

随着信息技术为主要标志的科学技术的迅猛发展，以知识、信息的产生与传播以及应用为基础的知识经济将占世界经济发展的主导地位。国家的综合国力和国际竞争力越来越取决于教育发展、科技进步和知识创新。教育在经济和社会发展过程中将呈现出越来越突出的作用。传统的教育越来越不适应社会和经济的发展，如公平问题、均衡发展问题、终身学习体系构建、学习型社会建设等各种因科技迅猛发展与人口增长而引起的教育要求与国际竞争社会问题等。在此背景下进行教育综合改革和教育信息化建设已成为21世纪知识经济时代发展的客观趋势和必然选择。

以教育信息化为龙头，带动教育现代化，实现教育全面发展是我国教育事业发展的战略选择，也是构建现代国民教育体系，形成全民学习、终身学习的学习型社会的内在要求。农村教育信息化作为国民经济和社会信息化的重要组成部分，尤其是农村基础教育作为教育发展全局中的关键环节，其发展水平直接影响到了教育信息化发展的进程。因此，有必要对其功能作用、指导思想、主要目标、核心任务以及效果评估等方面进行前期的研究，特别是教育信息化从20世纪90年代的应用、整合发展到如今的融合、创新阶段，更需要对其应用创新效果进行评估，并针对农村区域特色建立起相应的评估体系和评估标准，以更好地促进我国基础教育的公平和均衡发展。

一、农村基础教育信息化是我国推进教育均衡发展的必然要求

教育信息化作为推进教育均衡发展、构建终身教育体系和学习型社会的

重要支撑，已经受到世界各国的高度重视。发达国家通过制订国家战略和行动计划，确保经费投入，以提高国家的信息化水平和综合国力；许多发展中国家也把教育信息化作为摆脱贫困、振兴国家的重要举措，对其加大投入和建设力度。对于城乡二元经济结构①突出的我国来说，加大农村教育信息化的建设是目前社会和经济发展的必然选择。因此，需要我们从当代科技、经济、文化和社会发展的角度，研究和认识农村教育信息化在促进教育公平和均衡发展、全民终身教育体系构建以及学习型社会建设中的必要性、重要性和紧迫性。

（一）教育信息化是各国促进农村教育均衡发展的共同战略选择

教育信息化最早出现在西方发达国家，20 世纪 90 年代中期之后，逐渐成为全球各国教育关注的热点和重点。并且，随着国家信息化水平成为综合国力强弱的标志，全球各国逐渐认识到，具备高度信息素养的公民才有能力推动国家信息化水平的提升。为此，世界许多国家相继提出了教育信息化的发展战略，以增强综合国力，缩小数字鸿沟，促进教育均衡发展，应对愈演愈烈的国际竞争。但在国际教育信息化的进程中，各发达地区凭借雄厚的经济实力取得了长足的发展，而在经济欠发达特别是经济落后的农村地区，其发展相对落后的状况日益严重，成为全面推进教育信息化面临的棘手问题，城乡之间逐渐增大的"数字鸿沟"成为国际上备受关注的焦点和核心。美国教育部《教育技术白皮书》（2000 年）中国家电讯和信息部的一份报告数据显示，穷人、少数民族和居住在乡村的居民的信息使用率增长不快，信息拥有者和信息贫乏者间的差距在拉大，需要一些政策和私营机构的努力，让这些不利人群也能享受信息技术。2003 年，日内瓦"信息社会世界高峰会议"《原则性宣言》草案中提出："我们将坚定不移地赋予穷人，特别是那些生活在边远、农村和边缘化城市地区的穷人，获得信息和使用信息通讯技术的能

---

① 城乡二元经济结构一般是指以社会化大生产为主要特点的城市经济和以小生产为主要特点的农村经济并存的经济结构。

力，借此使其摆脱贫困。"① 因此，积极推进农村教育信息化成为各国缩小城乡差别、实现农村教育跨越式发展的有效途径。

1. 发达国家边远农村教育信息化可持续发展的战略与策略

伴随着各种教育信息化强国战略的实施，近年来许多发达国家和地区纷纷把推进偏远山村和经济落后地区的农村基础教育信息化作为提高教育质量、实现教育公平的一项重要举措。俄罗斯联邦政府在 2001 年通过的 630 号决议《关于联邦的目标计划"发展统一的教育信息环境（2001—2005 年）"》中，规定了在计划的第一阶段（2001 年）大力开展农村中小学的信息化建设。欧美各国在 20 世纪 90 年代已经开始着力研究和推进农村（偏远乡村）的教育信息化，从远程教育、项目工程、学校与社区合作等方面形成和推进农村（偏远乡村）教育信息化可持续发展的策略。在表 0－1 中我们对美英两国一些典型的发展策略和运行机制进行了梳理。

表 0－1　发达国家农村教育信息化可持续发展战略

国家	整体战略规划	农村项目工程	运作机制	发展策略	备注
美国	国家教育技术计划（1996 年、2000 年、2005 年、2010 年）	E－RATE（教育折扣项目）、明星学校计划等	政府专项资金、企业参与	学校与社区合作、加强农村教师教育技术培训	1996 年开始四个时期
英国	英国网络信息化年（1998—2000 年：信息基础发展阶段）	EAZs 教育行动区农村学园等	学校、家长、社区、企业、地方机构伙伴关系	STARS（乡村中小学信息高速公路教学实验）	1998 年开始专项资金

从表 0－1 中可看出，美英等一些发达国家在针对国家教育信息化整体战略规划的基础上，为缩小数字鸿沟，推进本国教育的均衡发展，又针对边远乡村制订了具体的项目和发展策略。如美国在 1996 年、2000 年、2005 年和 2010 年四个不同时期分别颁布了四个国家教育技术计划，使其信息技术教育支持体系在不同时期都得到了发展，从而为美国的中小学信息技术教育的发展

---

① 信息社会世界高峰会议是各国领导人最高级别的会议，致力于驾驭基于信息与通信技术的数字革命焕发的潜能造福于人类。

提供了保障。但由于美国在教育体制上以自治州管理为主，各州发展水平的不均衡致使一些不发达和偏远地区的教育信息化出现了新的数字鸿沟。为此，美国联邦政府专门针对数字鸿沟启动了"教育折扣"（Education Rate）国家项目，通过建立企业参与机制让农村与贫困的学校获得了更多的利益，为学校与图书馆提供的折扣按地区经济水平与贫困程度从 20% 到 90% 不等，对越贫穷的地区提供的折扣越高，改变了贫穷地区落后的信息状况，体现了教育公平。英国政府除了在全国宣布网络信息化年、划拨专款用于教育信息化建设之外，还启动了"教育行动区"项目。并针对农村教育行动区在林肯郡（Lincolnshire）成立了农村学园，通过利用信息通信技术（Information Communilation Technology，ICT），将 8 所中学、43 所小学、2 所特殊学校、2 所继续教育学院和 2 所高等教育机构联系在一起，实现了资源的共享和均衡发展。[1]

2. 欠发达国家教育信息化摆脱贫困、振兴国家的重要举措

欠发达国家中较早开始应用信息技术的国家之一是印度，其软件产业的迅速发展，使印度成为当今发展中国家最大的软件出口国，创造了信息化的奇迹。"信息技术的崛起是印度摆脱历史不利条件的一次机遇，再次成为掌握国家命运的主人，实现将印度建设成为繁荣、富强和自信的国家这一宏伟目标。"[2] 但印度也是一个以农村人口为主的国家，大约有 70% 的人口居住在农村，其中 40% 的人口处在贫困水平线以下。与城市相比，长期处于封闭隔离状态的贫困农村地区经济发展水平、文化传统及对信息技术教育的认识程度不同，导致基础教育信息化发展水平存在差异。为有效缩小这种差异，印度政府鼓励农村与偏远地区学校发展信息技术，并加大对贫困农村地区的基础教育信息化投入，以支持性政策保障与促进农村基础教育信息化的实施。[3] 表 0 - 2 是印度通过具体行动计划的实施和推广使这些欠发达地区得到政府部分财力的支持。

---

① 解月光等：《欧美农村偏远乡村教育信息化推进策略及其启示》，《外国教育研究》2007 年第 12 期。

② 刘彦尊、于杨、董玉琦：《印度基础教育信息化最新进展述评》，《中国电化教育》2007 年第 1 期。

③ 刘彦尊、于杨、董玉琦：《印度基础教育信息化最新进展述评》，《中国电化教育》2007 年第 1 期。

表 0 - 2　印度农村基础教育信息化项目

项目名称	计划愿景	计划目标	实验机制
Gyandoot（印度语"知识使者"的意思）计划（2000 年）	将落后地区转变为一个能够自给自足的经济繁荣社区；内容包括利用信息技术的发展改善学校教育、提升当地居民的教育程度和创造就业机会，提高收入，以及增加居民获得数字化政府服务的机会	中央邦政府在每个村落设立必要的信息技术设施如电脑亭；将所有电脑亭与因特网相联	中央邦政府在最贫穷的西南地区开展实验项目；电脑亭或由当地创业人员经营，或设在学校中；开设儿童电脑训练课程，酌收少许费用
库帕姆（Kuppam）数字融合社区计划（I - Community）（2002 年）	在库帕姆这个涵盖四个乡村、人口为 32 万的地区建立一个数字融合社区；将库帕姆转变为自给自足的繁荣经济社区，并策略性地使用信息通讯技术，推动当地社会经济发展，提高其居民的生活质量	增加包括中小学在内的居民接触与使用技术的机会；提供学习者受教育的机会；给青年提供就业机会，提高其工作技能；鼓励公民参与，重新构建社区，促进其经济发展；为当地中小学和大专院校提供数字服务，利用远距教学为青少年提供其他教育服务与职业训练等	中央邦省与惠普公司合作伙伴关系，建立地方和国际伙伴之间的生态系统；确立社区内的领导能力与信息技术能力，并针对经济增长推出一套可持续发展和推广模式
2007 使命计划（2004 年）	在独立日 60 周年之前在每一个村庄设立一个知识中心	消弭农村地区经济、数字技术和性别之间存在的鸿沟	近 80 个组织（包括民间社会团体）联合发起的社会行动，如印度国家农业与农村发展银行和农村基础设施发展基金等

3. 我国教育信息化促进农村基础教育均衡发展的政策与工程

以计算机网络为核心的信息技术揭开了教育信息化的时代，并以其获得知识便捷的独特魅力，为农村教育的发展带来了前所未有的契机。但由于我国是一个地域辽阔、农村人口居多的发展中国家，地方基础教育信息化投资模式依靠的是中央财政和地方财政配比投资。因此，地方财政状况明显影响着地方教育信息化发展的速度。为此，我国在过去10年基础教育信息化建设中，在"教育信息化带动教育现代化"的基本信念指导下，提出了"全面启动中小学'校校通'"计划和全国中小学普及信息技术教育计划，并由教育部组织实施了"农村中小学现代远程教育工程""国家基础教育资源库建设"和"中小学教师教育技术能力建设"三大教育信息化项目，为确保两大计划的有效实施提供了有力保障。[①] 如2003年启动的"农村中小学现代远程教育工程"旨在促进城乡优质教育资源共享，构建一个惠及全国农村中小学的远程教育网络，提高农村教育质量与效益，促进义务教育均衡发展，所采取的"三种模式"经过10年的实施，投资共110亿（其中中央专项资金50亿，地方投资61亿），共配备教学光盘播放设备40.2万套，卫星教学收视系统27.9万套，计算机和多媒体设备4.5万套，为受益地区的中小学搭建了经济实用的信息化环境，见表0-3。随着"十二五"期间"农远工程"的继续推行和"三通两平台"工程的全面推进，可以预计农村和边远地区信息化装备配置水平在将来会有更加明显的提升，在一定程度上有效地解决了教学资源分配不均衡的问题。

---

① 杨健：《农村教育信息化建设任重道远》，《人民日报》2003年11月21日。

表 0 - 3　农村中小学现代远程教育工程

项目政策	项目宗旨	实施模式	开展机制
2003 年 9 月，国务院在全国农村教育工作会议上下发了《国务院关于进一步加强农村教育工作的决定》。明确提出：实施农村中小学现代远程教育工程，促进城乡优质教育资源共享，提高农村教育质量和效益。在 2003 年继续试点工作的基础上，争取用五年左右时间，使农村初中基本具备计算机教室，农村小学基本具备卫星教学收视点，农村小学教学点具备教学光盘播放设备和成套教学光盘	该工程作为"班班通"计划的补充，旨在促进城乡优质教育资源共享，提高农村教育质量与效益，促进义务教育均衡发展，采取"三种模式"为受益地区的中小学搭建经济实用的信息化环境	农村初中基本具备计算机教室，农村小学基本具备卫星教学收视点，农村小学教学点具备教学光盘播放设备和成套教学光盘	农村中小学现代远程教育工程以国家与地方政府为主体，各级企业积极参与，国家财政支出 120 亿元，香港长江实业集团、联合国儿童基金会、Oracle、IBM、Microsoft、Apple 等也有投资

（二）农村基础教育信息化是我国实现教育均衡发展的重要基础与保障

教育均衡发展已成为现代教育的"热点"和"难点"。由于我国城乡二元结构的长期存在，城乡教育协调发展是教育均衡发展的关键，是实现教育现代化的重中之重。而教育信息化的核心使命就是运用现代信息技术来优化教育、教学过程，提升教学质量，大幅度提升农村薄弱地区的教育质量，缩小区域之间、校际和学生之间教育结果的不均衡，最终实现普遍均衡。因此，现代信息技术为促进城乡教育均衡提供了前所未有的技术支持，推进农村基础教育信息化是缩小城乡差别、实现城乡教育均衡的前提和必然选择。

1. 教育均衡发展是我国农村教育的重要问题

教育均衡实质上是指在教育公平思想和教育平等原则的支配下，教育机构、受教育者在教育活动中受到平等待遇的教育理想和确保其实际操作的教育政策和法律制度。教育均衡发展的本质是追求教育平等，实现教育公平。教育均衡发展从宏观层面分析是指教育供给与需求的均衡，从中观层面分析是指教育资源配置的均衡，从微观层面分析是指学校教育过程包括内部课程教学资源配置的均衡、教育结果的均衡以及教育评价的均衡。因此，教育均衡最基本的要求是在教育机构和教育群体之间，平等地分配教育资源，达到教育需求与教育供给的相对均衡，并最终落实在人们对教育资源的分配和使用上。从个体看，教育均衡是指受教育者的权利和机会的均等，指学生能否在德智体美劳等方面均衡发展、全面发展；从学校看，教育均衡是指区域间、城乡间、学校间以及各类教育间教育资源配置是否均衡；从社会看，教育均衡是指教育所培养的劳动力在总量和结构上，是否与经济、社会的发展需求达到相对的均衡。①

　　站在新的历史起点上，全面推进义务教育均衡发展已成为义务教育改革发展的重点和战略性任务，也是摆在政府和广大教育工作者面前的一项艰巨任务和重大课题。2009 年 11 月 6 日，中共中央政治局委员、国务委员刘延东同志在全国推进义务教育均衡发展会议上强调："全面推进义务教育均衡发展是政府的法定责任。各级政府要高度重视，把推进义务教育均衡发展作为基本公共服务，作为重大民生工程，切实抓紧抓好。"教育部部长袁贵仁同志也明确提出，"要把义务教育作为教育改革与发展的重中之重，把均衡发展作为义务教育的重中之重"，"努力实现 2012 年义务教育区域内初步均衡、2020 年区域内基本均衡的新目标"。2012 年，为贯彻落实《国家中长期教育改革和发展规划纲要（2010—2020 年)》，巩固提高九年义务教育水平，深入推进义务教育均衡发展，国务院又颁布了《国务院关于深入推进义务教育均衡发展的意见》。可见，教育均衡是符合我国当前基础教育现实需要的发展策略，是教育改革与发展的基本价值取向。而促进义务教育均衡发展也已成为我国教育发展的战略方针。因为义务教育均衡发展是国家的基本教育政策、实施素质教育的保证、构建和谐社会的基石以及惠及亿万家庭的民生工程。《国家中

---

① 黄志坚：《谈基础教育的均衡发展》，《青年教师》2007 年第 8 期。

长期教育改革和发展规划纲要（2010—2020 年)》的颁布，更将推进义务教育均衡发展提升为义务教育战略性任务的高度。但实现义务教育均衡发展的根本问题是农村教育问题。换言之，教育均衡发展是我国当前农村教育的重要问题，需要对农村教育问题的难点问题进行破解，如农村中小学教师队伍建设、留守儿童的教育、寄宿制学校和农村教学点建设等问题。这些问题如果得不到很好的解决，必然会影响义务教育的均衡发展和农村学生公平接受教育。

改革开放以来，党中央和国务院把农村教育摆在重中之重的战略地位，无论是《中华人民共和国国民经济与社会发展第十一个五年规划纲要》《中共中央关于构建社会主义和谐社会若干重大问题的决定》，还是党的十七大报告，都明确提出了"教育优先发展和促进城乡教育均衡协调发展"的问题。温家宝总理在十七大政府报告中也讲到了"要促进义务教育均衡发展，资源配置要向中西部、农村、边远、民族地区和城市薄弱学校倾斜"。可见，我国政府已经把教育均衡发展问题重点纳入了国家战略中，并在实践中加快了发展农村教育均衡发展的基本思路。但由于我国是一个农村人口占大多数的发展中国家，城乡二元结构长期存在，因此改善农村教育环境，缩小城乡差距，提高农村人口素质，实现农村义务教育均衡任重而道远。

2. 基础教育信息化是实现农村教育均衡发展的重要基础与保障

基础教育均衡发展不仅包含着宏观层次的国家法律政策的因素，也包含着中观层次的区域之间、城乡之间、学校之间、群体之间的教育资源配置的因素，还包含着微观层次的学校内部的教育教学和管理等因素。当前人们关注的基础教育均衡发展，主要是指我国不同地区之间、城乡之间、同一地区不同学校之间、同一学校不同群体之间的教育均衡发展问题。或者说，它主要涉及的是受教育者的受教育权利保障问题，教育的民主与公平问题。① 因此，有学者认为均衡教育是相对的，是区域性的，是不拒绝特色发展的，也只有这样的均衡教育才能成立，才能够发展，也才能实现。区域教育均衡发展与教育机会均等存在着起点均等、过程均等和结果均等相同点，同样存在

---

① 熊才平：《中小学教育信息化进程中的城乡差距调查报告》，《电化教育研究》2006 年第 2 期。

初步均衡、基本均衡和总体均衡三个状态。并且，这三个状态会在不同的范围内体现，形成区域间的相对均衡、区域内的实质均衡和学校间的特色均衡三种理想效度。①

我国基础教育的发展不平衡由来已久，东西部地区之间、城乡之间的差距甚至有加大的趋势。突出的主要问题是：受教育人口众多与优质教育资源不足、教育投入不足、教育发展不均衡的矛盾。如何解决受教育人口众多与推进教育现代化、实现教育均衡发展的内在矛盾，是我们走出"高水平均衡陷阱"，推进教育快速均衡发展的重大问题。要改变这种状况，除进一步加大投入、改进教师水平以外，借助信息化手段来推动基础教育的现代化也是重要的途径。为此，有学者认为首先是强调发挥信息化的后发优势，通过弯道超车的形式，实现追赶式的发展，缩短差距，实现普遍均衡；其次强调教育信息化让农村学校和城市学校都处在同一起跑线上，在变革过程中，总体协调、各有特色，实现动态均衡。并认为可以通过促进优质课程与教学资源共享与教师智力资源的可持续输送，提升课堂教学效益、效率和效果以及提升学生自主获取知识的能力四个方面实现普遍均衡；从带动教学思想和教育理念的革新，促进教学内容结构与表现方式的转变、促进教学组织形式的转变以及促进教师教学与学生学习方式转变四个方面实现动态平衡。由此可知，农村基础教育信息化可极大地推动农村薄弱地区的教育发展，大幅度提升农村地区的教育教学质量，从而使发达地区和农村薄弱地区的教育质量都在一个普遍认可的基本"底线"之上，实现了教育结果的普遍均衡。

综上可知，当信息技术介入基础教育时，数字化教育信息资源具备存储量大、覆盖面广、资源共享和使用不受时空限制等优势，就能实现在网络面前人人平等。因此，充分借助教育信息化的力量，以信息技术促进教育公平，是缩小城乡教育差距，实现基础教育城乡一体化均衡发展的最佳途径。

为此，教育部从 2001 年起用 5—10 年的时间在全国中小学基本普及信息技术教育，努力实现基础教育跨越式发展，并投入了百亿万元开展"校校通工程""农村远程教育工程"以及"教师教育技术能力培养计划"等工程，

---

① 张天雪：《区域教育均衡发展的理想效度》，《中国教育报》2013 年 1 月 10 日。

标志着我国已将实现基础教育跨越式与均衡式发展作为我国基础教育事业发展的战略选择。但由于我国还将长期处于"城乡二元结构"时期（到 2050 年中国二元结构系数平均在 1.5 以内），通过发展农村基础教育信息化带动城乡教育一体化均衡发展任重而道远。①

（三）推进农村基础教育信息化可持续发展是我国促进均衡发展的迫切需求

教育信息化是一项系统工程，既受到管理水平、资金投入、资源配置方式、应用能力等内部因素的影响；也受到当地社会、经济、文化等外部要素的制约，各要素之间整体、协调、全面的发展，是其健康、和谐发展的前提和保证。经历十多年的信息化基础建设，一些深层次的矛盾和问题逐渐在当前农村中小学教育信息化中凸显出来，出现了内外因素之间的不协调，严重影响了农村中小学教育信息化的有效性和进一步发展。因此，亟须立足于可持续发展战略，强化政府责任，在农村社会、经济、文化发展的宏观大背景下建立农村中小学与农村社区的良性互动机制，建立向薄弱学校政策倾斜扶持机制，同时促进信息化内部各要素的协调发展，构建信息技术与人的发展之间合理样态，以推动农村中小学教育信息化的持续、健康、稳定的发展。

1. 可持续发展在农村基础教育信息化建设中的重要性

可持续发展是指各要素之间整体性协调发展，即发展态势上延续性和发展质量上的健康性。"可持续性"从外部因素而言，指的是农村教育信息化外部环境对其发展的可持续性支持和有效性限制，包括资金、人才、技术上的保障支持与限制。从内部因素而言，指的是管理水平上健康发展，如管理有力、分工合理、评价有效；资金投入和保障上的可持续性；设备维护和更新上的可持续性；人才队伍建设上的可持续性，队伍数量充足，质量不断提高，知识水平及时更新。②

农村教育信息化是我国教育信息化必不可少的组成部分，是实施科教兴

---

① 施维、黄朝武：《教育的天平不能在城乡继续失衡》，《农民日报》2008 年 3 月 15 日。
② 解月光等：《可持续发展——农村教育信息化的战略选择》，《东北师大学报（哲学版）》2008 年第 1 期。

国、人才强国战略和全面建设小康社会的需要，也是加快现代化建设步伐的必然要求。党的十七大和十八大报告中都明确指出了要"发展远程教育""提高教育现代化水平"。党的十七届三中全会指出了要"加强远程教育，及时把优质教育资源送到农村"。十八届三中全会通过的《中共中央关于全面深化改革若干重大问题的决定》也指出，通过大力推进教育信息化缩短区域、城乡、学校的差距，推进教育公平。这无疑是一条促进教育均衡发展的新路径。这是党中央从推进教育现代化和建设社会主义新农村的新要求出发，对我国农村教育信息化作出的战略部署，也为我国农村教育信息化的建设和发展指明了方向。但在经历了一场硬件投资热潮之后，农村中小学信息化面临的一些深层次矛盾和问题逐步凸现，各内外因素之间相互不协调，如缺乏有效的社会支援系统、资源投资的系统失衡、教学应用现状堪忧、区域差距以及校际差距逐步拉大等。这些问题直接影响到农村中小学教育信息化的有效性，制约了农村中小学教育信息化的进一步发展。为了突破我国农村教育信息化进程中面临的困境，需要立足于可持续性发展战略理论和实践，从农村社会政治、经济、文化这一宏观的背景下审视农村中小学教育信息化的地位和作用，分析信息化推进过程中各个要素之间的互动关系，构建信息技术与人的发展之间合理样态，以推进农村教育信息化的持续、健康、稳定的发展。

2. 推进农村基础教育信息化可持续发展是我国均衡发展的迫切需求

农村教育信息化可持续性发展是可持续性发展思想在农村信息技术教育领域的体现和应用，是一种全新的、健康的、和谐的教育信息技术发展观。具体而言，其内涵包括整体协调性、可持续性、公平性以及人本性等。首先是外部各因素的协调发展，农村中小学不是一个孤立的单位个体，而是各种社会关系的交汇。农村教育信息化要积极融入当地社会经济发展当中，适合当地农村区域特点，因地制宜，解决实际问题以及内部人、财、物的顺利调配。最后是功能的整体协调，达到人才培养、技术进步、社会发展的共同目标。

随着"校校通"和"农村中小学远程教育工程"的实施，农村中小学教育信息化建设在普及人数、投入资金等方面所取得的成就是举世瞩目的。同时，在城乡二元分化加剧的现实背景下，农村教育信息化的实施缺乏一个由社会环境、硬件设施、师资、配套软件资源等构成的有效支援系统，农村中小学教育信息化发展的脆弱性不可忽视。如地方政府在农村信息化建设的投入普遍不足，由于缺乏后继资金，很多学校信息化设备的运行和维护面临困难；农村尤其落后地区信息化建设滞后，使信息环境的封闭性更加突出，这种环境的封闭性导致农村学生人群在信息技术应用意识和应用能力上存在先天不足；所在地区社会经济不发达，缺乏社区和其他社会资源的有效支持，处于孤立的地位等等。总之，农村中小学有如一个信息孤岛，而且缺乏资金、人才等社会有效支持，发展后继力不足。因此，亟须对农村教育信息化活动建立一套长效的、持续性发展机制，以促进其健康的、可持续的发展。

（四）农村基础教育信息化是我国推进区域终身教育体系构建重要途径

学习型社会是由完善、健全的终身教育体系，供人人皆学、时时可学、处处能学、按需选学、终身在学的各种各样的学习平台和学习型社会的组成体来组成的。其中终身教育体系包括学前的婴幼儿和儿童教育，适龄的初、中、高等学历教育，成人的学历教育、学历后继续教育以及各种培训教育。可见，终身教育体系是构建学习型社会的基础。因此，在建设学习型社会中关键是要构建好完善、健全的终身教育体系。

在20世纪六七十年代，以教育公平和教育民主为核心的终身教育和全民教育思潮在全球形成和传播，已经成为世界各国基础教育发展的主导思想。近年来，党和国家在推广终身教育观念、树立终身学习理念、构建终身教育体系等方面都做出了积极的战略布局。1995年3月我国把"建立和完善终身教育体系"写进了《中华人民共和国教育法》，以法律形式确定了终身教育的地位、作用和目标要求。2002年11月，中国共产党第十六届代表大会提出了"全面建设小康社会"及其2020年要达到的目标，要求"形成全民学习、终身学习的学习型社会，促进人的全面发展"。2007年10月在党的第十七届代表大会上又一次强调了要"使国民教育体系更加完善，终身教育体系基本形成"，要"使全体人民学有所教"，要"建设全民学习、终身学习的学习型社会"。

　　随着终身教育思想的宣传、普及以及推广，终身教育逐步成为我国教育改革和发展的总政策和原则。建立开放的终身教育体系和学习型社会是当今社会发展的必然趋势，也是 2020 年前我国教育改革和社会发展的重要战略目标。正是在这样的时代背景下，均衡发展作为基础教育的战略目标和重要政策也被赋予了新的内涵。实现城乡之间、区域之间、校际之间义务教育均衡发展，成为落实教育公平的必然要求。在此基础上，通过统筹城乡教育、区域教育、各类教育发展的规模、结构和质量，促进区域之间，特别是城乡之间教育均衡发展，构建起完善的现代国民教育、终身教育体系，才能更好地满足人民群众日益增长的对各级各类教育的需求，办人民满意的教育。

　　但随着政治、经济和文化的发展，各级政府对义务教育投入、关注比较多，对基础教育中其他各类教育关注相对较少，造成区域终身教育体系尚不够完善。如当前区域终身教育体系决策和实践中存在多重领导、管理交叉混乱、职责不清等问题，各部门之间各自为政，缺乏沟通与合作。同时，在区域终身教育体系的管理、政策制定及具体实施操作方面缺乏系统、整体的规划与协调，缺乏从区域的整体层面对有限的教育资源进行合理规划、配置及有效使用，致使各机构和部门重复投资、重复建设与开发，造成了很大的浪费。因此，亟须完善各级教育体系，推进区域教育协调发展。而基础教育信息化作为一项庞大而复杂的系统工程，超越了孤立的教师个体、学校个体，开展跨学校、跨区域的合作，打破了以往封闭的教育管理系统，从更宏观、更整体、更系统的视角以实现资源的整合和教育的均衡发展。因此，基础教育信息化由学校立足点向区域的提升是当前教育信息化发展的一种趋势，不仅很好地适应我国基础教育的管理层次结构，有利于实现基础教育均衡发展和跨越式发展，而且推进了区域教育均衡发展以及区域内基础教育与各级教育协调发展的新格局。而且，随着"校校通"工程、"农远工程"等教育信息化建设工程的不断实施，我国农村基础教育信息化得到了稳步推进。在信息化基础设施建设、基础教育资源库建设、中小学信息技术课程建设以及在促进学习方式的转变、满足学生多元化和个性化的学习需求等多个方面都取得了显著成效，这为关注公平、完善区域终身教育体系提供了重要的基础和途径。

二、农村基础教育信息化发展的指导思想和若干问题

（一）深刻理解和把握教育信息化的本质与特征

在理解教育信息化发展本质之前，首先从哲学层面思考本质的内涵。在此基础上分析信息化、教育信息化的定义和概念，由此逐渐分析出教育信息化本质与内涵。

1. 关于"本质"的哲学思考

"本质"是指一件事物或一个过程在生生不息的宇宙万物及其有机整体中有别于其他事物、其他过程的内在基本特征。所以要确定事物与过程的本质，需要把它放在与其他事物、其他过程的整体关系中来考察。例如生物的本质是相对于无生物而言的，它必须以无生物为对象，与无生物作比较，才能确定。所以关于本质的规定性，不仅来自人类具体地考察个别事物的需要，也来自人类整体地认识世界的需要。孤立的、单独的事物是没有本质的。用马克思的话说，这就叫"无对象的本质是非本质"。

黑格尔按照"存在"和"本质"间关系的深浅程度，把本质的运动过程分为根据、现象和现实三个阶段。第一阶段："作为实存的根据的本质"。因为对立就是在自身内既包含自身又包含其反面，而本质内的这种规定就是"根据"。第二阶段：有根据的存在就是实存。而实存与根据的对立统一的全体就是"物"。物是形式与质料的对立统一体，而物作为一种在自己本身内扬弃自己的本质的实存，就是"现象"。在现象阶段，又有"现象界""内容和形式""关系"三个环节。最初映现出来的本质是现象界，其中形式与质料的矛盾就转化为形式与内容的矛盾，而这种"设定起来的现象"就是"关系"。"关系"包含"全体与部分""力和力的表现""内与外"三个不断深入的环节。第三阶段：内与外的关系实际上就是本质与实存的关系，这种内与外或本质与实存所形成的统一就是"现实"。现实是本质与现象的统一。在"现实"阶段，又包含可能性与现实性、偶然性与必然性以及实体关系、因果关系、相互关系等辩证法的诸多重要范畴。这些对立统一的范畴进一步展开就是"概念"。

由此可知，本质的同义词为实质、本体、内部、内心、里面，反义词为表面、现象等。教育信息化的本质思考在哲学上是一种方法论，而不是本体论。是我们把教育信息化与其他事物及其有机整体区分开来加以研究的方法。因为教育信息化本体是一个有机的和生态的过程，如果没有从本质的方法研究，则所有的"现实"在其终极的意义上将合而为一，而在现象上的多样性将不可理解。因此，研究教育信息化的本质，就是指对教育信息化本身所固有的根本性的属性进行研究。本质可使人们脱离教育信息化具体的形象进行创新活动，也可以知道和了解教育信息化在整个事件中的作用和运作规律。

2. 教育信息化本质的辨析

在辨析教育信息化本质内涵之前，首先要清楚什么是信息化。简言之，信息化就是人们追求或推动一个系统中信息资源利用和信息技术应用的过程。即针对某个行业、某个领域、某个事物或某个过程（或统称为一个系统）中信息的获取、传递、加工、再生和应用。因此，信息化包含以下四个方面的含义：第一，对信息重要性的认识，将信息作为一种基本的构成要素，即信息资源应是信息化的核心；第二，是信息技术的广泛应用，即信息资源的利用与信息技术的应用是信息化的目的；第三，信息网络是大范围有效传递信息的基础，也是现代信息技术最具代表性的特征之一，因此它是信息化的基础；第四，信息化作为一个社会过程，受到人们在观念、理想、意志、技能以及团体的利益、社会组织结构等多方面因素的作用和制约，因此信息化应有与之对应的保障机制。即对于一个行业的信息化建设，信息网络是基础，信息资源是核心，信息资源的利用与信息技术的应用是目的，而信息化人才、信息技术产业和信息化政策、法规和标准是保障。由此也可以看出，信息化在本质上也是一个社会的过程。①

教育信息化是信息资源和信息技术在教育中应用的信息化过程。目前有关教育信息化的定义在国内还没有达成统一的共识。如南国农认为教育信息化是在教育中普遍运用现代IT，开发教育资源，优化教育过程，以培养和提高学生的信息素养，促进教育现代化的过程。李克东认为教育信息化是在教育与教学领域的各个方面，积极开发并充分应用IT与信息资源，培养适应信

---

① 顾小清：《教育信息化建设项目评估：国际研究现状调查》，《电化教育研究》2006年第8期。

息社会需求的人才，以推动教育现代化进程。祝智庭认为教育信息化是在教育领域全面深入地运用现代 IT 来促进教育改革和教育发展的过程，其结果必然形成一种全新的教育形态——信息化教育。黎加厚认为教育信息化以现代 IT 为基础的新的教育体系，包括教育观念、教育组织、教育内容、教育模式、教育技术、教育评价、教育环境等一系列的改革与变化。黄荣怀认为教育信息化是在教育领域中全面深入地运用现代 IT 来促进教育改革与教育发展的过程。傅德荣则认为教育信息化是将信息作为教育系统中的一种基本要素并在教育中广泛使用 IT 的活动总称。南先生、李先生和黄先生的定义描述了技术应用与开发资源的行动、目的和过程的概念内涵；祝先生与黎先生的定义强调的是一种过程与结果形态；傅先生从信息的视角说明了它的活动特征。按照社会技术形态的理论分析，这几个定义的本质区别在于概念描述的是两种不同的教育形态：一种是信息化社会中的教育形态，即过程形态；另一种是信息社会中的教育形态，即相对静止的形态。①

　　综合学术界有关教育信息化的解释，我们认为教育信息化是整个国家或社会信息化的一个重要组成部分。具体内涵是指将现代信息技术引入教育领域中，以实现教育信息资源的合理配置、开发和高效利用，并在教育领域实现信息社会所特有的重要组织和管理方式的系列过程。在教学过程中所表现出的主要特点是，广泛应用以计算机多媒体和网络为基础的现代信息技术。必须强调的是，教育信息化的过程不仅仅是一种信息机器引入教育的过程，也是一种教育思想、教育观念变革的过程，更是一种基于创新教育的思想有效开展信息技术与学科课程教学的整合，实现创新人才培养的过程。因此，根据本质的哲学定义，教育信息化在本质上是技术、教育和社会的过程。

　　3. 教育信息化的特征分析

　　教育信息化作为一个行业的信息化建设也应有与之相对应的基础、核心、目的和保障方面等的若干要素。原国家教育信息化领导小组对教育信息化也进行了要素定义：以网络建设为基础，标准建设为保障，资源共享与应用为核心，大力普及信息技术教育和培养信息化人才为重点，信息技术研究开发为支撑，管理体

---

① 乐军：《对教育信息化的本质分析》，《电化教育研究》2006 年第 9 期。

制、运行机制、技术水平和应用能力的不断创新为增长点。① 与专家研究不同的是，国家教育信息化更关注管理体制、机制以及信息化人才的培养。由此可知，教育信息化一方面是一个追求信息化教育的过程，具有教材多媒化、资源全球化、教学个性化、学习自主化、活动合作化、管理自动化、环境虚拟化等显著特点。另一方面教育信息化是一个适应性社会过程，意味着将存在一种与传统的教育环境发生作用的活跃倾向，它的性质决定它是否能很好地适应环境，以及如何适应环境。但必须清醒地认识到，信息技术的应用不会自然而然地创造教育奇迹，它可能促进教育革新，也可能强化传统教育，因为任何技术的社会作用都取决于它的使用者。如果说信息技术是威力巨大的魔杖，那么教师就是操纵这个魔杖的魔术师。因此，教育信息化除了带来教育思想、教育手段和教学方法的革新外，更主要的是带来教育教学模式的改变，而且必将是一种革命性的改变。但需要注意的是，任何模式的改变都需要一个长期的过程，教育信息化是适应时代的要求，而不是为了任何单位和个人的个别要求，因此，我们要认清教育信息化的发展方向，并正确面对教育信息化过程中遇到的问题。

综上所述，教育信息化是在教育领域全面深入地运用现代化信息技术来促进教育改革和教育发展的过程，其结果必然是形成一种全新的教育形态和人才培养过程。因此在前文分析的基础上，我们对其特征的考察和描述是从技术、教育和社会层面三个层面进行的：第一，从技术层面上看，教育信息化的基本特征是数字化、网络化、智能化和多媒体化；第二，从教育层面上看，教育信息化的基本特征是开放性、共享性、交互性与协作性；第三，从社会层面上看，教育信息化的基本特征是创新性、公平性与保障性。

（二）教育信息化建设与发展需要考虑区域的特征与差异性

据中国科学院政策与管理科学研究所研究发现，我国信息化总水平可以分为三类区域：第一类区域是我国信息化水平最高的地区，也是我国经济发展的核心区域；第二类区域信息化水平为其次，包括沿海省区和中西部经

---

① 王友远、姚永红、曾卓知：《教育信息化三维综合评价指标体系研究》，《教育信息化》2006 年第 1 期。

济发展水平较高的省区；第三类区域信息化水平最低，主要由西部省区组成，中部的山西、内蒙古、安徽和江西也列于此类型区。同样的，各区域经济和信息化水平的均衡，也在基础教育信息化显著地体现出来，公平和不均衡问题成了制约基础教育信息化发展的最大障碍，尤其在农村基础教育信息化中更为显著，出现了城乡之间、校际之间、发达与贫困地区的多样化区域性差别。① 据中央电化教育馆调查，城市地区生机比达到 20∶1 的中小学占 80%，而农村地区仅为 37%；城市地区已有 89% 的中小学建设了校园网，而农村地区仅为 35%；城市地区 99% 的中小学开设了信息技术课，而农村地区只有 59%。在经费投入方面，城市地区经费短缺（包括非常短缺）的学校比例为 58%，县镇地区为 74%，农村地区高达 78%。东部地区经费短缺（包括非常短缺）的学校比例为 58%，中部地区为 74%，西部地区高达 78%。② 也就是说，我国基础教育信息化事业发展不仅东、西部之间存在着较大的差异，而且在每一个省区内部之间、城市和乡村之间也普遍存在发展极不平衡的现象，并有进一步加剧的趋势。因此，在推进基础教育信息化发展过程中，要充分考虑到城乡、校际和区域的特征与相互之间的差异性，有针对性地进行战略规划和项目实施。如自从 2003 年中国政府投资约为 3.6 亿元开始实施的"农村中小学现代远程教育工程"在五年内就针对中西部地区投资 100 亿元，力求让所有的农村初中都具备计算机教室、所有的农村小学都具备卫星教学收视点、所有的农村小学教学点都具备教学光盘播放设备和成套教学光盘。这项工程的实施，很好地促进了农村中小学教育教学资源短缺、师资力量不足以及教育教学质量不高等问题的解决，为我国缩小城乡基础教育信息化差距提供了很好的开端。

（三）农村教育信息化发展中应明确的几个重要问题

1. 建立可持续发展战略问题

可持续发展是一项经济和社会发展的长期战略，主要包括资源和生态环

---

① 中国科学院政策与管理科学研究所研究：《信息化与经济的发展报告》2006 年 3 月 30 日。
② 王珠珠等：《中小学教育信息化建设与应用状况的调查研究报告（上）》，《中国电化教育》2005 年第 10 期。

境可持续发展、经济可持续发展和社会可持续发展三个方面。即可持续发展首先应以资源的可持续利用和良好的生态环境为基础；其次是可持续发展应以经济可持续发展为前提；再次是可持续发展问题的中心是人，以谋求社会的全面进步为目标。据调查和研究发现，虽然在国家层面针对农村基础教育不均衡开展了"农村远程教育工程"等项目，但并没有改变目前农村基础教育资金严重匮乏、资金使用严重浪费、信息化人才缺口大、教育队伍素质和能力远远不能适应信息化要求、农村区域和城乡之间数字化鸿沟明显存在、应用水平亟待提高等问题以及管理体制和运营机制不完善、资源流不畅通的"信息孤岛"等状况。因此，农村教育信息化的实施与有效推进亟须可持续发展理念的指引，建立可持续发展的战略，在可持续发展战略的框架下思考问题，转化并解决矛盾，这也是可持续发展作为基础教育发展重大战略之一。

2. 形成协同创新机制问题

协同创新是指创新资源和要素有效汇聚，通过突破创新主体之间的壁垒，充分释放彼此之间的"人才、资本、信息、技术"等创新要素活力而实现深度合作。协同创新多为组织内部形成的思想、专业技能、技术等知识分享机制，特点是各独立的创新主体拥有共同的目标、内在动力、直接沟通、依靠现代信息技术构建资源平台，进行多方位交流，多样化协作。[1] 教育信息化的深层次发展必然会影响到教育组织结构的变革。如果单从技术角度，信息技术通过减少信息处理和交流的时间与成本影响着教育机构中人们完成工作的方式。这种减少反过来也对教育管理机构的协调结构产生了深远的影响。因此，教育信息化无疑应该是提高教育组织的工作效率与效能。但在我国教育信息化大规模实施中，无论是在教育管理现代化还是在教学现代化层面上，都没有很好地发挥教育信息化应有的功能，并未取得应有的效果。如观念孤岛（只从技术角度去推动区域信息化，没有系统、全局和生态的工作指导观念）、投资孤岛（建设投资中只考虑技术投资，而没有考虑运行和维护成本，没有总体拥有成本的概念）、资源孤岛（不能实现区域内的自由流通）等。其

---

① 尤太权、高元华：《协同创新的服务型项目研究》，《中国科技信息》2013 年第 10 期。

根本原因是因为农村基础教育信息化与教育组织之间的关系比较复杂，同时受到环境、组织结构、工作流程、权力分配、组织文化等诸多方面的制约与影响。但随着农村基础信息化的深入，技术必然会对现有教育组织的业务模式开展产生意义深远的反作用，必然要求现有教学和管理模式采取协作创新的机制，优化和变革信息化的管理与运作，强化组织纵向体系之间的横向联系。如教师之间的群体协作，将缩短教师的个体劳动时间，提升工作效率，从而将更多的精力用于教学研究工作，也可以打开教师精神世界，增强社会性，消除因单调和重复而产生的职业倦怠。

3. 重视生态系统构建问题

生态系统是在一定时间和空间内，生物与其生存环境以及生物与生物之间相互作用，彼此通过物质循环、能量流动和信息交换，形成的一个不可分割的自然整体。信息生态就是特定环境中由人、实践、价值和技术构成的一个系统，如图 0 - 1 所示。在这个系统中起核心作用的不是先进的技术，而是在一定技术支持下的人的活动。教育信息生态是指在特定的教育环境下，由信息人、教育实践和技术化的环境构成的一个自组织、自我进化的系统。[①] 教育信息生态概念的引入将使教育信息管理活动不再局限于技术方面，而愈来愈重视人、信息、教育实践活动以及人与信息环境的相互关系。即从系统整体出发，从促进与维护整个信息生态系统平衡的角度，对信息、人及信息环境之间的关系进行宏观考察与分析，对信息生态系统进行合理规划、布局和调控，实现信息生态的稳定和有序。纵观当前的农村基础教育信息化建设，由于信息投资和信息调控失衡以及重复性、低水平的信息化静态建设，造成了几乎 90% 的资金都投入到硬件环境的建设上，教师得不到有效信息化教育的机会，优质教育信息共享难以实现，人的实践活动在信息生态进化的驱动力作用也没有很好的发挥，以人的发展为核心的高级信息生态更是难以有效形成。

---

① 余胜泉、陈莉：《构建和谐信息生态突围教育信息化困境》，《中国远程教育》2006 年第 5 期。

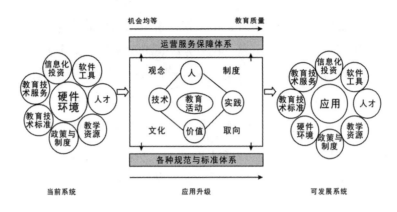

图 0-1 教育活动生态系统

4. 重视主体与信息化融合问题

教育系统的核心价值是人的发展，一切变革都要围绕着教育系统的主体——学生和教师来展开，要能够实实在在地促进他们的全面发展。因此，促进学生和教师全面发展是教育信息化的核心价值。教育信息化的发展也将从关注技术、计算机、网络、软件、资源库等以"物"为中心转移到以"人"为中心。信息技术在教育中的应用是为学生和教师创造一个现代化的生存环境，其目的是为了提高学生和教师的生命质量，促进人的全面发展。因此，黎加厚教授将教育信息化的这种发展观称为"生命环境观"。① 可见，"生命环境观"强调教育信息化"以人为本"，突出"学生和教师的生命质量"，站在生命的层次上研究和处理教育信息化的各个要素。即以人的发展为核心作为教育信息化的高级信息生态，始终将系统进化的驱动力指向人的实践，通过人的教育实践活动将每一个节点的能量都带动起来，渗透到其他种群，最优化地实现系统价值的均衡状态和人与技术的共生关系，从而促进了教师和学生的全面发展。如在我国教育信息化初期建设阶段的突出矛盾是教育信息基础设施不足，信息化教育开展的硬件环境不够，但随后的发展则表现出信息资源匮乏，应用效果不突出。正如余胜泉教授指出，"教育信息化在经过了一轮大规模的硬件投资之后，当前遇到无法提出新的建设重点，看不到与投资金额相匹配

---

① 黎加厚：《创造教育信息化环境中学生和教师的精神生命活动——教育信息化的生命环境观》，《电化教育研究》2002 年第 2 期。

的应用效益等问题，教育信息化的作用遭到了前所未有的质疑"。① 究其原因是教育信息环境的建设未能体现以人为本的意志，环境对"人"的关注度不够，"人"的主体地位没有得到切实保障与发挥，致使人与环境关系逐渐弱化，人文环境建设的管理育人、服务育人和道德育人的功能没有得到凸显。

5. 建立标准化评估体系问题

我国教育信息化的开展经历了 20 世纪 80 年代的探索试验期、90 年代的稳步发展期和进入 21 世纪的快速发展期三个阶段。但相比西方发达国家，我国信息化发展水平还是落后了 3—5 年。除了基础设施薄弱、资源共建共享水平低以及公平与均衡发展是基础教育信息化的最大障碍之外，与我国缺乏统一的建设标准和效果评估体系有着重要的关系。为了尽快缩短我国信息技术教育与世界发达国家的距离，在我国技术标准上组建了"全国信息技术标准化技术委员会教育技术分技术委员会"（CELTSC），构筑了中国网络教育技术标准体系（CELTS），启动了标准化测评认证工作，为异构系统的互联互通和资源整合共享提供了可能。在 2010 年教育部颁布的《国家中长期教育改革与发展纲要（2010—2012 年）》也把"教育信息化建设"作为 10 个重要的项目之一，制定了《教育信息化十年发展规划（2011—2020 年)》，并从宏观层面上制定了教育信息化的发展指标，如图 0 - 2 所示。② 但针对农村基础教育

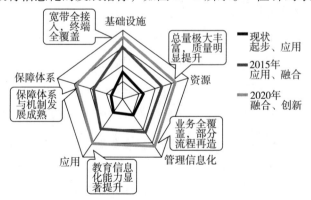

图 0 - 2　教育信息化的发展指标

---

① 余胜泉：《基于信息生态观的区域教育信息化推进》，《中国电化教育》2009 年第 8 期。

② 规划编辑专家组：《教育信息化十年发展规划解读（2011—2020 年)》，人民教育出版社 2012 年版，第 10 页。

信息化的现状，以阶段性、人本性以及绩效性等为原则的、具有农村特色的教育信息化发展和评估模型还处于空白状态，这也是本书重点研究的内容。

三、农村基础教育信息化发展的主要目标、任务和途径

随着信息化在推动社会发展方面的作用日益增大，让人人都有获得信息的机会已经不仅仅是民主权利的问题，而是发展权与生存权的问题。尤其是基础教育均衡的发展，不仅关系到广大贫困地区人民群众的根本利益的实现，而且关系到民族团结和政局的稳定，更对整个国家教育事业的顺利进行产生革命性的影响。因此，基础教育信息化均衡发展不仅是义务教育本身性质使然，更是我国消除地方差距，实现教育信息化事业均衡发展，顺利推进国家教育事业的必然要求。但教育信息化并不是一个空洞的名词，必须化为一系列具体的行为目标和可操作的步骤，才能不断缩小城乡之间的数字鸿沟和国际信息化的差距，从而实现我国基础教育的跨越式和可持续发展。

（一）以缩小数字鸿沟、促进农村区域教育信息化均衡发展作为重要目标

数字鸿沟又称为信息鸿沟，是指在全球数字化进程中，不同国家、不同地区、不同行业、不同人群之间，在掌握、应用信息技术方面以及发展信息产业方面的差距，是信息富有者和信息贫困者之间的鸿沟。简言之，数字鸿沟就是不同社会群体在拥有和使用现代信息技术存在的差距。[①] 数字鸿沟不仅关系到国家信息化战略的实现，也对统筹城乡和区域发展产生深刻的影响，日益成为和谐社会建设过程中必须面对的重大难题。据国家信息中心调查报告，中国数字鸿沟主要体现在城乡和地区之间。2009 年城乡数字鸿沟指数为 0.56（即表明农村教育信息化应用水平比城市落后 56%），地区数字鸿沟指数为 0.42（即表明落后地区信息技术应用水平比全国平均水平落后 42%）。

---

① 国家信息中心"中国数字鸿沟研究"课题组：《中国数字鸿沟 2010 年报告》2011 年 9 月 8 日。

从图0-3变化趋势看，2004—2009年，中国数字鸿沟缩总指数小了14%，表明了中国数字鸿沟总指数继续呈下降趋势。[①]

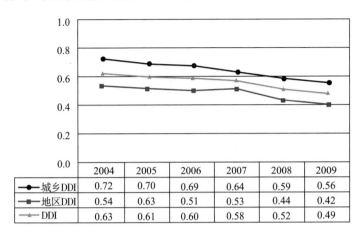

	2004	2005	2006	2007	2008	2009
城乡DDI	0.72	0.70	0.69	0.64	0.59	0.56
地区DDI	0.54	0.63	0.51	0.53	0.44	0.42
DDI	0.63	0.61	0.60	0.58	0.52	0.49

图0-3　中国数字鸿沟指数

相对于社会学意义中数字鸿沟的概念，教育领域内的数字鸿沟是狭义的概念。基础教育信息化作为教育领域内的数字鸿沟的分支，更具有狭义性。广义数字鸿沟和狭义数字鸿沟的划分，并不意味着将基础教育信息化的数字鸿沟进行孤立研究，只表明缩小狭义的数字鸿沟应是国家当前制定教育信息化战略中优先考虑的方向。且随着教育信息化的发展，基础教育信息化数字鸿沟会受到自然环境、社会法制文化观念、个人或组织能力等方面的影响，即表现为环境约束、制度约束、观念约束、能力约束四个方面。据相关调查，我国自然条件比较恶劣、无区位优势的中西部偏远地区中小学信息化水平普遍低于自然条件优越、区位优势明显、交通便利的东北发达地区。[②] 除此之外，在基础教育信息化建设中，各级政府在制定基础教育信息化发展规划时，一般优先考虑城市学校、重点以及公立学校的发展，客观上造成了教育信息化的校际之间的不均衡发展现象。因此，应根据基础教育信息化数字鸿沟发展阶段及其制约因素，进行动态的规划目标和消除约束条件，进行系统、动态、可持续的发展。

---

① 国家信息中心"中国数字鸿沟研究"课题组：《中国数字鸿沟2010年报告》，2011年9月8日。

② 王珠珠等：《中小学教育信息化建设与应用状况的调查研究报告（下）》，《中国电化教育》2005年第11期。

为了尽快缩短我国信息技术教育与世界发达国家之间的差距，教育部从2001年起用5—10年的时间在全国中小学基本普及信息技术教育，努力实现基础教育跨越式发展。《国家中长期教育改革与发展纲要（2010—2020年）》明确指出"信息技术对教育发展具有革命性影响，必须予以高度重视"，并把教育信息化纳入国家信息化发展整体战略中，专门制定了《教育信息化十年发展规划（2011—2020年）》，以推动技术对教育的变革，并提出了重点支持农村地区、边远贫困地区、民族地区的学校信息化和公共服务体系建设。努力缩小地区之间、城乡之间和学校之间的数字化差距。这充分说明了我国已经充分认识到信息技术教育在促进教育公平中的重要性与紧迫性，也体现了对加强我国信息技术教育的决心与信心。此后教育部启动的"校校通""农村中小学远程教育工程"也表明了我国从国家层面上把促进农村区域教育信息化均衡发展作为了农村基础教育发展的重要目标。

此外，现阶段我国基础教育信息化所面临的问题已远不是单独的一所学校所能够解决的，区域内学校之间的合作与交流的欠缺，更成为当前教育信息化发展的一个重要障碍。以学校为单位封闭、孤立建设校园网，既缺乏网络管理人才和资金，又难以建立丰富的网络教学资源，而且无法实现资源共享。因此，打破以往封闭的教育管理系统，开展跨学校、跨区域的合作，加强对区域教育信息化发展的宏观、整体、系统规划与管理，从学校各自为政的封闭竞争转向以区域为基础的校际联盟，实现区域内优质教育资源的共享，从而提高区域教育信息化的整体绩效，推动教育信息化整体协同的发展，是当前我国教育管理面临的新挑战和创新发展的新机遇。① 并且随着信息技术的不断发展，在满足教育信息网络、终端设施、数字化校园等方面建设之后，应重点把加强优质教育资源开发与应用、强化信息技术应用和提高教师应用信息技术水平和搭建教育管理公共服务平台作为均衡发展的重中之重，从而实现信息技术与农村基础教育应用融合的更高级目标。

---

① 梁林梅、桑新民：《基础教育区域信息化现状及问题调查、分析和反思》，《中国电化教育》2004年第8期。

（二）以体制机制创新作为农村教育信息化可持续发展的核心任务

在企业管理学中，体制机制创新一般包括：一是对市场的应变能力。产品随市场的变化而变化，销售随市场的变化而变化，服务随市场的变化而变化，决策随市场的变化而变化。二是内在的发展动力。加快企业的发展、地方的发展，有一种自学的、主动的、不懈的活力。三是调动人的积极性的机制。用工制度、分配制度、奖惩制度都有利于调动人的积极性，奖勤罚懒，优胜劣汰。由此可见，体制机制创新关系到组织效率和可持续发展。① 同样，在基础教育信息化建设过程中，科学、规范的体制机制是其可持续发展的根本保障；体制机制创新也是其实践发展的基础和前提。为此，《教育信息化十年发展规划（2011—2020年）》专门对体制机制创新做了重要的规划，"通过体制改革确立教育信息化工作的重要地位，通过机制创新调动社会各方面力量参与教育信息化建设的积极性，多方协同推进教育信息化，促进教育信息化建设与应用的持续健康发展"。

由于农村基础教育信息化的复杂性和系统性，在其发展过程中必然会受到多种因素的制约，最初的基础教育信息化工作存在着领导机构不统一，教育信息化体制不健全、多头管理、政出多门、职能界定不清等诸多问题。特别是在一些大的工程项目中，由于缺乏统筹协调和综合管理，造成重复建设、相互牵制，政出多门、投资效益低下的弊端。因此，创新当前的管理体制与运行保障机制，调整条块分割的局面，坚持自主开发与引进吸收相结合，探索政府引导、社会参与、市场化运作多方教育信息资源开发与整合共享的有效机制是农村基础教育发展的核心任务和基本保障。

（三）以更新观念、建立标准化评估体系作为促进农村基础教育信息化可持续发展的途径

自从我国2001年颁布《教育信息化十五发展纲要》以及全面实施"校校通"工程以来，我国中小学教育信息化建设在经费投入、建设规模、应用推

---

① 李成言：《领导学基础》，中央广播电视大学出版社2003年版，第32—33页。

进方面取得了实质性进步，但是这些设备和资金却没能发挥它的最大效益，其实际成效与预期目标之间还存在很大差距。为减少教育信息化投资的浪费，促进中小学教育信息化持续、有效地发展，亟须构建一种能测量教育信息化资源配置合理程度的评估标准体系，但如何构建符合我国国情的、具有农村区域特色的教育信息化评估体系是当前亟须探讨的问题。教育部"教育信息化建设与应用研究"重大课题的研究成果认为我国教育信息化建设总体处于"推广普及向应用提高转变"阶段，未来的发展重点是如何实现教育和信息技术的进一步融合与协调发展。为了实现这一目标，必须对教育信息化水平的评价，逐步由以"投入为主"转变为以"绩效为主"，通过对教育信息化绩效评价来促进教育信息化的应用和可持续发展。[①] 由此可见，评估将成为推动农村基础教育信息化可持续发展的有效策略和方法。

由于农村基础教育的特殊性和复杂性，需要在充分借鉴企业绩效评估及国外的研究成果的基础上，冷静分析我国的实际情况，并结合我国已有的社会信息化研究成果以及相关政策，这样才能保证评价体系的可应用性。在企业管理中，绩效是组织或个人为了达到某种目标而采取的各种行为的结果。绩效评价是组织依照预先确定的标准和一定的评价程序，运用科学的评价方法、按照评价的内容和标准对评价对象的工作能力、工作业绩进行定期和不定期的考核和评价。绩效评价体系是指由一系列与绩效评价相关的评价制度、评价指标体系、评价方法、评价标准以及评价机构等形成的有机整体，包括绩效评价制度体系、绩效评价组织体系和绩效评价指标体系三个子体系。科学性、实用性和可操作性是实现对企业绩效客观、公正评价的前提，在设计上遵循"内容全面、方法科学、制度规范、客观公正、操作简便、适应性广"的基本原则，并随着经济环境的不断变化而不断发展完善。[②] 由此可看出，过程性和系统性评价是绩效评估的重要内容。同样的，农村基础教育信息化是在农村教育领域全面深入地运用现代化信息技术来促进农村教育改革和教育发展的系统化工程，具有一定的组织结构和发展阶段特征。因此，农村基础

---

① 吴海燕等：《教育信息化绩效评价指标体系研究》，《武汉大学学报（理学版）》2012 年第 10 期。

② 焦宝聪：《温志华以绩效指标体系推进教育信息化建设》，《开放教育研究》2005 年第 4 期。

教育信息化具体实施中，除了要遵照绩效评估的基本要素和基本原则之外，还要针对农村基础教育信息化的特征，以全面质量管理作为理念指导，以人为主体，重点对其进行过程性与系统性评估，并在此基础上进行可持续改进，从而制定出科学、可行、导向性强的中小学教育信息化绩效评价指标体系。此外，对于教育信息化评价指标体系的具体内容，必将需要进行广泛和长期的实践，来保证评价指标的信度和效度。

四、农村基础教育信息化发展策略研究取向与思维方式

（一）策略研究及其价值取向

1. 策略的内涵与特征

对于策略研究，不同的研究人员有不同的看法，有的人认为："策略研究是指利用信息，为解决局部问题进行的研究，策略性研究在内容和方向上要符合战略性研究。"还有的人认为："策略是根据客观形势或主观情况的发展变化而制定的行动方针和方式。为实现研究目标而采取的手段、方法和途径的研究，一般称作策略研究"等等。① 在这里我们引用软科学词典对"策略研究"的定义："策略是根据客观形势或主观情况的发展变化而制定的行动方针和斗争方式。为实现战略目标而采取的手段、方法和途径的研究，一般称作策略研究。它是软科学研究的重要类型之一。"对于策略研究具体可以分为策略的理论研究和策略的应用研究。策略的理论研究是以策略的概念内涵与外延、特点与规律、方法与实施手段、运用技巧为研究对象的，以便为具体策略的制定和运用提供理论根据和指导。策略的应用研究则是为特定战略目标的实现而进行具体策略方案的研究与制定。从策略的应用层次上来看，它分为两个层次：一个是定向于大范围行动过程具有一般性的宏观策略，另一个是定向于具体活动进程具有特殊性的微观策略。因此对于策略的应用研究又可分为具有一般性的宏观策略研究及具有特殊性的微观策略研究。

---

① 张宝山、姜德刚：《论教育研究思维方式的转换》，《科技资讯》2006 年第 11 期。

2. 策略研究的方式与方法

研究方法是指在研究中发现新现象、新事物，或提出新理论、新观点，揭示事物内在规律的工具和手段，是人们在从事科学研究过程中不断总结、提炼出来的。任何研究都离不开研究方法，策略研究也一样。从目前搜集到的资料来看，在教育研究的范畴里，对策略的理论研究凤毛麟角，几乎没有对策略本身的内涵、特点及规律等进行论述说明的，绝大部分的研究都集中在对策略的应用研究上。因此，在这里也只是对策略的应用研究所采用的方法进行总结说明。对策略的应用研究，实证研究要比规范研究受重视，规范研究逐渐受到冷落。即使是规范研究也喜欢与一些实证性的材料结合起来。我们都知道，规范研究在实证研究展开之前关于价值选择有一定的制约作用，所以规范研究也非常的重要。但是规范研究是需要在扎实理论的基础上进行的，许多规范研究因为没有扎实的理论为支撑，避免不了沦落为简单的说教。因此，对于策略研究的规范研究很多也只停留在简单的理论层面上。这类研究的目的也只是要为问题的解决提供可参考的意见或建议。从收集的文献以及研究课题上来看，对于策略研究的实证研究较多。全国教育科学"八五"规划课题"发展我国计算机应用于中小学教育的策略研究"中利用了观察、谈话以及利用标准量表的测验法。中央电化教育馆"十一五"全国教育技术研究规划专项课题"小学教师信息素养提高策略的研究"中，主要采用行动研究法和经验总结法，并适当使用个案研究法、调查法、观察法等。从中也可以看出，对于策略研究采用的方法是多种多样的，而它们的共同点就是为解决问题服务的。

3. 策略研究的价值取向

对于价值的理解，多数人认为："价值是一种体现主体与客体之间需要与满足的关系"，对主客体关系的不同认识与评价便构成了人的价值观，而价值观一旦参与人们的实践活动便构成了人们的价值选择或价值取向。因此，价值取向是指"主体在价值选择和决策过程中的倾向性"[1]。教育领域中关于策略的研究都是有一定的理念作为指导的。这种理念实际上就是价值取向在策

---

① 张宝山、姜德刚：《论教育研究思维方式的转换》，《科技资讯》2006 年第 11 期。

略研究中的渗透。我们只有确立教育领域中策略研究的价值取向，研究的成果才能被有效利用。通过对教育领域中大量文献及课题的研究分析可知，对于策略研究的价值取向主要有：为问题的解决提供指导性建议的价值取向的策略研究和为问题的解决提供操作性建议的价值取向的策略研究。

第一种价值取向研究的定位是要为问题的解决提供方向性的指导，其最大的特点是不为问题的解决提供具体的方案。这种研究的目的是消除人们对问题解决认识上的不确定性，使人们能够有效地认识问题的解决思路，为问题的解决提供有益的指导。这种研究中的策略具有广泛的适用性，其他研究可以参照执行，也可以根据研究问题的自身情况进行合理的调整和修改。同时这种策略还具有一定的间接性，也就是说它的指导效能的发挥及其功用往往要体现在有形的具体方法实施当中。

第二种价值取向研究的定位是为问题的解决提供可操作的、实践性较强的方法，其显著的特点是研究具有一定的针对性，策略具有一定的适用性。这种研究不是为问题的解决提供一种笼统空泛的指导，而是针对某一特定领域在与实践相结合的基础上进行的研究，所提供解决问题的策略也比较清晰、明确，可操作性强。在这种研究中，策略的实施性及可操作是取得实效的关键，并且在策略的实施过程中要讲究一定的科学性、规范性及系统性等。然而，这种建立在实践基础上的操作性较强的策略，由于是针对某一特定的领域的某一问题，因此实施的范围具有一定的局限性。

对于某一具体的研究，选取的价值取向可能是上述两种的任意一种，也可能是二者兼有之，这需要根据具体的问题而定。

（二）策略研究的思维方式

所谓思维方式，就是思维主体在实践活动基础上借助于思维形式认识和把握对象本质的某种手段、途径和思路，并以较为固定的、习惯的形式表现出来。教育研究总是在一定的思维方式的制约下进行的，思维方式决定着研究者观察、研究问题的基本视角和方法，从根本上决定了研究的总框架。研究者就是在这个总框架内解释认识的对象，构建一定的理论体系的。对于策略研究而言，各种价值取向确定的思维方式主要有两种：指导性思维和适用性思维。①

1. 指导性思维

指导性思维方式的研究都是理论探讨式的，所研究的策略大部分是在没有实际调查研究的基础上，借鉴该领域或其他领域相关的研究成果而提出的，其中不乏作者的独到见解。但是这种见解不是来源于实践，也没有经过实践的检验，最后也只能成为可参考的建议或意见。不可否认，也有一部分的研究是在实际调查研究的基础上进行的，但是这样的研究结果终究是没有付诸实际，只具有一定的指导性。例如在"信息技术与课程整合的策略研究"的研究中，研究者选择从教学功能角度展开研究。采用了文献研究法、访谈法，并对大量的相关案例进行分析，并拟从每层次的教学目标、工具作用、功能、建议等方面提出策略的实施指导以及外在条件，但是并没有进行具体策略的实施。

2. 适用性思维

适用性思维方式的研究针对某领域的具体问题，立足于实际，在大量的调查研究的前提下，对获得的资料信息进行细致、科学的分析、整理，在此基础上，经过一定的理论探讨提出解决问题的具体的方法、策略，并将其实施于实际当中进行检验，操作性较强。因此这种思维方式主要针对于专题研究，通过这种方法获得的研究策略具有一定的适用性。教育部规划课题"学校综合实践活动课程实施策略研究"的研究中，就综合实践活动课程开展的现状入手，制定出综合实践活动课程资源开发的原则、综合实践活动课程资源开发的具体措施以及探索了综合实践活动课程资源的建设，并实施到了具体的教学当中去，从而评价教学效果，反思策略的适用性。

（三）农村基础教育信息化发展策略的研究取向及思维方式

1. 农村基础教育信息化发展策略研究的取向

目前研究者们普遍采用调查分析的方法，对农村基础教育信息化所面临的问题达成了基本的共识，并努力探索能够解决当前问题的途径、方法，提

---

① 张宝山、姜德刚：《论教育研究思维方式的转换》，《科技资讯》2006 年第 11 期。

出相关的建议或策略。但是，总体上这方面的研究还有一定的局限性，特别是针对农村基础教育信息化可持续发展的研究，还相当不够。以上研究的局限性大致归纳为以下几点：①调查研究规模较小，或者仅仅是对某一特定区域的调查，样本数量有限。此外，经济发达地区的农村所表现出来的教育信息化状况已与城市相差无几，大范围的着重关注欠发达地区农村基础教育信息化的研究还很缺乏。②许多研究没有把农村教育信息化的发展同农村的社会、经济、文化等方面的发展统一起来，没有把新农村建设作为重要的研究背景。应该突破传统上仅仅把农村基础教育信息化理解为农村学校的教育信息化的局限性，积极探寻农村社区在经济、文化等层面对学校教育信息化的影响。③许多研究是以一种静态的眼光看待农村基础教育信息化发展进程，提出的发展策略多为"问题——解决"式的回答。缺乏上位理念作指导的整体性系统化的策略体系构建。④城乡基础教育信息化参与主体内在需求的差异还没有得到研究的重视。由于我国城乡二元结构的长期存在，无论是经济条件还是文化背景，农村与城市都有着天生的巨大差异，这便造成了教育信息化参与主体的需求差异。因此，应该重视并尊重农村教育信息化参与主体的需求差异，不是主张城市化倾向的教育信息化发展轨迹，而是为农村谋求符合其需要的教育信息化发展路径。

2. 农村基础教育信息化发展策略研究的思维方式

农村基础教育信息化发展策略研究属于教育领域内策略的应用研究，在策略的制定方面，必须要全面了解我国农村基础教育信息化的实施情况，在此基础上，借鉴国内、国外相关的策略研究的成果，总结出具有一定指导性的策略。为了验证其是否符合实际，必须对其进行检验，因此还要对这些指导性的策略进行操作性的处理，即转化成为可实施的具体方案。然后应用于实际问题当中，并对效果进行检验。借助于检验的结果，我们就可以对自己的实践理论进行评估，并从中发展、修正和完善自己的研究。研究要坚持实践性原则，立足于农村基础教育信息化的实际，注重专题研究，强调策略的可用性，力求让研究成果转化为农村基础教育信息化实践，避免教育信息化内容的城市化倾向。

五、绩效评估是推动农村基础教育信息化发展的有效策略

（一）绩效评估在发展性策略研究中的重要性

企业绩效考评的最终目的是改善员工的工作表现，以达到企业的经营目标，并提高员工的满意程度和未来工作的成就感。教育绩效评价的目的是通过对整个教育教学系统及其各个组成部分的评价，在有限资源的条件下培养出更多优秀的人才，更全面、更注重长远目标的实现。[①] 教育信息化评估是引领教育信息化可持续发展的明智选择。不同的教育信息化项目，评估也有不同的侧重点。对于农村基础教育信息化进程，具有起步晚、水平低的特点，因此应该重视其发展过程的渐进性、连续性；对于农村基础教育信息化参与主体，具有信息意识普遍偏弱、信息素养普遍偏低、信息技能普遍偏差的特点，因而要更加关注主体与教育信息化的融合；对于农村经费困难、教育资源匮乏、资源开发能力低下等特点，需要更加有效地利用有限的资金和资源，发挥其最大效益，产生最佳的教育效果。

教育信息化进行到今天，特别是"农村中小学远程教育工程"的实施，使农村基础教育信息化实现了从无到有，取得了有目共睹的成绩，整体进入了起步阶段。但是，目前一些教育行政机构和研究者对我国欠发达地区农村基础教育信息化的现状调查分析发现，农村基础教育信息化的起点仍然比较低，受地域经济、社会文化背景的影响，特别是基本保障、外部援助和主体发展水平等制约因素影响，资源贫乏和闲置并存，低效问题严重，城乡之间、学校之间、个体之间差异明显，不平衡现象特别显著。[②] 这就使我们必须关注这些不能回避的问题：每年数以亿计的教育信息化投入究竟带来了什么？如何认识这种投入的质量和效益？怎样衡量和把握学校当前的教育信息化水平？

---

① 张宝山、姜德刚：《论教育研究思维方式的转换》，《科技咨询导报》2007 年第 11 期。

② 焦宝聪、温志华：《以绩效指标体系推进教育信息化建设》，《开放教育研究》2005 年第 2 期。

特别是我国农村学校教育信息化建设将怎样进一步发展？等等。为了回答这些问题，我们认为，必须研究"评估"这个重要的课题，需要科学地针对农村基础教育信息化发展的评估指标体系和评估方法。而且只有通过对发展阶段和发展水平的绩效评估才能更好地引导和促进农村学校教育信息化可持续与健康的发展。

（二）绩效评估在农村基础教育信息化发展策略研究中的缺失

由于教育信息化是动态性发展和多投入、多产出的过程，导致了其效益也具有多样性和产出不易用量化指标来衡量，除了要看其经济效益、当前效益和固有效益，更主要的要看社会效益、长远效益和派生效益。通过文献调研发现，在教育信息化绩效评价领域，无论国外还是国内都处于尝试探索阶段，在这一领域至今还没有特别成熟的理论指导和合适的测量办法与测量工具，而针对农村基础教育信息化发展水平的评估指标体系的系统化研究更是微乎其微。目前见到的成果是杨斌、解月光等的《农村基础教育信息化绩效评估模型的构建》，该成果提出了构建的基本原则，建立了包括横向影响因素和纵向发展阶段的二维绩效评估模型。他们认为，进行绩效评估的目的在于使学校分析了解过去，认识现在，并在此基础上更好的规划未来，借鉴校际、地区、国际间的经验，实现绩效的核心是改进目的。[①]

由以上分析可知，评估不仅是一种操作，更是一种理念，既要成为所有教育工作者的指导思想，又要贯穿教育信息化活动的全过程，更有效地推进农村基础教育信息化的进程。我国农村基础教育信息化虽然取得了较大的成就，但是对农村基础教育信息化评估的研究还处于初级阶段，尚无法对农村基础教育信息化的改进做出有效的指导。

（三）农村基础教育信息化绩效评估的新视角

完整的教育信息化绩效评价包括评价参与者、评价约束条件、评价指标

---

① 杨斌、解月光、孙艳：《农村基础教育信息化绩效评估模型的构建》，《中国电化教育》2009年第7期。

体系、评价数据采集方法、评价模型与评价方法及评价基准等多方面内容。其中，教育信息绩效评价指标体系的构建更是教育信息化绩效评价中的核心问题。基于以上理念，我们在教育部人文社会科学重点研究基地重大项目"欠发达地区农村基础教育信息化推进战略研究"的基础上，又进行了《农村基础教育信息化绩效评估体系构建及应用研究》全国教育科学"十一五"规划课题研究，在课题中主要以农村基础教育信息化发展的阶段性、主体的人本性、结果的绩效性、结构的开放性为基本原则，构建了绩效评估模型。即从农村基础教育信息化发展的差异性和不平衡性的实际出发，关注教育信息化参与主体内在需求，以学校、教师、学生的发展为本，综合、系统地考虑学校信息化建设的各个方面，在内容上既注重于分析、诊断建设及其应用过程中存在的问题，也注重于建设与应用价值的判断；在作用上，既帮助区域或学校实现自我评估，为正在进行的教育信息化建设与应用提供反馈，又为区域和学校进行建设的前景规划提供依据。① 总之，《农村基础教育信息化绩效评估体系构建及应用研究》课题设计并研制的农村基础教育信息化绩效评估体系将是一套能够测量农村基础教育信息化绩效水平、诊断农村基础教育信息化发展中存在的问题并提出相应发展策略的工具，更是一种立足促进农村基础教育在有限的信息化资源条件下培养更优秀人才的全面而长远发展的评估。

---

① 殷雅竹、李艺：《论教育绩效评价》，《电化教育研究》2002 年第 9 期。

上　篇

农村基础教育信息化理论分析及研究设计

第一章 农村基础教育信息化理论基础分析及绩效评估审视

针对目前教育信息化改革出现的一些问题，如资源建设问题、区域均衡化问题、可持续发展问题、生态问题以及绩效评估问题等，政策制定者、学者、相关机构等从不同角度提出了一些解决问题的具体对策。但如何加快教育信息化可持续发展，真正实现基础教育信息化的目标，还需要从系统性、复杂性、组织结构、生态性、差异化以及绩效审视等角度进行全面系统地分析影响信息化发展的人、设备、技术、教学环境、管理流程等各种因素，以促进教育信息化各要素之间的协同发展。农村基础教育信息化作为教育信息化的重要部分，由于区域经济发展的不平衡以及基础教育的复杂性和特殊性，更需要多角度研究和分析其理论基础，以更好地探索出适合我国国情的农村基础教育信息化改革路径。

一、农村基础教育信息化理论基础分析

（一）基础教育信息化可持续发展需要多视角理论的指导

经过十多年的建设与发展，我国教育信息化在基础设施建设、重大应用、资源建设、标准化建设、法律法规建设和相应的管理等方面都取得了快速的发展："九五"期间是多媒体教学发展期和网络教育启蒙期；"十五"期间是多媒体应用期和网络建设发展期；"十一五"期间则是网络持续建设和应用普

及期。① 祝智庭教授通过对我国"十一五"期间教育科学规划立项课题重点进行分析，得出教育信息化研究重点：一是加强教育信息化发展的战略研究和区域整体推进的策略研究，加强远程教育在学习型社会和终身教育体系中的作用研究。二是继续支持教育技术学科建设、数字化学习环境建设、数字化教育资源建设和共享机制研究、网络课程开发研究。三是加强以效益研究为导向的信息技术在各级各类教育中创新应用研究，加强信息技术环境下学习型组织建设与培训模式研究、远程教育发展与质量保证研究、农村远程教育可持续发展研究以及学习者能力发展研究。四是重视教育信息化领导力与教师教育技术能力建设研究，教育信息化评价指标体系的建设和发展状况跟踪研究，教育信息化和现代远程教育项目管理研究、投资效益研究，提高教育信息化对教育现代化的贡献力。

由以上分析可知，我国教育信息化在"十五"以及"十一五"期间在实践建设和理论研究方面都取得了大量的成果。在实践层面，由国家组织开展了"校校通"工程、农村中小学现代远程教育工程等多个重大教育信息化实践项目；在理论研究方面，一些专家学者从策略推进、资源建设与共享机制、信息技术教育应用创新、质量保障、成本效益等各方面进行了深入的研究。但同时我们也应看到，教育信息化是一个长期的系统化工程。正如《教育信息化十年发展规划（2011—2020 年）》编写组组长、华中师范大学校长杨宗凯教授认为教育信息化发展应该围绕着资源、应用、可持续发展、管理信息化和基础能力五个核心要素，这也是基础教育、高等教育、职业教育、继续教育等各级各类教育信息化发展的保障，如图 1 - 1 所示。② 因此，在经历了"十五""十一五"的信息化基础设施建设、资源建设与应用等基础能力发展之后，我国教育信息化应从"十一五"对"资源"和"应用"的关注转向"十二五"对"可持续发展""人的主体性""生态系统"和"协同创新"的关注等。换言之，我国教育信息化建设在"十二五"以及以后的实践建设中需要系统完整的理论基础和专业化的引领。这就要求我们在关注教育信息化

---

① 祝智庭：《中国教育信息化十年》，《中国电化教育》2011 年第 11 期。
② 杨宗凯：《〈教育信息化十年发展规划〉解读》，《国外社会科学》2003 年第 6 期。

实践建设项目、信息化有效应用和资源、课程、机制、绩效等具体实践和理论创新的基础上，有必要对教育信息化的理论基础进行系统、深入的研究与分析，从而为教育信息化的可持续发展提供专业化的理论指导。

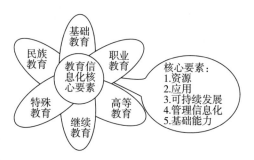

图 1-1　教育信息化核心要素与各类教育的相互关系

（二）农村基础教育信息化理论基础多视角解读

基于本书第一章对教育信息化本质与内涵的论述，教育信息化是有机和生态的过程，本质上是技术、教育和社会的过程。农村基础教育信息化作为教育信息化的重要组成部分，除了具有教育信息化的系统性、组织性、复杂性之外，还应具有区域的差异化和农村教育以及基础教育的特色。因此，对农村基础教育信息化的理论基础也更应从其系统属性、组织特征、结构特征、运行机制、发展个性与管理特征等方面进行深入探索，相应的理论基础应包括系统理论、复杂性理论、自组织理论、生态理论、差异化理论、协同创新理论等。

1. 系统理论

（1）系统论本体分析

● 系统概念及要素

"系统"一词来源于古希腊语，是由部分构成整体的意思。系统思想源远流长，但作为一门科学的系统论，目前学术界公认是 20 世纪 40 年代由美籍奥地利人、理论生物学家 L. V. 贝塔朗菲（Ludwig von Bertalanffy）创立的。贝塔朗菲认为：系统由若干要素以一定结构形式联结构成的具有某种功能的有机整体。① 钱学森对系统的定义是：系统是由相互作用和相互依赖的若干组成部分（要素）结合而成的、具有特定功能的有机整体。② 从系统的定义可知系统具有多元性、相关性和整体性特征，同时系统定义也涉及系统、要素、结构、功能四个概念，并表明了要素与要素、要素与系统、系统与环境三方面的关系，具体概念及各要素的地位与作用如表1－1所示③：

表1－1　系统概念及各要素在系统中的地位与作用

概念	内涵	在系统中的地位与作用
系统要素	要素是系统的组成部分。任何系统都是一个有机的整体，它不是各个部分的机械组合或简单相加，系统的整体功能是各要素在孤立状态下所没有的新质	要素是组成系统的基本单元，是系统产生、变化、发展的动因。要素具有层次性，要素相对它所在的系统是要素，相对组成它的要素则是系统。但要素不具有系统性，整体观才是系统核心的观点
系统结构	系统结构是系统元素与元素之间的关联方式。系统存在的各种联系方式的总和构成系统的结构	系统结构的直接内容就是系统要素之间的联系方式。系统元素差异性较大时，在整个系统中就形成子系统。任何系统要素本身也是一个系统，并作为系统构成原系统的子系统。但子系统和元素有根本的区别，子系统必须具有某种系统性又必然为次子系统构成
系统层次	系统层次是系统由元素整合为整体过程中的涌现等级，不同性质的涌现形成不同的层次，不同的层次表现不同质的涌现性	系统的层次结构是系统结构另一个方面的重要内容。系统的结构特性可称之为等级层次原理

———————

① ［奥］L. 贝塔朗菲：《一般系统论——基础·发展·应用》，社会科学文献出版社1987年版，第5—8页。

② 钱学森：《智慧的钥匙：钱学森论系统科学》，上海交通大学出版社2005年版，第8—15页。

③ ［奥］L. 贝塔朗菲：《一般系统论——基础·发展·应用》，社会科学文献出版社1987年版，第11—12页。

续表

概念	内涵	在系统中的地位与作用
系统环境	系统环境就是存在于系统以外的事物的总称，或者说系统的所有外部事物。即与系统相关联，但对系统的构成关系不再起作用的外部存在都称为系统的环境	系统环境是决定系统整体涌现性的重要因素，环境的复杂性是系统复杂性的重要根源。系统的结构、状态、属性、行为等都与环境有或多或少的联系
系统行为	系统的行为是系统相对于它的环境所表现出来的任何变化	系统的行为有多种多样，动态行为、混沌行为、分形、非平衡等都可称为系统的行为
系统功能	系统的功能是由系统的行为所引起的，有利于环境的部分乃至整个环境存续与发展	系统功能的发挥和系统的结构、系统的环境具有很大的关系，即系统的功能由元素、结构和环境三者共同决定

由表 1-1 可以看出，系统的主要核心观点是：一是整体性，系统必须由两个或两个以上的要素所组成，任何系统都有特定的功能，即整体大于部分之和；二是有机关联性，即指系统内部诸要素之间以及系统与环境之间的关联；三是动态性，任何系统都随时间不断变化，动态是静态的前提；四是自组织性，系统能够自动调节自身的组织、活动的特性和反馈的作用；五是目的性，系统的各要素之间，要素与整体之间以及整体与环境之间存在着一定的整体联系，从而在系统内部和外部形成一定的结构和秩序，即系统活动最终趋向于有序性和稳态。而且，任何系统都是在一定的环境中产生出来的，又在一定的环境中运行、延续、演化，不存在没有环境的系统。按照系统与环境的关系，系统可分成开放系统和封闭系统。系统和环境交换物质、能量、信息的属性称为开放性，反之称为封闭性。相对于环境而言，系统是封闭性和开放性的统一。这使得系统在与环境不停地进行物质、能量和信息交换中保持自身存在的连续性。系统与环境的相互作用使二者组成一个更大的、更高等级的系统。改善系统结构、营造一个有利于系统发展的环境，都将有助

于系统功能发挥。①

综上，任何一个系统都是由相互联系、相互作用的要素或子系统构成的整体，并通过有序的过程不断向系统的目标发展运动。一个理想的系统各要素或各子系统之间存在着有机的相互联系，这些要素或子系统会在给定的系统环境中，在系统"目的点"或整体目标的引导下，从无序到有序的演化，以一种有组织的方式协调发展，形成一种协同系统。同时，系统又往往具有很强的开放性，即系统与其存在的周围环境之间进行着持续的物质、资源等方面的交换。

● 系统的基本特征

以贝塔朗菲为代表一般系统论认为整体性、层次性、关联性、动态性、目的性、稳定性、突变性等是所有系统的共同基本特征，如表1-2所示。②

表1-2　系统的共同基本特征

系统特征	具体描述
整体性	由若干要素组成的具有一定新功能的有机整体，各个作为系统子单元的要素一旦组成系统整体，就具有独立要素所不具有的性质和功能，形成了新的系统的质的规定性，从而表现出整体的性质和功能不等于各个要素的性质和功能的简单相加
层次性	层次性是具有质的差异的系统等级。由于组成系统的诸要素的种种差异（包括结合方式上的差异），从而使系统组织在地位与作用、结构与功能上表现出等级秩序性
关联性	系统内部诸要素之间以及系统与环境之间发生的物质、能量、信息的传递和交流，结果是某一部分的变化会导致另外部分的变化
动态性	任何系统的状态与功能不是一成不变的。系统不仅作为一个功能实体而存在，而且作为一种运动而存在。作为功能实体而言，系统的内部联系是一种运动，系统与环境的相互作用也是一种运动。作为运动存在而言，系统的功能是时间的函数，因为无论是系统要素的状态和功能，还是环境的状态都不是一成不变的

---

① 苗东升：《系统科学原理》，中国人民大学出版社1990年版，第18—19页。

② ［奥］L.贝塔朗菲：《一般系统论——基础·发展·应用》，社会科学文献出版社1987年版，第13—14页。

续表

系统特征	具体描述
目的性	组织系统在与环境的相互作用中，在一定的范围内，其发展变化不受或少受条件变化或途径经历的影响，坚持表现出某种趋向预先确定的状态的特性。人造系统的目的性表现在功能的人为性方面。人们通过系统要素的选择、联系方式及系统的运动设计反映人们的某种意志，服从于人们的某种目的
稳定性	在外界作用下，开放系统具有一定的自我稳定能力包括在一定范围内自我调节保持和恢复原来的有序状态以及原有的结构和功能
突变性	突变性是指从一种状态进入另一种状态是一种突变过程，是系统质变的一种基本形式

表 1－2 所述既是系统所具有的基本特征，也是系统方法的基本原则。其中，整体性原则是系统科学方法论的首要原则，即必须从非线性作用的普遍性出发，始终立足于整体，通过部分之间、整体与部分之间、系统与环境之间的复杂的相互作用、相互联系的考察达到对象的整体把握。而整体突变性来自于系统的非线性作用。①

（2）教育信息化的系统属性与框架

世界上任何事物都可以看成是一个系统，系统是普遍存在的。系统论的任务不仅在于认识系统的特点和规律，更重要的还在于利用这些特点和规律去控制、管理、改造或创造这一系统，使它的存在与发展合乎人的目的需要。也就是说，研究系统的目的在于调整系统结构，处理系统各要素关系，使系统达到优化目标。同样的，通过对教育信息化系统要素和属性分析，可以更好地认清教育信息化的特点与规律，并通过系统结构的优化和不断改造，更好地促进教育信息化的创新和发展。

众所周知，教育信息化作为信息技术在教育应用中的优化过程和新型的教育形态，其实践活动包含基础设施与资源的建设、应用、管理、评价等多

---

① 姚建萍、孙德芬：《高校科研创新团队建设的路径选择：以系统论为视角》，《中国成人教育》2013 年第 18 期。

方面的要素。根据前述系统的内涵分析，教育信息化具有系统属性，有其自身的体系结构，其系统必然包括物理、事理和人，即自然系统、社会系统和文化系统。在此基础上，清华大学张建伟（2006）从系统分析的视角，认为教育信息化的外部结构应该包括思想观念、教育投资、体制以及一个国家和民族特有的更广义的文化；内部结构应该包括硬件、软件和人件等要素以及由此而产生的建设、应用、管理、评价等基本要素具体框架，如图 1-2 所示。①

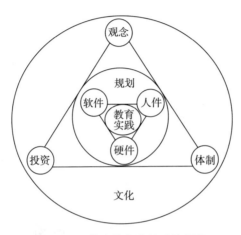

图 1-2 教育信息化的系统框架

由张建伟构建的教育系统框架（图 1-2）可以看出，教育信息化既具有系统的整体性特征，又具有层次结构。在教育信息化系统的外部因素中，政策制定者以及管理者的领导力在很大程度上通过作用于对教育信息化的规划管理而影响制约教育信息化的整体进程。反过来说，观念创新、体制创新、文化创新和教育投资的增加与合理分配将为教育信息化提供强大动力，也是制约教育信息化进程的主要因素，因而也成为教育信息化的动力层（或称为制约层）。而围绕着教育信息化实践活动的硬件建设、软件资源更新和教育信息化教学应用等内部要素，通过相互的关联与作用以及与环境不停地进行物质、能量和信息交换，保持了自身存在的连续性，使其组成了一个复杂的教育信息化系统。

---

① 张建伟：《教育信息化系统化分析》，《教育科学》2000 年第 1 期。

（3）农村基础教育信息化系统的特殊性

农村基础教育信息化作为教育信息化的重要组成部分，除了具有教育信息化的系统特征和核心要素之外，还会受到农村教育、基础教育等一些因素的影响，如农村经济与文化，农村政策以及区域性特征等。这就需要在具体的研究与实践中，一方面要考虑到教育信息化的属性与特征，另一方面还要考虑农村教育的区域特征与基础教育的特殊性。因此，相对于教育信息化的系统属性，农村基础教育信息化系统更具有区域系统和基础教育系统的特殊性。

作为区域系统，农村基础教育信息化系统的特殊性主要体现在区域的自然物质环境和人文环境方面。有研究指出，环境是区域系统存在和演化的必要条件，系统与环境存在着物质、能量和信息的交换关系，因此环境也影响着系统功能。[1] 根据目前区域及其系统研究，"区域"是一个空间的概念，可以看作以人地关系为核心，既包含自然物质要素，也包含人文要素的具有一定范围和界线的地理单元。人类的经济活动不管处于何种发展阶段，也不论是物质生产还是非物质的信息生产，都必须落实到一定的区域空间。因而相对于其他系统特征，区域系统具有综合性与整体性、动态性与开放性、空间性与区域性、层次性、自适应性与自组织性等特征。区域系统要素在一定的经济和社会中组合构成结构，即要素投入状况和结构特征对区域系统功能有重要影响。

作为基础教育系统，农村基础教育信息化系统的特殊性体现在两个方面。一方面体现在基本目标和系统结构特征上。基础教育信息化的基本目标是为了帮助学生应对信息社会的挑战，通过信息技术不断改善教育体系、教学过程和优化学生学习过程，以提高学生的技术素养、信息素养及其他素养和能力，促进学生全面发展过程。其系统结构具有以下特征：一是教育管理体制、投资机制、社会各界的参与等要素共同构成基础教育信息化系统的动力子系统；二是相关人员的能力建设和信息基础设施的建设维护与应用是整个系统的基础性子系统；三是信息技术课程的建设和实施、信息技术在学科教学中

---

[1] 张志慧：《系统视角下区域信息化差异比较研究——以粤、桂、滇、黔为例》，广西大学硕士论文 2012 年 5 月。

的应用是实现上述目标的主要途径。① 另一方面，体现在服务功能和辐射特色上。由于农村经济基础和社会状况与城市有较大的差异，农村基础教育信息化实施的外部环境与城市基础教育信息化明显不同，所以农村基础教育信息化系统的功能会受到农村经济基础、制度环境以及当地文化的影响。例如，农村基础教育信息化的功能除了要促进学生的信息素养以及其他综合素养之外，还需要更具农村区域功能和特色，承担社区居民信息素养提升的责任，以促进基础教育信息化的资源共享和社会服务功能。

因此，在系统理论、区域系统视角下和基础教育特殊性的共同作用下，农村基础教育化系统具有以下一些特征：一是农村基础教育信息化外部动力要素包括教育管理体制、投资机制、社会各界参与等，内部基本要素包括信息化基础设施建设以及相关人员能力培养等，而信息技术课程实施与信息技术教学应用是其重要实现途径。二是农村基础教育信息化内部系统应该体现信息化的要素投入维度、结构运行状况、环境状况以及功能状况。具体逻辑关系如图1-3所示。

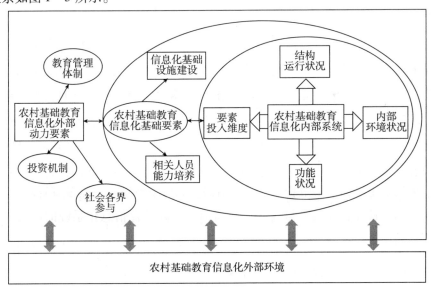

图1-3　农村基础教育信息化系统关系图解

① 苗逢春：《我国未来5年基础教育信息化的系统推进和实施关键》，《中国电化教育》2003年第9期。

总之，研究农村基础教育信息化系统，除了要考虑信息化的要素投入维度、结构运行状况、环境状况以及功能状况之外，还要结合农村经济基础和社会状况，围绕基础教育的目标，明确各子系统和要素之间的关系，进而促进农村基础教育信息化的有序、协同与可持续发展，详细系统结构见本书第六章。

2. 复杂性理论

（1）复杂性理论的本体解析

● 复杂性理论的起源、发展及与系统科学的关系

复杂性理论（system complexity）起源于 19 世纪后期的能量物理学理论。贝塔朗菲指出，现代技术和社会已变得十分复杂，传统的方法不再适用，"我们被迫在一切知识领域中运用整体或系统概念来处理复杂性问题"。第二次世界大战以后，随着世界复杂性的发现，在科学研究中兴起了建立复杂性科学的热潮，即从简单性科学向复杂性科学发展。

1973 年，法国哲学家埃德加·莫兰在他发表的《迷失的范式：人性研究》一书中首次系统地提出了复杂性方法和复杂性理论，成为当代复杂性理论第一人。他的复杂性方法主要是用"多样性统一"的概念模式来纠正经典科学的还原论的认识方法，用关于世界基本性质是"有序性和无序性统一"的观念来批判"机械决定论"，提出把认识对象加以背景化来反对在封闭系统中追求完满认识，主张整体和部分共同决定系统来修正传统系统观的单纯整体性原则。[①] 1979 年，比利时著名科学家普利高津首次提出了"复杂性科学"的概念，认为现代科学在一切方面、一切层次上会遇到复杂性，只是在复杂性的类型、程度和层次上有所不同，必须"结束现实世界简单性"这一传统信念，建立复杂性科学。实质上，普利高津把复杂性科学作为经典科学的对立物和超越者提出来，主要是揭示不可逆的物理过程和物质进化机制的耗散结构理论，并用这个理论研究了物理、化学中的"导致复杂过程的自组织现象"，为探索生物复杂性和社会复杂性奠定了基础。[②] 1984 年，美国圣菲研究

---

① ［法］埃德加·莫兰：《复杂思想：自觉的科学》，北京大学出版社 2001 年版，第 9—15 页。
② 闵家胤：《关于"复杂性研究"和"复杂性科学"》，《哲学动态》2003 年第 7 期。

所（世界复杂性问题研究中枢）在"复杂性科学"基础上提出了"适应性造就复杂性"，表明系统在适应环境的过程中，自身结构和行为方式从简单到复杂的演变。即从经验中提取有关客观世界的规律性的东西作为自己行为的参照，并通过实践活动中的反馈来改善自己的行为方式。复杂性适应系统反映了生物、社会等高级系统的能动的自组织的机制。[1]

尽管人们对"复杂性"及"复杂性科学"概念还缺乏严格一致的定义，但都意识到复杂性方法和复杂性理论是为弥补长期占统治地位的经典科学的简化方法的不足而产生的。复杂性研究目前在国内外已成为许多学科领域内研究的前沿和热点。并且随着复杂性理论的研究热潮，出现了一系列以探索复杂性为己任的学科——系统科学：20世纪60年代贝塔朗菲提出由系统科学与数学系统论、系统技术、系统哲学构成广义系统论的设想；70年代勘探德哥尔摩大学萨缪尔教授以信息、能量、物质和时间作为基本概念，将系统论、控制论、信息论综合成一门新学科的设想；80年代我国著名科学家钱学森提出建立统一的系统科学体系的问题，将系统科学看成是与自然科学、社会科学等相并列的一大门类科学，应当具有工程技术、技术科学、基本理论和哲学四个层次。对此，信息学家魏沃尔从系统科学发展的时间阶段指出：19世纪及其之前的科学是简单性科学；20世纪前半叶则发展起无组织复杂性的科学，即建立在统计方法上的那些学科；而20世纪后半叶则发展起有组织的复杂性的科学，主要是自组织理论。[2]

虽然系统科学的认识还没有达到统一，但目前比较公认的系统科学发展阶段是：第一阶段以第二次世界大战前后控制论、信息论和一般系统论等的出现为标志，主要着眼于他组织系统的分析，也被称为"老三论"；第二阶段以耗散结构论、协同论、超循环论等为标志，主要着眼于自组织系统的研究，被叫做"新三论"。[3]并且随着人类对系统科学和复杂性方法认识的不断深

---

[1] 黄欣荣、吴彤：《复杂性科学兴起的语境分析》，《清华大学学报（哲学社会科学版）》2004年第3期。

[2] 焦建利、叶力汉：《教育技术的复杂性与复杂的教育技术学——从复杂性科学角度看教育技术学》，《电化教育研究》2006年第1期。

[3] 吴晓军：《复杂性理论及其在城市系统研究中的应用》，《西北工业大学》2005年3月1日。

入，系统科学也从线性系统、非线性系统发展到复杂系统，如图 1－4 所示。①

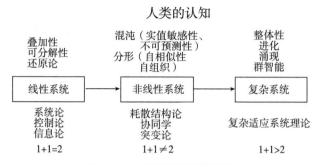

图 1－4　系统发展演进过程

　　图 1－4 中线性系统是在 20 世纪 40—60 年代系统科学的形成和发展起来的，这段时间以贝塔朗菲为代表的一般系统论原理，提出了具有普遍意义系统的开放性、整体性、目的性、动态性、有序性和有机关联性等观点。随后维纳提出的控制论、申农提出的信息论促进了线性系统科学的进一步发展。非线性系统源于 20 世纪 70—80 年代非线性科学的兴起，对许多混乱而复杂的系统研究，发现整体大于部分之和的事实拓宽了控制概念，引申了随机性和确定性对立统一的思想，讨论了自组织涨落、相变等新的概念，对系统的理解深入了一大步。② 但这里说的"系统"所隐含的背景已经不是人造机器，而是更为广义的系统。与此同时，这一阶段突变理论、超循环理论、分形理论等的研究为复杂性科学提供了理论基础。20 世纪 90 年代以来，中外学者不约而同地把注意力集中到个体与环境的互动作用上。③ 计算机技术的发展为复杂性适应系统的研究提供了保证，圣菲研究所通过对个体、环境相互作用下涌现现象的思考，从不同的角度揭示了复杂的本质。其研究成果也成为复杂系统理论的旗帜。

　　由图 1－4 可知，复杂系统是相对于牛顿时代以来构成科学事业焦点的简单系统相比而言的，两者具有根本性的不同。一般来讲，复杂系统由一定数

---

　　① 金吾伦、郭元林：《国外复杂性科学的研究进展》，《国外社会科学》2003 年第 6 期。

　　② 陈一壮：《复杂性理论：科学方法的第三个梯级》，《学习时报》2005 年 7 月 4 日。

　　③ 吴彤：《复杂性、科学与后现代思潮》，《内蒙古大学学报（人文、社会科学版）》2003 年第 4 期。

量的个体构成，除此以外，复杂系统的个体通常具有适应性、智能性和抽象性。系统所包含的个体是复杂系统的基本组织条件，其数量以及其相互之间的耦合强度是复杂系统分类的重要指标。按照钱学森等人对系统的分类，中等规模的系统以及个体间存在较强的耦合作用便称为复杂系统，如果系统规模巨大，则为复杂巨系统，如表 1-3 所示。① 在本书的研究中，凡不能用复杂性理论研究的复杂系统，可以认为是复杂巨系统。

表 1-3　系统的分类

耦合	规模		
	小	中	大
弱	简单系统	简单系统	简单巨系统
强	简单系统	复杂系统	复杂巨系统

除了系统规模与耦合性之外，智能性、适应性、抽象性也是复杂系统的重要特征。系统的个体能够根据环境的信息，调整自身状态和规则，从而使系统在整体上表现出更高层次、更加复杂、更加智能协调的有序。从系统的角度讲，复杂系统一般具有开放性、不确定性、非线性、涌现性以及不可预测性。在这些特征的综合作用下，在更高的层次上表现出规律性。但对复杂系统的预测是很困难的，往往存在"蝴蝶效应"，因此系统本身的演化又常常表现出反直觉的特征。②

总之，系统科学是探索复杂性为己任的新学科，其基本任务是要发现并区分不同类型的复杂性，探寻不同复杂系统的共同性质和规律，弄清产生复杂性的内在机制。人类在对复杂性、非线性现象的研究中也产生了许多新的科学理论，如系统论、信息论、控制论、耗散结构、协同学、超循环论、突变论、混沌与分形等复杂性理论，都是以系统为研究对象揭示复杂事物的运动规律。在处理实际复杂性问题的实践中，也创造了系统动力学、运筹学、系统工程等一些现代科学方法。复杂系统理论就是要研究解决复杂系统中的

① 李锐锋：《复杂性是系统内在的基本属性》，《系统辩证学学报》2002 年第 10 期。
② 魏宏森：《复杂性研究与系统思维方式》，《系统辩证学学报》2003 年第 1 期。

共性问题，即复杂性问题。复杂性科学是建立在系统科学基础之上的，是对系统科学的发展和深化，而非线性科学中的许多理论和方法，是研究复杂性科学的有力工具，复杂性科学是对非线性科学的凝聚和升华。

● 复杂性理论的基本属性与特征

复杂性是混沌性的局部与整体之间的非线性形式，由于局部与整体之间的这个非线性关系，使得人们不能通过局部来认识整体。换言之，复杂性也是那种环境条件改变的时候，不同行为模式之间的转换能力较弱的动态表现。与传统的还原论方法不同，复杂性理论强调用整体论和还原论相结合的方法去分析系统的事物存在、运动、发展的机理，从而形成超越矛盾二元结构简单思维的立体理解。

复杂性是系统内在的基本属性。非线性相互作用使系统具有复杂性，主要体现在：一是在非线性相互作用条件下，系统具有相干协同性。在线性相互作用条件下，各要素彼此独立，很难形成一个有机联系的统一整体。而在非线性相互作用条件下，各要素相互交叉、缠绕、渗透、融合、贯通的相干协同性使系统形成一个不可分割的统一整体。二是在非线性相互作用条件下，要素之间非独立的相干性促使它们关联放大，产生协同有序的整体效应，并突现生成了各独立要素所不曾有的新系统。三是在非线性相互作用条件下，系统各要素间具有非对称、不均匀、不平衡性，事物的发展不再遵循严格的决定论和服从动力学规律，系统行为具有一定的随机性、不确定性。正因为非线性具有不同于线性的显著特点，才使得系统具有复杂性，主要特征表现在：一是因素众多、涉及面广。表现为多因素、形态多种多样性。二是联系紧密、结构复杂。表现为多联通性、多层次性、交叉结构。三是联系紧密、动态多变、随机性强。表现为不稳定性、分化、无序与有序互动、随机性。四是非线性、非加和性。表现为自组织进化、混沌、分形以及因果关系的反直观性，即突现、涌现、分岔。①

复杂性之所以具有上述特征，是因为复杂性是系统的复杂性。而系统之所以称其为系统，是因为其构成要素间发生的都是非线性相互作用，正是非

---

① 李锐锋：《复杂性是系统内在的基本属性》，《系统辩证学学报》2002 年第 10 期。

线性相互作用，才使得系统具有复杂性属性，并表现出一系列的复杂性行为。简言之，系统构成要素间发生的都是非线性相互作用。此外，复杂性源于系统构成要素间的非线性相互作用。复杂性归根结底是系统构成要素间的非线性相互作用。非线性相互作用是系统复杂性之根、之本、之源，是其深层次的动力机制。

总之，复杂性理论把被经典科学的简化理性所排除的多样性、无序性、个体性因素引进科学的视野，借以研究能动系统的复杂的自组织问题而建立的一种新的世界观，即以过程而非对象，以历史和事物的独特性而非重复性和类似性为其基本原则。从确定性混沌到耗散结构、灾变说、自组织理论和协同学论，这些理论是与一种新的科学理解相关的数学模型。它们以一些新的根本性的科学承诺为基本特征，但同时它们也有知识论方面的界定。目前，人们已经创立和发展了描述复杂现象、揭示复杂系统的规律的不同理论或模型，如自组织临界理论和回声模型。因此，复杂性理论和系统动力学一样，也是一种对待系统新的方法论。但也有人因为复杂性理论研究复杂系统的，就认为它还是属于系统论范畴的一种方法。其实莫兰认为系统论超越了还原论，复杂性理论又超越了系统论，它们代表着科学方法论依次达到的三个梯级。

（2）教育信息化的复杂性

复杂性既存在于自然科学领域也存在于人文社会科学领域。而人文社会科学领域作为无机系统、有机系统和社会系统的混合系统更具有复杂性的机理和特质，而置于其中的教育系统更是从要素、结构、过程、功能、目的、方法等各方面显示出了其复杂性的特点。因此，教育作为事实世界和价值世界的统一性、促进个体的社会化与社会的个体化的社会实践活动，其本身的复杂性决定了复杂性理论和复杂性研究的适用性与合理性。对于教育作为复杂系统及其复杂性的分析，在国内已经有了不少的研究，也基本形成了一些共识，主要集中在教育对象本身的复杂性、教育过程的复杂性、教育环境的复杂性、教育模式的复杂性等几个方面。例如，叶澜教授提出"大家都承认教育与整个社会的变革和发展、与社会政治、经济、文化等各个组成因素（或称为系统）之间都有复杂的相互关系；大家也都承认教育与人的个体发展之间有着复杂的相互关系"①；杨小微教授从复杂性科学的角度，反思了教育科学研究方法问题等等，分析了教育系统所具有的大量非线性特征、不可还原性、自组织性和锁定效应特性②；顾建军通过与一般的人类实践活动的主客结构及其关系特征的比较，对教育活动中主客关系的复杂性主要表现归纳为，从教育的两极实体、教育的目的、教育的能量转换、教育的活动结构特性、教育的主客关系的稳定程度以及教育的对象性关系的均衡性等六个方面，深入探讨了教育活动中主客关系的复杂性的种种表现。③ 这些研究表明：教育是一项复杂的系统工程，更是一种人类社会所特有的更新性再生巨系统。教育的复杂来源于人的复杂性。教育现象除了人的认识因素外，还大量涉及文化、习俗、情感、动机、人际互动等多种因素。因此，教育现象不是简单的因果关系，而是多变量、非线性的关系，教育系统也不是简单系统，而是复杂性系统。④

教育信息化作为信息技术在教育应用中的系统化过程，同时具备了教育的复杂性和技术的复杂性。用复杂性系统理论去重新审视与思考教育信息化发展中的各种复杂事物与现象，会给其带来全新的思想观念与研究方法，特别是近年来不断出现的复杂性研究热点问题及其方法，比如复杂系统的动力学与建模研究，复杂系统结构、功能与行为研究，复杂系统的度量、辨识、预测与评价研究，复杂系统的演化、涌现、自组织、自适应、自相似的机理研究，复杂系统中的策划与调控研究，人机结合的综合集成复杂系统与复杂性研究等热点问题的视角与研究方法，更为教育信息化的研究指明了科学的范式和方法。

通过对前面章节的分析可知，在教育信息化基础能力建设中，主要涉及信息化环境建设、信息化资源建设和信息化组织建设三大方面。其中，环境建设是基础和前提，资源建设是核心和灵魂，组织建设是保障。这些要素共同构成教育信息化体系，并且相互联系和制约。分析其复杂性，主要表现为

---

① 叶澜：《让课堂焕发出生命力——论中小学教学改革的深化》，《教育研究》1997 年第 9 期。

② 杨小微：《从复杂科学视角反思教育研究方法》，《教育研究与试验》2000 年第 3 期。

③ 顾建军：《浅析教育的双主体特征》，《教育科学》2000 年第 1 期。

④ 林益、刘思峰、D. H. 麦克尼尔：《系统科学研究的过去、现在与未来》，《系统工程与可持续发展战略——中国系统工程学会第十届年会论文集》，1998 年。

如下三个方面：一是在教育信息化环境建设中，教育信息化虚拟社区相对于实体社区就非常的复杂。因为虚拟社区中是更为复杂的人际关系，已经在超越时间、空间的基础上产生出新的网络文化和网络心理。而且在这种基于网络的教学实践中，教师与学生、学生与学生之间的关系更具有变化和流动的特点，是更加特殊的人际交往。二是在教育信息化资源建设中，传统的资源建设与设计思维方法的确定性、封闭性和负反馈性等与当前以人为本的实际教学运用具有一定的距离，需要吸收复杂性科学的新思维，对信息化教学进行重塑。三是在教育信息化组织建设中，最为关键的是"人"的素质和能力，并直接影响了资源的设计与开发、制度的保障以及信息技术教学的有效性。

由此可见，教育信息化的"教与学"的过程、技术优化教学的复杂性，决定了其是具有涌现性、非线性、动态性、开放性的复杂系统，与其系统具有的物质能量（基础设施、资源建设等）、精神能量（领导力、信息文化等）以及系统的多样性（如组成的多样性，文化的多元化等）成正比，与其适应性（对现状满足程度）成反比。因而，教育信息化研究是需要复杂性科学的支持。换言之，只有借助非线性科学等系统科学的新思维，教育信息化研究才会取得重大突破。①

（3）农村基础教育信息化系统的复杂性特征

现阶段我国基础教育信息化的研究，特别是农村基础教育信息化，过多的追赶发达地区信息化的建设水平，着眼于设施的建设或纯技术的研究与开发，忽略了农村区域的复杂性和特殊性以及人在教育信息化过程中的主体地位和体验，并试图为寻找一种具有对城乡基础教育信息化具有普遍真理性的发展方向，这是线性科学和决定论视野中教育研究的传统，它不仅肢解了充满复杂性的教育、技术以及信息化过程，而且得到的是在其特殊条件下的、支离破碎的、所谓的普遍规律。对此，丁钢教授曾批评说："当人们试图为教育寻找一种具有普遍真理性的未来方向时，教育的文化性格又往往被人一笔带过，成为普遍性追求的佐料而受到事实上的冷落，可是，任何教育执行的环境却不理会这种冷落，无论是拒斥或接纳，都站在各自的文化立场上去对

---

① 陈卫东、韩雪峰：《高校教育信息化的复杂性探究》，《现代远距离教育》2007 年第 12 期。

待那种傲然于世的普遍性理性原则或真理。"① 因此，在教育信息化建设过程中尤其在农村教育信息化建设中，更需要人们打破传统的还原论，根据农村教育的复杂性，用整体论和还原论相结合的方法，去分析农村教育化系统的事物存在、运动、发展的机理，从而形成超越矛盾二元结构简单思维的立体理解。这就需要人们在理论研究与实践探索中，在关注农村教育信息化系统自身的特殊性、复杂性之外，还要考虑到技术的复杂性、人的复杂性、基础教育的复杂性以及相应的社会经济、文化、政治等的复杂性，从而为农村教育信息化的发展做出合理的解释和指导。

从复杂性结构角度来看，农村基础教育信息化内部是由信息化基础、信息化资源、信息化应用、信息化政策与制度、信息化人才等要素构成的复杂性系统。在这个系统中，各要素之间密切联系又相互制约，但是决定一切工作的根本是"人"。从复杂系统的外部层次上看，农村基础教育系统是教育信息化系统工程的一个组成部分，除了受到教育信息化大系统影响之外，也必然受到农村区域系统、基础教育系统等的影响。而且在农村基础教育信息化系统内部，也必定是自组织的演化，孤立的、耗散的系统不具有存在发展的可能。农村基础教育信息化的复杂性系统循环嵌套关系如图1－5所示。

图1－5　农村基础教育信息化的复杂性系统

---

① 丁钢：《提升中国教育研究理论张力》，《中华读书周报》2002 年 1 月 23 日。

从图 1-5 中可以看出，教育信息化是一个开放的、复杂的巨大系统，而基础教育信息化只是教育信息化系统的一个分支，而农村基础教育信息化系统又是基础教育信息化系统的一个分支。事实上，日常人们观察到的各种系统都是开放的系统，即便人们能够创造一个"完全封闭的系统"，这个系统也具有某些自组织特性，否则它就失去了存在演化的根本依据，成为"死"系统。

3. 自组织理论

(1) 自组织理论本体分析

● 自组织的内涵与阶段发展特征

虽然系统和组织都是描述事物同一种存在方式，但二者的着眼点却不同。系统是从整体性和相关性的立场上把握事物，而组织是从结构和有序化的立场上把握对象，是指系统内的有序结构或这种有序结构的形成过程。德国理论物理学家哈肯认为，从组织的进化形式来看，可以分为两类：他组织和自组织。如果一个系统靠外部指令而形成组织，就是他组织；如果不存在外部指令，系统按照相互默契的某种规则，各尽其责而又协调自动地形成有序结构，就是自组织。概述如下："如果一个体系在获得空间、时间或功能的结构过程中，没有外界的特定干涉，我们便说该体系是自组织的。这里'特定'一词是指，那种结构或功能并非外界强加给体系的，而且外界是以非特定的方式作用于体系的"。哈肯对自组织的定义在自组织学科共同体内获得公认。① 我国学者吴彤在哈肯自组织定义的基础上，提出了自己的看法：按照事物本身如何组织起来的方式，组织化应该划分为两种方式：一种即"自组织"，另一种即"被组织"，而不是组织与自组织。在哈肯那里，组织实际上等同于"被组织"。所谓"被组织"，即从事物自身看，它的组织化，不是它自身的自发、自主过程，而是被外部动力驱动的组织过程或结果。组织与自组织、被组织的概念之间的关系如表 1-4 所示。②

---

① 吴彤：《自组织方法论论纲》，《系统辩证学学报》2001 年第 4 期。
② 黄欣荣、吴彤：《复杂性科学兴起的语境分析》，《清华大学学报（哲学社会科学版）》2004 年第 3 期。

表 1-4　组织、非组织、自组织和被组织概念关系

总概念	组织（有序化、结构化）		非或无组织（无序化、混乱化）	
含　义	事物朝有序、结构化方向演化的过程		事物朝无序、结构瓦解方向演化的过程	
二级概念	自组织	被组织	自无序	被无序
含　义	组织力量来自事物内部的组织过程	组织力量来自事物外部的组织过程	非组织作用来自事物内部的无序过程	非组织作用来自事物外部的无序过程
典　型	生命的成长	晶体、机器	生命的死亡	地震下的房屋倒塌

　　自组织作为一种过程演化的哲学上的概念抽象，包含着三个阶段过程：第一，由非组织到组织的过程演化；第二，由组织程度低到组织程度高的过程演化；第三，在相同层次上由简单到复杂的过程演化。但这三个过程阶段却有着本质的区别，其中第一过程（Ⅰ）是从非组织到组织，从混乱的无序状态到有序状态的演化，它意味着组织的起源，需要研究的是组织起点和临界问题；第二过程（Ⅱ）是一个组织层次跃升的过程，是有序程度通过跃升得以提升的过程，研究的是组织复杂性问题；第三过程（Ⅲ）标志着组织结构与功能在相同层次上从简单

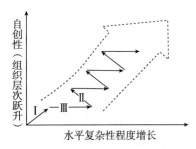

图 1-6　自组织的发展阶段特征

到复杂的水平增长。这种组织复杂性的增长，也是复杂性研究的重要任务。这三个过程形成了组织化的连续统一体，如图 1-6 所示。①

　　● 自组织理论组成及其方法论

　　从自组织内涵与特征我们可以知道，自组织领域涉及的是事物自发、自主形成结构的过程，在这种过程中存在特有的自组织特征、条件、环境和动力学规律。自组织理论是 20 世纪 60 年代末期开始建立并发展起来的一种系统理论，

① 闵家胤：《关于"复杂性研究"和"复杂性科学"》，《哲学动态》2003 年第 7 期。

主要是一般系统论的新发展，以新的基本概念和理论方法研究自然界和人类社会中的复杂现象，并探索复杂现象形成和演化的基本规律。它的研究对象主要是复杂自组织系统（生命系统、社会系统）的形成和发展机制问题，即在一定条件下，系统是如何自动地由无序走向有序，由低级有序走向高级有序的。

20世纪中期以来，当代自然科学的前沿出现了"耗散结构理论""协同论""突变论""超循环论""混沌理论"和"分形理论"等一批新兴学科。尽管这些理论研究的对象不同，但是它们的研究具有共同特征，即都是针对非线性的复杂系统或非线性的复杂的自组织形成过程，因而被统称为自组织理论，如表1-5所示。但自组织理论的基本思想和理论内核则可以完全由耗散结构理论和协同论给出。其中，耗散结构理论是解决自组织出现的条件环境问题的，也被称为自组织理论形成的标志。协同论基本上是解决自组织的动力学问题的。一般认为，系统开放、远离平衡、非线性相互作用、涨落是自组织形成的基本条件。一个系统自组织功能愈强，其保持和产生新功能的能力也就愈强。

表1-5　自组织理论组成及方法形成

理论名称	概念	方法论
耗散结构理论	一个远离平衡态的非线性的开放系统通过不断地与外界交换物质和能量，在系统内部某个参量的变化达到一定的阈值时，通过涨落，系统可能发生突变即非平衡相变，由原来的混沌无序状态转变为一种在时间上、空间上或功能上的有序状态	解决自组织出现的条件环境问题
协同论	研究子系统构成的系统是如何通过协作从无序到有序演化的规律，"协同效应"和"自组织"是其核心概念和硬核	解决自组织的动力学问题
超循环论	研究生物信息起源的理论，生命现象都包含许多由酶的催化作用所推动的各种循环	从数学抽象的角度研究了自组织的途径问题
突变论	指出系统的熵可以增加也可以减少，从而造成有序性的发展	解决了自组织的结合形式问题
混沌理论	主要指在确定性系统中出现的"无序性""无规则性"和"不可预测性"，是描述复杂性和不能根据初始状态预知其未来的运动状态的动力学系统的理论	从时间序与空间序的角度研究了自组织的复杂性和图景问题

总之，自组织理论主要由耗散结构理论、协同论、突变论和超循环理论组成。自组织是自然界和人类社会发展演化的自然法则，是以新的基本概念和理论方法研究自然界和人类社会中的复杂现象，并探索复杂现象形成和演化的基本规律。针对自组织理论主要研究客观世界中自组织现象的产生、演化等，关注系统在内部结构和复杂性增加的相变期间内所表现出来的行为。清华大学的吴彤教授认为自组织理论方法主要包括条件方法论、协同动力学方法论、演化路径（突变论）的方法论、超循环结合方法论、分形结构方法论、动力学（混沌）演化过程论、综合的自组织理论方法论等。

（2）教育信息化的自组织特征

教育信息化从其表现形式来看，是一个观念信息化、组织信息化、管理信息化、事务信息化、工具信息化等有机结合的体系；从其体系结构来看，是由网络平台体系、信息资源与数据库体系、信息化应用与服务体系、信息化规范与标准体系、组织管理体系、技术与安全保障体系等构成的完整结构。而且，教育信息化是一个动态的发展过

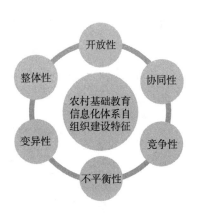

图1-7　教育信息化体系自组织特征

程，是一个对传统教育观念、教育模式、管理体制、组织结构及业务流程等不断改革和优化的过程，有利于提升教学、科研、管理、服务等活动的效率和质量。同时，其本身也在这个动态发展的过程中得到不断健全和完善，并注入新的内涵。因此，基于系统自组织条件、协同动力、演化路径、超循环结合、分形结构、混沌演化过程、综合的自组织等方法和教育信息化的建设背景、组成结构、功能定位、历史使命等，决定了教育信息化系统的自组织建设应具备整体性、动态开放性、协同性、竞争性、不平衡性、变异性等自组织特征，如图1-7所示。①

---

① 姚文建：《自组织理论下的国家开放大学办学体系建设探索》，《中国远程教育》2013年第5期。

对于教育信息化的自组织特征的具体解释如下：

一是整体性。通过前面章节对教育信息化系统的分析可知，教育信息化系统各个子系统都是不可分割的有机组成部分，各自承担着不同的角色和职能，共同组成子系统所没有的性质和功能的教育信息化有机整体。

二是动态开放性。教育信息化体系是动态、开放的体系，包括观念的开放、组织的开放、管理平台的开放、信息资源的开放、应用于服务方式的开放和规范与标准体系的开放，并与外界保持着物质、能量、信息和人员的交换。同时，这个系统并非一成不变，而是随着教育信息化建设的内外环境和任务动态调整的，包括成本分摊机制、资源共享机制、利益分配机制，最大限度地调动各方积极性，保持系统活力。如随着农村基础教育信息化发展不断深入，由初期对硬件的关注逐渐转向教学应用。

三是协同性。教育信息化系统各个子系统包括外部环境之间明晰责任、协调改革、协同探索、深度参与、集思广益、凝聚共识，最大限度地消除之间的"内耗"，抑制其"负能量"，发挥其"正能量"，才能共同破解建设中的难题，尽可能降低建设成本、提升教育效益和社会效益，达到合作共赢。这也是教育信息化的复杂性和多样性所决定的。因为教育信息化不仅仅是学校教育的实践活动，也是社会化的实践活动。

四是竞争性。教育信息化系统内部各子系统及外部环境之间，在发展诉求、功能权限、资源建设以及信息交换上，必然存在竞争关系。同时，允许和激励适度的竞争，才能促进教育信息化体系各个子系统在更大范围和更深层次的合作与协同创新，激发整体活力，进而形成影响和相互作用的教育信息化系统。

五是不平衡性。信息化系统各个子系统之间，由于种种原因，各自所处的地位、发展水平和规模是极不平衡的，差距很大。在我国，城乡教育信息化的差距尤为严重。

六是变异性。教育信息化系统建设是一个复杂且相对漫长的过程。当教育信息化体系各子系统由原来的相对稳定状态向不平衡状态转化时，各子系统和外部环境之间是不断发展变化的，各种可控因素与不可控因素一旦达到某种临界值，就会产生突变和变异，产生不同的结果，即可能达到若干不同的新稳态，每个状态都呈现出一定的概率，但在这一过程中，也是相对稳定状态跃迁的过程。

（3）农村基础教育信息化自组织模型

农村基础教育信息化作为在农村教育、基础教育、教育信息化等基础上演变发展的复杂性新事物，同样具有教育信息化开放性、非平衡性、非线性相互作用和涨落性等自组织现象。同时，由于农村基础教育是教育信息化、基础教育和农村教育相互交叉的子系统，必然受其相关的教育信息化系统、基础教育系统和农村区域教育系统的制约和促进双重作用。因此，农村基础教育信息化系统在外部他组织的约束下，必然具有系统的开放性和自组织性，不然就会变成一个封闭的、孤立的系统而无法发展。

农村基础教育信息化在外部的自组织现象，主要表现为与教育信息化、基础教育和农村区域教育系统不断地进行物质、能量的交换，以促进其在相关系统外部环境中的不断演化和发展，如农村基础教育信息化资源辐射社区居民的社会化功能，就是农村基础教育信息化特有的自组织现象，通过资源功能的拓展，农村基础教育信息化自身也增强了被需求发展的动力。农村基础教育信息化在内部自组织现象，主要表现为农村基础教育信息化作为一个复杂性系统，通过信息化基础、信息化资源、信息化应用、信息化政策与制度、信息化人才等系统要素之间的非线性作用，在管理体制、运行机制、综合协调和支持服务等方面通过涨落，在时间、空间或功能上逐渐达到有序状态。[①] 例如，农村基础教育基础设施达到平衡后，重要的是在教学中的应用。如何从师生对技术由好奇到恐惧不平衡状态，演化到技术与人的相互交融状态，这就需要农村基础教育信息化建立自身的支持服务机制，根据自身教师和学生的素质和能力水平进行针对性提供服务模式。这就是为什么国家组织了大量的农村中小学教师教育技术能力培训项目，为什么在现实应用中教师仍然难以提升。因为真正的从无序到有序，需要农村基础教育信息化增强自我的能动性。

综上，根据农村基础教育信息化自组织现象、自组织理论及耗散结构理

---

① 刘菊等：《自组织理论及其教育研究应用前景探析》，《远程教育杂志》2012 年第 2 期。

论、协同论和超循环等理论的分析，我们认为，农村基础教育信息化的自组织结构其实更具有耗散结构，组织发展演化的过程更需要各系统之间的协同，演化的途径也更具有超循环性。具体自组织模型如图1-8所示。

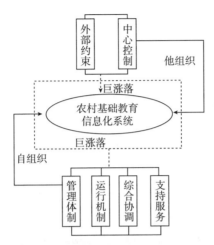

图 1-8　农村基础教育信息化自组织模型

总之，应用自组织理论进行农村基础教育信息化研究与实践，将能更好地促进农村基础教育信息化建设适应新的形势和要求，把握开放性、协同性、竞争性、不平衡性、变异性、整体性等特征，从而由科层管理的"他组织"演变为农村基础教育信息化"能动的自组织"，并建立起主体适应环境的复杂性适应系统，打造新的功能与结构，创新管理体制和运行机制，强化综合协调与支持服务能力，提升体系建设水平和整体实力，以实现农村基础教育信息化的历史使命和发展目标，发挥农村基础教育信息化在建设学习型社会中的重要作用。

4. 教育信息生态理论

（1）教育信息生态理论本体分析

● 　教育信息生态概念的形成

随着信息社会的发展，信息生态理论在教育领域中的渗透越来越明显，越来越多的教育工作者开始采用信息生态的理论与方法来发现和解决教育中存在的问题。尤其是我国教育信息化推进近十年后投入了大量的人力和物力，看不到与投入相匹配的效益，教育信息化的发展进入了高原期与瓶颈期。

2005—2006 年，我国教育技术学者余胜泉教授发表系列文章指出，若使教育信息化尽快进入深层次应用领域，突破目前发展的瓶颈，就必须从系统、生态的视角进行思考，构建和谐的"教育信息生态"，从而首次明确提出"教育信息生态"的概念与思想。①②③④⑤ 此后，大量的相关论文出现在有关学术期刊上。随着"教育信息生态"概念的提出，越来越多的学者进行了教育信息生态的研究。"教育信息生态"概念的引入使教育信息管理活动不再局限于技术方面，而愈来愈重视人、信息、教育实践活动以及人与信息环境的相互关系。

- 教育信息生态的特征

"教育信息生态"作为"教育生态"和"信息生态"的相互交叉，必然要遵循教育生态和信息生态理论的规律。因此，为了更好地把握教育信息生态特征与规律，有必要先对教育生态和信息生态的特征与发展规律进行一些深入的分析。

首先是教育生态理论的分析。"教育生态学"就是将教育及其生态环境相联系，并以其相互关系及其机理为研究对象的一门新兴学科。但目前国际上的教育生态学存在着不同的看法和分歧：一种认为教育生态学的基本观点是"生态系统"和"生态平衡"；另一种是教学过程的多渠道、多样化的特征，多类型、多层次的教育结构，教育的目的性和非目的性，教育情境的范围和复杂性。前者是教育生态学的核心问题和基本规律，后者主张的是教育生态系统的结构和功能问题。基于此，对"教育生态理论"也存在以下的认识：一种认为是以教育为主体，研究教育与生态环境的关系；另一种认为是以生态环境因子为主，研究各种生态环境因素与教育的关系及对教育的影响。以生态学研究对象的层次分析，即教育的个体生态，教育的群体生态和教育的生态系统为断面，剖析教育的生态结构与功能，综合把握各种生态因子的作用，又突出重要的关键

---

① 余胜泉：《生态观突围教育信息化困境》，《中国教育》2005 年第 6 期。
② 余胜泉、马宁：《区域性教育信息化的应用推进》，《中国电化教育》2005 年第 11 期。
③ 余胜泉：《教育信息化生态观与新技术教育应用的科学发展》，《基础教育参考》2006 年第 9 期。
④ 余胜泉、陈莉：《构建和谐"信息生态"，突围教育信息化困境》，《中国远程教育》2006 年第 5 期。
⑤ 余胜泉、赵兴龙：《基于信息生态观的区域教育信息化推进》，《中国电化教育》2009 年第 8 期。

生态因子，建立起纵横交织的网络系统结构，从而集中阐述其原理，揭示出教育生态的基本规律。本书是在综合两种认识的基础上，既要考虑教育主体与生态环境的关系，又要深入分析各生态环境因子对教育的影响和作用，从宏观和微观的角度深度挖掘教育生态的结构、功能与基本规律。

其次是"信息生态"概念与内涵解析。信息生态术语是由社会学家邦妮·纳迪（Bonnie Nardi）和维姬·奥戴（Vicki O'Day）创造的，20世纪80年代开始被西方学者所使用，它被用来表达生态观念和日益变得重要和复杂的信息环境之间的关联。"介绍信息生态的概念是为了把关注点放在技术、人和他们的实践活动之间的联系上。……我们希望从系统的观点来抓住这个概念。"因而在这个系统中起核心作用的不是先进的技术，而是在一定技术支持下的人的活动。可简单概述为：信息生态是一个由人、行为、价值和技术在一定的环境下所构成的系统，目前信息生态学基本特征包括系统性、多样性、动态演化、关键性物种、情境性、协同性，如图1-9所示。

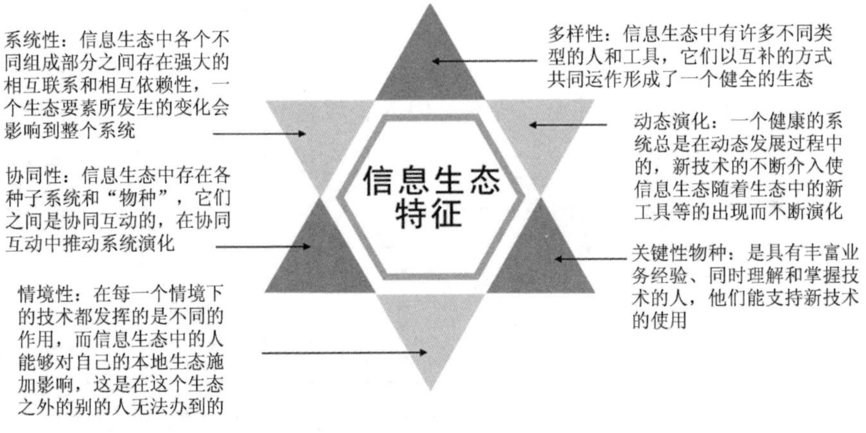

系统性：信息生态中各个不同组成部分之间存在强大的相互联系和相互依赖性，一个生态要素所发生的变化会影响到整个系统

多样性：信息生态中有许多不同类型的人和工具，它们以互补的方式共同运作形成了一个健全的生态

协同性：信息生态中存在各种子系统和"物种"，它们之间是协同互动的，在协同互动中推动系统演化

动态演化：一个健康的系统总是在动态发展过程中的，新技术的不断介入使信息生态随着生态中的新工具等的出现而不断演化

情境性：在每一个情境下的技术都发挥的是不同的作用，而信息生态中的人能够对自己的本地生态施加影响，这是在这个生态之外的别的人无法办到的

关键性物种：是具有丰富业务经验、同时理解和掌握技术的人，他们能支持新技术的使用

信息生态特征

图1-9　信息生态基本特征

综上分析可知，"教育信息生态"是一个比喻式的概念，产生于教育学与信息学。因此，"教育信息生态"既具有教育生态系统和生态平衡的特征，又具有信息生态的特征，如图1-10所示。它强调人与技术、实践等构成的和谐系统；强调信息生态系统的"情境性"，即在一定情境下的信息生态之核心——"人"对情境知识下的信息生态施加影响；强调信息生态的价值，即

每一个信息生态都是一个系统，包括了人、实践活动和技术，但是这些内容都是彼此相连，而且必然需要为一个统一的核心目标服务，在教育信息生态里可以用"价值"来描述。

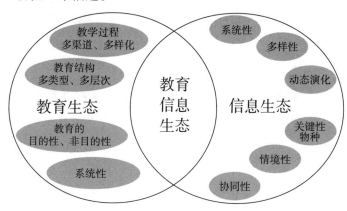

图 1 – 10　教育信息生态特征

- 教育信息生态的内容

本书对余胜泉教授研究的"教育信息生态"从系统属性、研究领域、设计方法方面作了解析，如图 1 – 11 所示。[①] 从图中可以知道，教育信息生态是从系统整体性出发，通过对生态要素是由人、教育实践和技术环境之间的相互作用分析和规划，促进生态的自我组织、自我进化和稳定有序，从而实现促进教师和学生的全面发展的系统价值。

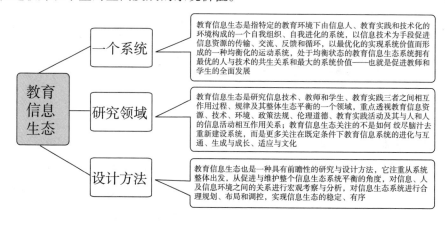

图 1 – 11　教育信息生态解析

① 余胜泉：《教育信息化生态观与新技术教育应用的科学发展》，《基础教育参考》2006 年第 9 期。

遵循"教育信息生态"带来的"教育信息生态观"，我们要从整体优化的视角考察技术在教育中的角色与定位，从以往的单一、静止要素的关注转变为对系统信息流通、共享以及要素之间嵌套关系的关注；从以往单一层面的建、管、用的关注转变为对系统整体运行质量和效果的关注；从以往教师教、学生学的行为关注转变为对教师和学生实际教育和学习需求的关注。

- 教育信息化生态进化规律

按照生态进化规律，当新的技术进入教育生态系统中时，必然会引起原有系统中各要素的不适应和其他事物的变化，这些变化会对技术的应用产生影响并引起系统中其他事物的变化。余胜泉教授按照教育生态系统进化规律，把教育信息生态进化分为生态突变期、生态进化期、生态融合期和生态平衡期，如图 1－12 所示。[①] 对此，本书的理解是：在生态突变期，教育信息化主要面对的是新技术的期望心理，这个时候技术是核心，使用者及相关人员也对技术充满了兴奋。在生态进化期，由于使用者对技术的不适应和教育理念和体制的滞后，导致了期望的幻灭。在生态融合期，通过技术变革和系统整合以及关键物种的变异，效益开始逐渐的凸显，但也有可能发生变革的失败，新技术湮灭的现象。经历过教育信息与技术的融合之后，技术在教育中的凸显地位日渐消失，达到了技术作为认知工具和技术无痕的平衡状态，即生态平衡期。

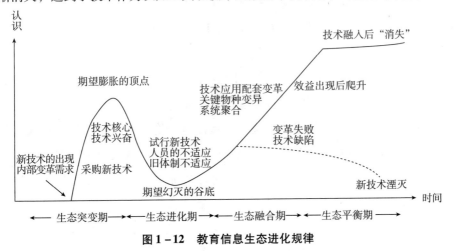

图 1－12　教育信息生态进化规律

---

① 余胜泉：《教育信息化生态观与新技术教育应用的科学发展》，《基础教育参考》2006 年第 9 期。

综上分析"教育信息生态"思想的提出是与教育信息化建设和信息化教育发展相伴而生。教育信息化本质关注的是教育,而非技术。人既是教育的主体,也是受教育的对象。因此,教育必须充分考虑并重视人的地位与作用,必须把"人"的因素放在整个教育信息化建设和信息化教育活动的中心地位,以人为本。而生态学是研究生命体与环境、生命体与生命体之间相互关系的一门学科。因而在教育信息化实践中引入"信息生态"的概念,以系统和生态的观点来构建和谐的教育信息生态系统,强调系统各要素之间的相互联系、相互影响及其生态内涵,对解决当前我国教育信息化面临的瓶颈问题具有一定的启发。①

（2）教育信息化的生态系统特征

众所周知,教育信息化是运用现代信息技术促进教育发展的持续变革过程,在这一进程中,涉及诸多要素,且各要素间相互影响和制约。教育信息化作为信息本质关注的是教育,而非技术,教育的本质在于以人育人,人既是教育的主体,也是受教育的对象。因此,教育必须充分考虑并重视人的地位与作用,必须把"人"的因素放在整个教育信息化建设和信息化教育活动的中心地位。而"生态学"是研究生命体与环境、生命体与生命体之间相互关系的一门学科,因而从生态视角重新审视教育信息化和信息化教育,我们就会找回教育长久缺失的"魂"——关注"人"的生命。下面从教育信息化的生态要素及功能的角度来逐步解析和认识教育信息化的生态特征。

• 教育信息化生态系统要素及功能

"教育信息生态"是一个通过类比得到的概念,是研究教育信息、人、教育环境三者之间相互作用的过程、规律及其整体生态平衡的一个领域。应重点透视教育信息资源、技术、环境、政策法规、伦理道德及其与人和人的信息活动的相互作用关系。王佑镁等根据生态学原理,从组织水平把教育信息化生态系统分为个体、组织、子系统和生态系统要素及功能关系,如表1-6所示。②

———————

① 朱永、张新明:《论教育信息系统的演进——兼论教育信息生态的形成》,《中国远程教育》2008 年第 7 期。

② 王佑镁等:《教育信息化开放生态系统模型建设策略》,《现代远程教育研究》2009 年第 1 期。

表1-6 教育信息化生态系统要素、结构与功能关系

生态系统要素	教育信息化生态系统要素	教育信息化系统功能	生态系统服务类型
环境	政策与制度环境：政府、组织	制定教育信息化发展政策，构建教育信息化发展的技术环境和制度空间	支持功能
生产者	技术服务提供商：企业、组织	提供教育信息化发展的技术条件、功能和服务	提供产品功能
消费者	用户：教师、学生、个体、组织	教育技术与服务的使用者与消费者	文化功能
分解者	中介：研究者、政策制定者、评价监督者	参与制定政策、标准、规范和评估的中介机构与组织	调节功能

虽然各种生态因子对教育信息化的作用和影响多种多样的，但概括地说无非是为教育提供必需的物质、能量、知能和信息。像其他生态系统一样，是物质流、知能和信息流推动了教育生态系统的发展和演化，促使教育生态由低级向高级，由简单向复杂演变，从而分别满足人的生理或心理，体力和智力的不同水平的发展需要。[1]

- 教育信息化生态系统的特征

在对教育信息生态和教育信息化研究的基础上认为，是否能够构建和谐的教育信息生态系统，余胜泉教授认为跟现在的教育信息化的投资有非常大的关系，教育信息化在具体的实践中的投入主要涉及硬件、软件、教学资源、教学技术的培训、管理模式和制度的建设、应用的推进，还包括运营服务和教育技术相关的标准。而且他们之间形成了一个"金字塔"模式：越往下越依赖于技术，越往上越依赖于教育；越往下越单纯、越容易看到实际的东西，越往上越复杂、越需要进行无形的变革和投资，如图1-13所示。[2] 而现在教

---

① 李正贤：《普通高校篮球教学活动的教育生态研究》，苏州大学，2010年3月。

② 余胜泉、陈莉：《构建和谐"信息生态"，突围教育信息化困境》，《中国远程教育》2006年第52期。

育信息化的投资，是越往下投资越多、越往上越少，大量的钱投入到硬件基础设施上面，在应用方面、在标准化方面以及软件和人员培养方面投资的很少，造成现在投入了几百万甚至上千万的设备，但对教学中并没有产生实质性的作用。

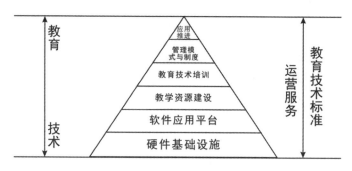

图 1 – 13　教育信息化金字塔系统

从余胜泉教授"金字塔"投资模式中，本书认为教育信息化的生态构建特征应从以下几方面进行考虑：一是无论从硬件系统、软件系统，还是从教育资源方面来看，都要从重视"教"和"管理"转到重视"学生的学"。二是要从 IT（信息技术）向教育回归。教育信息化的产业价值链需要逐步上移，而不应该只停留在倒金字塔的形式。三是要以硬件建设为主向以应用建设为主方面发展。以上三方面也恰恰说明了教育信息化作为技术支持下的教育实践活动，需要在实践中关注人的发展，而不是技术为核心，这也是教育的普遍规律。

●　教育信息化生态系统模型

从上述对教育信息化的生态进化规律以及教育信息化的生态因子和生态特征分析中，可以看到教育信息化是一个开放的、复杂的生态系统。祝智庭教授围绕着教育信息化竞争力与其效能的提升，构建了教育信息化是一个开放的、整合的生态系统。认为教育信息化生态系统构成应该包括教育生态子系统和技术生态两个大子系统。而教育生态系统中又包含资源生态和学习生态等次子系统。而且这些系统与子系统、次系统之间需要以教育信息化教育实践为中心，以提升教师的专业发展、学生的信息化学习活动、信息化领导力等为目标，通过相互的作用与整合，从而构建一个有利于教师与学生全面发展的开放性的生态环境，具体如图 1 – 14 所示。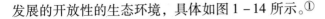①

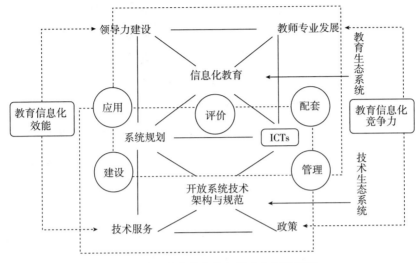

图 1 – 14　教育信息化开放生态系统模型

总之，教育信息生态理论对教育信息化的建设与发展带来的新理念主要包括以下五点：一是要对教育信息化工程进行系统化规划；二是教育信息化要真正以"人"为本；三是促进技术在教育中的"消融"；四是适应教育信息化系统动态进化与互联；五是突破体制制约，实现学校结构优化。

（3）教育信息生态理论对农村教育信息化建设的启示

虽然教育信息生态思想的提出，是与教育信息化建设和信息化教育发展相伴而生，但我国教育信息化在经过了一轮大规模的投资之后，至今仍然无法提出新的建设重点，看不到与此相匹配的应用效益。据教育部最新统计数据，已建成的校园网中，90% 还都处在一种闲置、没有充分利用的状态。忽视师资的培训、忽视教育信息化应用、忽视与教学实践紧密结合的研究，尤其在农村基础教育领域，很多教育信息化项目都逐渐成为"面子工程"。因此，农村基础教育信息化建设在进入发展创新阶段之后，更离不开教育生态系统理论的指导。而且，相对于教育信息化生态要素，农村基础教育信息化的生态系统要素、教育信息化功能以及生态系统服务类型等，更具有特殊性

---

①　吴永和、祝智庭等：《基础教育信息生态系统白皮书》，2006 年 8 月。

和多样性。针对这个问题，本书将在第六章进行详细分析。

在本节中，主要是从"生态"的观点和"系统"的角度，借用"教育信息生态"分析农村基础教育信息化的建设与实践。余胜泉教授针对区域教育信息化的特征，提出要以教育生态信息为理念，转变推进教育信息化发展方式：从孤立的系统转向系统与系统连接、系统与人相连，系统自然地融合于业务之中；从以"物"为中心转移到以"人"为中心，从关注基础设施的信息化转向关注教师与学生的信息化发展，从"建网、建库、建队"等建设导向转向应用与问题导向，从关注短期行为转向关注可持续发展；从"面子工程"走向"务实工程"，从关注信息化的基础设施建设转向关注实际应用的效益和效能；从关注技术教育应用的表面转向各学科教学质量和促进学生学习的实际提高；从关注个别学校的实验转向推进整体区域的规模质量效益；从自上而下建设驱动转变为自下而上应用需求驱动；从独立系统转向集成化的综合服务，即：课程教学服务、教师专业发展服务、学生综合素质发展服务、教育质量管理服务、家校沟通及社区发展服务。如图 1 - 15 所示。①

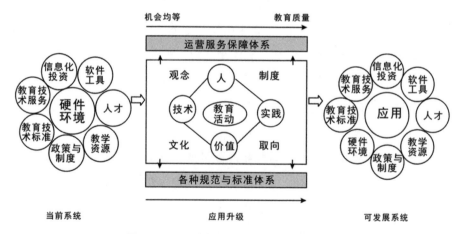

图 1 - 15　区域教育信息化生态发展方式

本书认为，农村基础教育化作为区域教育的特殊形式，其生态信息化同样应该具有区域教育化生态系统的特征，余胜泉教授的区域教育信息化发展方式为我们提供了农村基础教育信息化生态发展的借鉴与启示：即以敬畏生

---

① 余胜泉、赵兴龙：《基于信息生态观的区域教育信息化推进》，《中国电化教育》2009 年第 8 期。

命为教育的伦理起点和价值归依的教育伦理形态，并要遵循农村教育和基础教育规律以及青少年身心发展规律，形成农村区域教育发展的共同价值，使其目标指向为"高位均衡、轻负高质"的理想追求。其中，"高位均衡"强调教育制度的科学设计，满足区域内教育优质资源的合理分配，实现教育的高位和谐发展。"轻负高质"则以整体关联、和谐共生、持续发展等生态理念为指导，针对当前农村基础教育信息化中"轻应用、重建设""轻发展、重形式"等严重问题以及由此出现的"高投入、低产出"后果。因此，在农村基础教育信息化生态系统建设中，应重点关注农村教育的区域生态环境和生态主体特征，构建针对农村基础教育化特色的生态环境和生态实践，以实现农村基础教育信息化的全面可持续发展。

5. 差异化理论

(1) 差异化理论本体分析

● 差异化内涵与特征分析

差异化理论是指企业通过提供独特的产品特性，以及技术、品牌形象、附加特性及特征性服务等来强化产品特点，增加消费者价值，使得消费者愿意支付较高的价格。从企业产品本身考虑，差异化有内在和外显两个来源。差异化的内在来源表现为产品质量上的识别性、产品品种的可挑选性、捆绑在一起的服务以及与产品（服务）有关的时间性等。差异化的外显来源表现为企业长期建立的市场形象和品牌吸引力、产品的外观特征、产品价格等。在企业战略管理理论中，资源基础（resources-based）学派也认为，企业独特的、难以模仿的战略性资产是企业获得持续竞争优势的关键，即企业的竞争优势根源。[①] 所以，企业应当注意创立企业活动的独特性、差异性，使其具有难以模仿性，从而成为企业核心竞争力的源泉。

因为将产品外观作为差异化来源比较容易被对手模仿，所以其作用能持续的时间较短，要求不断在产品外观差别上有所改善和创新。而企业的市场形象和品牌吸引力则是差异化各项内在来源长期、共同作用的结果。这些内

---

① 张松、吴先锋：《差异化理论在企业新时期竞争战略选择中的实施》，《中国管理信息化（综合版）》2007 年第 5 期。

在来源的共同作用可以使用户在任何地点及任何时候都能获得所需要的能力（包括产品、服务及结合效果）等。因此，市场形象和品牌吸引力的差异化作用最强。针对此现象，有人又提出有效差异是能够有效形成企业独特的市场力量和企业市场绩效的差异化，并认为有效差异的评定标准应该注重其价值性、独特性、不易模仿性、动态性。

- 差异化战略与差异化管理的意义

在现代企业竞争战略理论中，一个企业要在激烈的市场竞争中确立自己的优势地位，通常有成本战略、差异化战略和专一化战略三类基本战略。其中"差异化战略"作为一种商战理论，是由美国哈佛商学院教授迈克尔·波特在为企业与五种市场竞争作用力量的博弈中，提供了三种可能会使企业在竞争中获胜的战略之一。差异化战略强调企业要在产品、服务、品牌形象等方面努力形成一些在本行业范围内独有的特性，这些特性也即与同类产品的差异，应该使产品本身或提供的服务不仅能满足消费者的预期需要和非预期需要，而且在一定时期内使同行业竞争者难以简单复制或使用其他的产品或形式快速取代这种特性差异。因此，差异化战略也是被企业广泛采用的一种战略。事实上，一个企业将其产品或服务差异化的机会是无限的，因为每个企业都有自己的特点，因而存在很多差异化的机会。当然，一个企业能否将其产品和服务差异化还与产品的特性有密切的关系。例如，汽车比一些高度标准化的产品（如水泥等）有更大的差异化潜力。企业可以通过各种方法实现产品和服务的差异化，为顾客创造价值。差异化的目的是为了增加竞争力和赢利。因此，必须分析顾客需要哪种差异化，这种差异化所创造的价值应超过它所增加的成本。换句话说，企业必须了解顾客的需要和选择偏好是什么，并以此作为差异化的基础。差异化战略并不是追求形式上的特点与差异，它所关注的问题也是企业战略要解决的基本问题，即谁是企业的顾客，怎样才能创造价值，在满足顾客要求并赢利的同时怎样才能比竞争对手更有效率。

与"划一式"粗放式管理形态不同的是，差异化管理强调的是多元目标的管理，重视诸要素的关联互动，并极力通过此关联互动将后期的社会监控成本降到最低。因此，差异化管理在本质上是一种多元思维的精致管理，它强调经济、环境、市场主体等差异性因素，从而要求管理与政策的实施达到深度传导，但并非一致性的效果。① 由此可见，差异化管理在调动被管理主体的积极性、减少主管部门后期监管成本以及增强政策深层次传导的有效性等方面具有相当的优势。但另一方面，在具体管理和政策执行过程中，差异化管理也存在前期充足信息获取困难、机制设计的效率与公平能否有效兼顾等方面的问题。

（2）农村基础教育信息化的差异性

教育服务是人与人之间的互动作用以及伴随这一过程的所有行为的结果。因为服务的对象学生在智力水平、学习态度、努力程度上千差万别，教师的知识面、教学热情以及表达能力各不相同，社会发展、经济状况以及学校教育环境等情况也千差外别，时刻影响着教育服务的过程与结果。因此，从这个意义上说，教育服务具有差异性。这种差异主要体现在以下几方面：一是文化差异，包括文化、亚文化、风俗、社会阶层等；二是社会差异，包括相关群体、家庭、角色和地位等；三是环境差异，包括国界、地区、城市、农村、经济发达、欠发达等；四是个人差异，包括智力水平、年龄、性别、民族、经济水平、生活方式等。② 教育信息化是一项复杂的系统化工程，特别是在中国这样一个经济、文化等发展不均衡的国家，其提供的教育服务同样具有差异性。而且，中国教育信息化的差异性主要体现在由于经济发展不均衡而导致的地区差异，特别是城乡教育信息化差异，目前这种差异已经严重制约了我国教育的均衡发展，尤其在基础教育领域更为显著。祁玉娟等经过对城乡从教育信息化的城乡差异分析，认为社会经济基础是城乡教育信息化差异的根源，并在此基础上衍生了教育投入差异、环境差异、教师差异、区域信息化差异和城市化取向五个方面，其关系可用图1-16略作表述。③

---

① 张松、吴先锋：《差异化理论在企业新时期竞争战略选择中的实施》，《中国管理信息化（综合版）》2007年第5期。

② 张林英、蒋薇：《教育质量与有形产品质量的区别与联系》，《中国教育学刊》2013年第12期。

③ 祁玉娟、毛丽萍：《教育信息化中的城乡差异分析》，《当代教育理论与实践》2013年第7期。

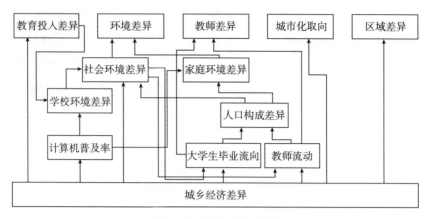

图 1-16　城乡差异关系图

　　在城乡差异的关系图中，祁玉娟等认为社会经济基础是城乡差异的根源。这种差异不仅影响了学校的投入和软硬件环境建设，还影响了教师的工资待遇和参加各种培训的机会。城乡社会环境的差异使得更多的大学生和优秀教师流向城市，优化了城市的人口构成，加剧了城乡社会环境差异。在城乡经济差异的基础上，由于地区经济发展不平衡，形成了信息化发展水平的区域差异。由于城市在经济和文化上的各种优势，城市掌握了信息化的主要发言权，并且在教育信息化的过程中起到了示范榜样作用，形成了教育信息化过程中的城市化取向。因此，城乡教育信息化的差异进入了恶性循环。

　　（3）农村基础教育信息化差异化战略与差异化管理模式

　　为减少城乡差异性逐渐增大，增强城乡教育信息化均衡发展，需要在策略上创新农村基础教育信息化实施模式、扩大农村教育信息化的服务空间、建立城乡优质资源共享机制、加强教师培训和改革资金投入模式，即在农村基础教育信息化建设过程中需要借鉴企业的差异化理论，采取差异化战略和差异化管理。实现差异化战略可以有许多方式，如设计技术上的独特性能特点、品牌信息、顾客服务、商业网络及其他方面的独特性。制定差异化战略首先要识别差异化的来源，再采取相应的战略措施。比如可根据农村区域的特性和经济水平，开发出当地文化和经济水平相适应的区域性特性资源，并提供相应的信息化服务，从而赢得学习者对区域教育信息化的兴趣和学习动机，让学习者获得与众不同的感受或服务的同时，提高了区域资源的品质和可持续发展。

在企业外部市场营销方面，西方学者提出过著名的市场营销组合概念，并进一步归纳为 4P，即产品（Product）、价格（Price）、地点（Place）、促销（Promotion）。本书借鉴市场营销组合理论、差异理论的独特存在和难以模仿性以及祁玉娟等对城乡教育信息化的差异性分析研究，认为农村基础教育信息化实施差异化战略的重点应是农村基础教育信息化实施模式创新、服务空间拓展、

**图 1-17　农村基础教育信息化
差异化实施战略**

城乡优质资源共享、教师培训和资金投入改革五个方面，如图 1-17 所示。

同时，由于受我国在很多领域长期以来计划经济体制影响，在农村教育信息化方面缺乏差异性战略管理，尤其在政府管理层面基本上"划一式"管理方式，忽略了农村基础教育信息化的复杂性和特殊性以及区域的经济文化水平，造成了在一些项目投资商成本巨大、区域经济主体积极性不高。因此，在具体的农村基础教育信息化管理中，还需要采取差异化管理战略。

综上分析，在农村基础教育理论研究、实践探索以及政府管理中都既要遵循教育信息化、农村教育和基础教育的属性和规律，还应从农村基础教育信息化的特殊性，针对不同的区域特色和发展水平，采取差异化战略和差异化管理，从而形成具有各种区域特色的农村基础教育信息化发展模式。

6. 协同创新理论

（1）协同创新理论本体解析

● 协同创新理论基础与内涵

"协同创新"（Collaborative Innovation）概念最早是由美国麻省理工学院斯隆中心的研究员彼得·葛洛（Peter Gloor）提出，即"协同创新多为组织（企业）内部形成的知识（思想、专业技能、技术）分享机制，特点是参与者拥有共同目标、内在动力、直接沟通，依靠现代信息技术构建资源平台，进行多方位交流、多样化协作"。从彼得·葛洛的分析可以看出，协同创新主要指

创新资源和创新要素的有效汇聚，通过突破创新主体间的壁垒，充分整合彼此间"人力、资源、信息、技术"等创新要素的优势，从而实现深度合作。①

为了更深入地理解协同创新的本质与内涵，本书又对"协同"和"创新"一些理论特征进行了解析。"协同"的概念最早由德国斯图加特大学教授赫尔曼·哈肯（Hermann Haken）提出，并在他发表的著作《协同学导论》中系统地论述了协同理论。该理论认为，"在一个系统内，若各种子系统不能很好协同，甚至互相拆台，这样的系统必然呈现无序状态，发挥不了整体性功能而终至瓦解，相反，若系统中各子系统能很好配合、协同，多种力量就能集聚成一个总力量，形成大大超越原各自功能总和的新功能"。② 简单来说，就是"1 + 1 > 2"的协同效应。美国学者冯·克劳（Von Krogh）指出，"协同"往往涉及不可预知的结果，并严重依赖信任以及对诚实与公平价值观的共同承诺，与合作不同，协同方要尽可能顾及对方的利益，就像对自己利益的考虑一样。③ 因此，协同更加注重多个不同系统或者资源在诚实、公平、互相考虑的基础上共同一致地完成同一个目标，其产生的效率和结果要远远超越单个系统或资源的简单叠加。"创新"概念的起源可追溯到奥地利著名经济学家熊彼特（Schumpeter）。1912 年，熊彼特首次提出"创新理论"，他认为："创新是指把一种新的生产要素和生产条件的'新结合'引入生产体系"，随后，其著作《经济发展概论》问世，标志着创新理论的正式确立，成为该领域学者研究创新理论的基石。随着产业学科间的不断融合和科学技术的纵深发展，创新难度也不断加大，这就需要各种创新资源要素的创造性融合与运用，需要组织内外全方位、多层次的协同合作。协同思想随即被广泛应用于经济管理、技术创新等领域，协同思想在创新领域的应用就催生了现代新型技术创新形式——协同创新。同样的，协同创新也在教育领域中得到了关注。胡锦涛同志在庆祝清华大学建校 100 周年大会上的讲话中也特别强

---

① 熊励、孙友霞等：《协同创新研究综述——基于实现途径视角》，《科技管理研究》2011 年第14 期。

② ［德］H. 哈肯著、郭志安等译：《协同学导论（第三版）》，成都科技大学出版社 1993 年版，第 14 页。

③ Von Krogh：《Carein knowledge creation》，《California Managemnt Review》1998 年第 40 期。

调，高校在"积极提升原始创新、集成创新和引进消化吸收再创新能力"的同时，要"积极推动协同创新"。① 可见，国家已经将协同创新与原始创新、集成创新和引进消化吸收再创新置于同等重要地位，充分体现了协同创新在经济社会发展中的地位与作用。

综上分析，相对于协同制造和开放式创新，协同创新是一项更为复杂的创新组织方式，其关键是形成以大学、企业、研究机构为核心要素，以政府、金融机构、中介组织、创新平台、非营利性组织等为辅助要素的多元主体协同互动的网络创新模式，通过知识创造主体和技术创新主体间的深入合作和资源整合，产生系统叠加的非线性效用。

- 协同创新体系与机制

由上述内涵分析可知，协同创新是一项复杂的创新组织方式，其关键是通过知识创造主体和技术创新主体间的深入合作和资源整合，产生系统叠加的非线性效用。因此，协同创新的主要特点是整体性和动态性。其中整体性是指创新生态系统是各种要素的有机集合而不是简单相加，其存在的方式、目标、功能都表现出统一的整体性；动态性是指创新生态系统是不断动态变化的。因此，协同创新的内涵本质是企业、政府、知识生产机构（大学、研究机构）、中介机构和用户等为了实现重大科技创新而开展的大跨度整合的创新组织模式。换言之，创新生态系统是各种要素的有机集合而不是简单相加，其存在的方式目标功能都表现出统一的整体性；创新生态系统是不断动态变化的。并且按照协同创新实现途径的不同，可将协同创新分为内部协同创新和外部协同创新两种。内部协同创新的主体是产业组织本身，其实现依赖于组织内在要素之间的互动；外部协同创新的实现主要取决于产业组织与其他相关主体之间的互动。② 德里·克贝尔（Derek Watling）（2003）认为协同创新实际上是一种异质组织之间的协同与合作，是为了充分发挥自身优势的异质性组织，从而实现资源的互补。维罗尼卡·塞拉诺（Veronica Serrano）等（2007）通过互动和整合两个维度对协同创新体系进行了分析，其中互动维度

---

① 胡锦涛：《在庆祝清华大学建校 100 周年大会上讲话》，《人民日报》2011 年 4 月 25 日。
② 陈劲：《协同创新与国家科研能力建设》，《科学学研究》2011 年第 12 期。

在交互层面主要是指各创新主体相互分享知识之间的匹配程度、优化资源配置、优化同步和系统集成；整合维度主要包括知识、资源、活动和性能。陈劲等人在维罗尼卡·塞拉诺等（2007）协同创新体系分析的基础上进行了进一步完善：在整合维度上主要包括知识、资源、行动、绩效；在互动的维度主要是指各个创新主体之间的互惠知识共享、资源优化配置、行动最优同步、系统的匹配度。根据两个维度上的不同位置，协同创新是一个沟通、协调、合作、协同的过程，如图 1 - 18 所示。①

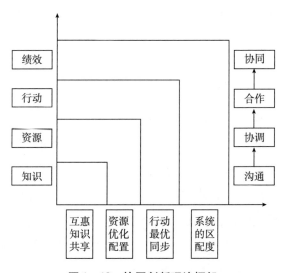

图 1 - 18　协同创新理论框架

图中"沟通"过程中涉及知识的整合，学校作为知识的主要生产者和提供者，对知识有着传播和整合作用，可见沟通在其中的重要作用。"协调"涉及知识的整合和资源的优化配置。经济的快速增长大都依赖于资源的消耗和利用，如何利用协同创新进行资源的优化配置，整合和运用正确的知识、可以更好地进行资源优化配置，而且大大节约了生产过程中的人力、物力和财力。"合作"涉及知识、资源以及行为三个层面的整合，其中主要包括知识的分享和整合，资源的优化配置，行为的同步优化。"协同"涉及知识、资源、行为、绩效的全面整合。

---

① 陈劲、阳银娟：《协同创新的理论基础与内涵》，《科学学研究》2012 年第 2 期。

（2）教育信息化协同创新本质与特征

在教育领域，协同创新更加侧重于政府、高等学校、科研机构、企业组织以及其他社会组织基于共同的愿景，打破各个主体之间的藩篱，借助特定的交流平台形成协作，从而实现共同的目标。如教育部启动的"高等学校创新能力提升计划"（简称"2011 计划"），旨在大力推进高校与高校、科研院所、行业企业、地方政府以及国外科研机构的深度合作，通过国家意志的引导和机制安排，促进企业大学研究机构发挥各自的能力优势整合互补性资源，实现各方的优势互补，加速技术推广应用和产业化，协作开展产业技术创新和科技成果产业化活动，探索适应于不同需求的协同创新模式，营造有利于协同创新的环境和氛围。目前正在开展的基于协同创新的产学研合作方式是国家创新体系中重要的创新模式，也是国家创新体系理论的新进展。①

协同创新理念将协同的思想引入教育创新过程之中，增加了创新的手段，使传统教育创新产生了质的变化，具备了与时俱进的时代特征。尤其是在当前协同创新大发展的时代背景下，学校教育要想大力推动协同创新工作的开展，就必须以"创新"为根本目标，以"协同"为主要手段，充分发挥创新的引领作用和协同的推动作用。相对于高校通过协同创新改变知识生产方式的本质，教育信息化作为实现信息社会所特有的重要组织和管理方式的系列过程，其最终目标是形成一种全新的教育形态和人才培养过程。《国家教育信息化十年发展规划（2010—2020 年）》指出：信息技术对教育发展具有革命性影响，要求教育信息化建设做出超前部署，要求抓住教育信息化就是信息技术与教学过程深度融合的核心理念，要求探索出新的发展模式和建设机制。这就要求我们改变传统的工作方式和方法，创新工作思路，与外部合作建设教育信息化环境的同时，在教育行政部门的领导下，加强与教研部门、装备部门、数字出版机构、运营机构的通力协作，加强省、市、县电教机构的联动。在强化顶层设计的基础上充分做好具体工作的创新，在教育管理、教育教学等方面做好信息技术与教学过程的深度融合工作，提高教育信息化工作部门的工作水平和服务能力，切实为教育改革和发展提供服务，切实为学校

---

① 张力：《产学研协同创新的战略意义和政策走向》，《教育研究》2011 年第 7 期。

教育教学提供技术保障服务。

教育信息化作为国家创新体系的重要部分，国家已把信息化提升到国家发展战略的层面，提出用信息化推动现代化，实现跨越式发展。如工信部2014年10月发布的《国家信息化振兴计划》中指出，要大力推动信息化的终端、内容、传输、运营的共同发展，四个环节紧密结合，全面推动信息化又快又好发展。这里的终端指信息化制造业，含大型存储设备和个人终端等；内容指各类信息；传输指有线、无线网络；运营指线路运营、内容运营、客户运营。这就要求我们与设备提供商、内容提供商、运营服务商协同合作，将教育信息化建设融入社会信息化建设之中，这样才能跟上信息化的发展。因此，在具体的教育信息化研究与实践中，必须要树立协同创新观念，切实转变工作方式方法。如一些高校创办的"教育信息化发展协同创新中心"，推动学校与其他高校、地方教育行政部门、企事业单位实现深度合作和资源共享，联合开展教育信息化领域的重大科研项目攻关。

根据维罗尼卡·塞拉诺和托马斯·菲舍尔（Veronica Serrano 和 Thomas Fischer）（2007）协同创新体系以及陈劲等人在此基础上的协同创新体系，本书认为，教育信息化是一项复杂的系统化工程，其协同创新体系同样具有整合与互动两个维度。其中整合维度包括资源、实践活动、技术应用、绩效等关键要素，组织特征是"人在技术中的活动"，因此其实现效果依赖组织内在要素之间的互动；互动维度包括各个创新主体，如学校、企业、高校以及区域之间各系统匹配程度、资源配置优化与共享机制、教育信息教学应用的优化同步以及系统集成机制等。如在系统的匹配度中，需要考虑政府制定的各项经济政策与实际经济运行实践之间、高校科研院所的研究成果或企业开发的产品与农村基础教育实际需求之间的匹配度。而且系统内资源、应用效果的匹配度都将影响到创新绩效的高低。此外，整合能否实现也取决于系统内不同要素的互动和合作的程度，系统的整合度越高，就会需要有更多的高强度的互动合作。[①]

（3）农村基础教育信息化协同创新要素与模式

农村基础教育信息化作为教育信息化的重要部分和特殊形式，具有复杂

---

① 尤学贵：《树立协同创新观念大力推进教育信息化的有效应用》，《江苏教育》2012年第10期。

性、组织性、差异性、系统性等特征。除了具有教育信息化的系统属性和组织结构之外，在内部受其战略、技术、文化、制度、组织等影响，在外部又深受基础教育、农村教育以及农村区域政治、经济、文化、制度等影响。因此，与教育信息化系统不同的是，农村基础教育信息化更是一个由多种主体、多种要素通过多种联系而协同形成的复杂系统，更需要在具体的研究与实践中引入协同创新的理念与机制，增强农村基础教育信息化系统各个要素之间相互协同的整体水平及效能，同时也是其可持续发展的重要目标。

本书基于可持续发展的视角，探索战略协同、组织协同、文化协同、资源协同、契约协同所构成的农村基础教育信息化的协同能力，分析了影响体系协同能力生成的因素，构建了一个各要素相互耦合、相互制约、相互影响且大循环带动小循环的农村基础教育信息化的协同能力生成模式，并基于该复杂的动态系统从战略导向机制、互动耦合机制、利益协调机制、契约治理机制等四个方面阐释了农村基础教育信息化协同创新实现的机制。

为了简化研究并综合分析的需要，本书只选择关键性要素，以期待在农村基础教育信息化系统内部形成统一的综合能力协同体系。根据各要素的不同作用和特征，利用复杂系统的分析方法，将农村基础教育信息化系统的协同要素可以划分为宏观、中观、微观三个层次，如图 1 – 19 所示。

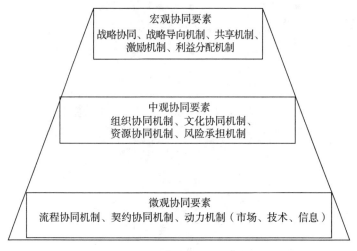

图 1 – 19　农村基础教育信息化系统协同能力层次

由于农村基础教育信息化的复杂性特征，在形成协同创新机制过程中，除了宏观考虑协同创新的共享机制、激励机制、利益分配机制等一系列的相关机制和模式，还需要从微观角度具体考虑校际之间、校企之间、校所（研究所或高校）之间、校地（区域）之间的具体共享机制，从产权、资源共享、文化、政府等各方面建立激励机制，从科技、市场、文化、利益等方面建立动力机制。此外，在中观上还要考虑协同创新共同体的风险承担机制等。①

在协同创新模式上要分为内部和外部两种模式：内部主要包括校内不同学科、课程以及不同团队之间的协同创新；外部则包括校际之间、区域之间、基础教育与高校（或研究所）之间、校企之间以及学校与地方政府之间的协同创新。即以地方政府为主导，以切实服务区域经济和社会发展为重点，形成以大学、企业研究机构为核心要素，以政府金融机构中介组织创新平台非营利性组织等为辅助要素的多元主体协同互动的网络创新模式，通过知识创造主体和技术创新主体间的深入合作和资源整合，从而通过推动区域高校与当地支柱产业中重点企业或产业化基地的深度融合，成为促进区域创新发展的引领阵地。如图 1-20 所示。

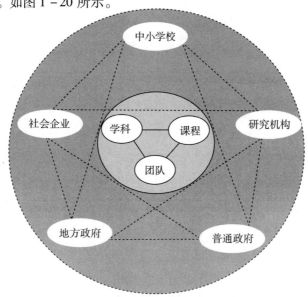

图 1-20　农村基础教育信息化系统协同创新模式

① 南旭光：《我国开放大学体系协同能力生成模式研究》，《中国电化教育》2013 年第 1 期。

综上所述，协同创新多为组织内部形成的知识（思想、专业技能、技术）分享机制，是各个创新要素的整合以及创新资源在系统内的无障碍流动。特点是协同各方是一种相互合作的关系，各主体之间可以是互补性联盟，也可以是契约关系和产权关系等，其共同目标是实现共赢，即使参与者拥有共同目标、内在动力、直接沟通，依靠现代信息技术构建资源平台，进行多方位交流、多样化协作。协同创新在科技经济全球化的环境下，实现以开放、合作、共享的创新模式被实践证明是有效提高创新效率的重要途径。同样的，农村基础教育信息化也要充分调动企业、学校、科研机构等各类创新主体的积极性和创造性，跨部门、跨行业组织实施深度合作和开放创新，这对于加快农村基础教育信息化与不同领域、不同行业以及协同创新的各环节之间的技术融合与扩散尤为重要。

二、农村基础教育信息化绩效评估的多视角审视

绩效理论的出现标志着人力资源开发从"以学习为中心"转移到"以绩效为中心"。在任何一个学习环境中，都离不开对学生学习的评价。绩效评估作为质量管理的一种问题解决的方法，有明确的操作过程和明确的组织目标，并以此为标准来考察组织和个人的绩效现状；分析目标绩效与现状绩效之间的差距，分析绩效差距存在的原因，设计并开发适当的绩效改进方案；实施该绩效改进方案并同时开展评价。故绩效评价是在全面质量管理理念下，立足于人的绩效改进，将其引入学校教育信息化领域，为评价信息技术环境下学生学习方式变革的效果提供了新的思路。但教育信息化毕竟不同于企业，在评估方法、评估模型和评估体系上都需要结合农村基础教育的系统属性、复杂本质、生态特征、发展特征以及差异性特征进行评价。因而，本节是在农村基础教育信息化理论基础分析的基础上，对基于全面质量管理理念的农村基层教育信息化绩效评估的重新审视，以为下一步科学、合理制定针对农村基础教育信息化特征的绩效评估模型和体系打下良好的理论依据。

（一）基于全面质量管理理念的教育信息化绩效评估本质

全面质量管理是以产品质量为核心，建立起一套科学严密高效的质量体系，以提供满足用户需要的产品或服务的全部活动。以顾客为中心、领导作用、全员参与、过程方法、系统管理、持续改进、以事实为基础、互利的供方关系是其必须遵守的八项基本原则。全面质量管理的基本原理与其他概念的基本差别在于，它强调为了取得真正的经济效益，管理必须始于识别顾客的质量要求，终于顾客对他手中的产品感到满意。全面质量管理就是为了实现这一目标而指导人、机器、信息的协调活动①。

"绩效"从字面意思分析，绩效是绩与效的组合。"绩"就是业绩，体现企业的利润目标，又包括目标管理（MBO）和职责要求两部分。"效"就是效率、效果、态度、品行、行为、方法、方式。效是一种行为，体现的是企业的管理成熟度目标。效又包括纪律和品行两方面，纪律包括企业的规章制度、规范等，纪律严明的员工可以得到荣誉和肯定，比如表彰等。从管理学的角度看，绩效是组织期望的结果，是组织为实现其目标而展现在不同层面上的有效输出，它包括个人绩效和组织绩效两个方面。对于绩效的内涵，学者们提出过各种不同的看法。工业与组织心理学家通常将绩效视为单维度的概念，或者简单地将绩效等同于任务绩效。伯曼（Borman）和莫特维多（Motowidlo）提出了著名的"关系绩效—任务绩效"二维模型。还有学者提出了一些多维度的理论模型。从管理实践来看，人们对于绩效的认识是不断发展的：从单纯地强调数量到强调质量，再到强调满足顾客需要；从强调"即期绩效"发展到强调"未来绩效"。绩效评估又称绩效评价、员工考核绩效评估，是一种正式的员工评估制度，它是通过系统的方法、原理来评定和测量员工在职务上的工作行为和工作成果。绩效评估是企业管理者与员工之间的一项管理沟通活动。绩效评估的结果可以直接影响到薪酬调整、奖金发放及职务升降等诸多员工的切身利益。②

---

① 姚丹：《全面质量管理的核心——以人为本》，《南平师专学》2006年第10期。

② 姚宇：《生产要素关系的时代差异研究——基于耗散结构的分析》，《价值工程》2010年第3期。

绩效及绩效评估定义说明了无论是对组织还是个人，以系统和发展的眼光来认识和理解绩效的概念是非常必要的。基于全面质量管理的理念和教育信息化的本质特征，绩效评估应主要对以下几点加以注意：一是绩效评估应以教育信息化主体为中心，包括教师、学生；二是绩效评估应发挥领导作用，因此在教育信息化绩效评估时应关注领导力的评价；三是绩效和教育信息化都具有过程特征，因此在进行教育信息化评价时应采取过程方法；四是绩效评估和教育信息化具有系统属性，因此在进行教育信息化评价时应采取系统方法；五是关注评估后的持续改进。

（二）多视角审视农村基础教育信息化绩效评估的重要性

我国教育信息化推进十余年后，面临的一个突出问题就是巨额投入没有带来与之匹配的效益，教育信息化存在绩效低下的问题。越来越多的学者对教育信息化评估也由建设水平评估转向了绩效评估。但同时通过上述章节对农村基础教育信息化理论基础的分析，我们也知道农村基础教育信息化具有系统性、复杂性、自组织性、差异性、协同创新性等特征，而且教育信息化不仅是个动态的发展过程，还是个多投入多产出的过程，它的产出不宜用量化指标来衡量。由此带来的教育信息化的效益也具有多样性，不仅要看其经济效益，更主要的是看社会效益；不仅要看当前效益，更多的表现为长远效益；不仅要看固有效益，更多的表现为派生效益。因此，农村教育信息化评估过程是一个复杂和系统的过程。基于此，需要我们在进行农村基础教育信息化评估时既要考虑到农村基础教育化的系统属性、复杂性本质、自组织结构、生态化特征以及差异性等特征，还要考虑到绩效评估的自身特征，只有把二者很好地结合起来，才能构建科学合理的绩效评估机制和相关体系。但目前农村基础教育信息化的评价体系，一般都在借鉴企业绩效评估方法和工具的基础进行的，缺乏针对农村基础教育信息化特征的评估体系构建。为此，更需要我们多视角审视农村基础教育化评估体系构建，以促进教育信息化绩效评估科学合理的开展。

（三）农村基础教育信息化绩效评估的多视角审视维度

基于前面章节对农村基础教育信息化理论基础的系统化分析，我们认为绩效作为教育信息化实践活动的一部分，必须遵循其系统属性、复杂性特征、自组织特征、生态特征以及差异化特征。为此，本书选择了与农村基础教育化和绩效评估特征都密切相关的元素，从系统绩效视角、复杂性视角、教育信息生态视角、耗散结构视角以及差异性视角对其评估体系构建中的问题进行多方位审视和分析。

1. 系统视角

绩效评估本身就是一个系统，具体表现在对绩效评估对象、方案、工具等的分析、设计、开发、改进。因此，绩效评估具有系统属性。而且绩效评估受制于主、客观等多种因素的影响。如图 1-21 所示的工作绩效模型是影响绩效的四种主要因素：即员工的激励、技能、环境与机会，其中前两者是属于员工自身的、主观性影响因素，后两者则是客观性影响因素。[①]

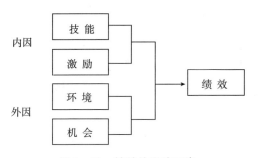

图 1-21 绩效的影响因素

结合前面章节对农村基础教育信息化系统属性的分析，本书认为在绩效评估时，需要从绩效的内因、外因进行多方面考虑，还需要关注农村基础教育信息化的基础设施、资源、应用、管理以及主题等方面的要素，详细解读见第四章。

2. 复杂性视角

面对农村教育信息化不断涌现的复杂性，传统的绩效评估面临着重大的

---

① 吴迪：《绩效管理系统复杂性研究》，天津大学硕士论文，2010 年 6 月。

挑战。由于人们的主观因素和认识水平的限制性，绩效评估系统的内部和外部出现了许多内涵不清、难以界定的复杂性因素。例如对直接影响农村基础教育信息化绩效评估对象行为的所有因素以及信息不能完全并且及时了解而产生的各种不确定性；农村基础教育信息化绩效评估系统的层次结构以及各个子系统之间的差异性；农村基础教育信息化绩效评估系统在宏观层面上所表现出来的全局复杂性；农村基础教育信息化绩效评估系统各组分之间不可忽略的非线性以及这些特性之间的相互作用等。以上所述的这些就是农村基础教育信息化绩效评估在系统意义下体现出的复杂性。所以，需要人们必须正确面对这些复杂性，对各种复杂性研究方法与思维认真研究，取其精华，结合农村基础教育信息化实际情况创新发展，使现代系统科学对绩效评估系统中存在的各种复杂性行为具有更强的揭示与分析能力。长期以来，绩效评估的研究者和实践者也被这些复杂性难题困扰着，但这方面相关理论的深入研究也比较少。因此，这些复杂性难题就成为绩效管理中迫切需要解决的一个问题，需要与现代系统科学与现代管理理论不断融合。复杂性理论系统为解决农村基础教育绩效评估的复杂性问题提供了新的思路。[1]

3. 生态视角

根据教育信息生态理论，是指在特定的教育环境下由信息人、教育实践和技术化的环境构成的一个自我组织、自我进化的系统，以信息技术为手段促进信息资源的传输、交流、反馈和循环，以最优化的实现系统价值而形成的一种均衡化的运动系统，处于均衡状态的教育信息生态系统拥有最优的人与技术的共生关系和最大的系统价值——也就是促进教师和学生的全面发展。在教育信息化中"人"既是教育的主体，也是受教育的对象。因此，在进行农村基础教育信息化评估时必须充分考虑并重视人的地位与作用，必须把"人"的因素放在整个教育信息化评估活动的中心地位，围绕着人的发展在教育信息化理念、实践、环境、制度等方面进行评估。针对农村基础教育信息化，要重点关注师生对信息化基础设施的操作能力、资源的应用能力、信息技术课程的实施情况以及教师的信息化专业发展能力等。

---

① 吴迪：《绩效管理系统复杂性研究》，天津大学硕士论文，2010 年 6 月。

4. 耗散结构视角

耗散结构理论指出，系统从无序状态过渡到这种耗散结构有三个必要条件：一是系统必须是开放的，即系统必须与外界进行物质、能量的交换；二是系统必须是远离平衡状态的，系统中物质、能量流和热力学力的关系是非线性的；三是系统内部不同元素之间存在着非线性相互作用，并且需要不断输入能量来维持。在此考虑耗散结构系统有序性变化程度，综合系统内部各要素的相互作用，可以将农村基础教育化系统演化进程大致划分为四个阶段：系统萌芽阶段、系统形成阶段、系统发展阶段和系统优化阶段。因此，在农村基础教育信息从无序到有序的涌动状态时形成的结构，是一个由大量子系统组成的系统，其可测的宏观量是众多子系统的统计平均效应的反映。但系统在每一时刻的实际测度并不都精确地处于这些平均值上，而是或多或少有些偏差，这些偏差就叫涨落，涨落是偶然的、杂乱无章的、随机的，通过涨落系统可能发生突变即非平衡相变，由原来的混沌无序状态转变为一种在时间上、空间上或功能上的有序状态。这种在远离平衡的非线性区形成的新的稳定的宏观有序结构，由于需要不断与外界交换物质或能量才能维持。因此在进行评估时需要考虑其复杂性和测量的模糊性，从而采取科学合理的测量方法。

5. 差异化评价视角

差异化评价与"划一式"粗放式评价，差异化评价充分考虑到评价对象的个性特征，强调经济、环境、市场主体等差异性因素，从而要求管理与政策的实施达到深度传导，但并非一致性的效果。由此可见，差异化评价在调动被管理主体的积极性、减少主管部门后期监管成本以及增强政策深层次传导的有效性等方面，具有相当的优势。① 根据本章对城乡农村基础教育信息化的差异化的分析，我们知道农村基础教育信息化在教育投入差异、环境差异、教师差异、区域信息化差异与城市教育信息化都太不相同，因此在进行信息化评价时要尊重其差异性，进行独立性、个性化的差异性评价。只有这样，才能促进农村基础教育信息化针对区域的个性特征进行个性品质的发展，从

---

① 谢进川：《关于差异化管理的理论探讨》，《理论前沿》2005 年第 12 期。

而发挥其在农村学习型社会和终身教育体系中的重要作用。

三、农村教育信息化绩效评估的价值取向

教育信息化评估的首要问题是价值取向的选择问题，价值取向是对教育信息化结果和过程的基本价值判断、价值确认和利益选择，价值取向是教育信息化绩效评估的灵魂，在一定意义上影响着整个评估的方向和过程。

（一）教育信息化绩效评估价值取向的界说

1. 价值

价值是世界所具有的属性、能力、规定和组成部分，具有客观实在性，是同世界其他组成部分处在对立统一关系中的"物"或物质。价值的表现形式是主体和客体、事物和事物、物体和物体之间所进行的相互作用、相互依存、相互转化。按照马克思主义哲学观，"价值"这个普遍的概念是从人们对待满足他们需要的外界物的关系中产生的①，人们把满足他们需要的外界事物进行估价，赋予它们以价值属性。马克思是从主体与客体之间的关系上揭示价值的，认为价值是客体属性与主体需要之间的结合点，是客体属性与主体需要的统一。

通过观察客体对主体生存和发展的作用和影响、主体对客体的发展、变化的作用和影响，就可以发现主体和客体所具有的价值属性和能力，发现价值这个同世界的其他组成部分处在对立统一关系中的"物"或物质。现在大多数人所说的价值，是指客体所具有的促进主体生存和发展的属性和能力，是指客体对主体的生存和发展具有的正面意义和正面价值。事实上，客体对主体生存和发展所具有的性质和能力，既具有正面意义也具有负面意义，是正面意义和负面意义的统一体，是正面价值和负面价值的统一体。

2. 价值取向

人对于世界、事物、物质的价值属性和能力的观点，就是人的价值观。

---

① 《马克思恩格斯全集》第 19 卷，人民出版社 1963 年版，第 406 页。

价值观是人们根据自身需要而确立的一种观念，这种观念是由价值追求、价值目标以及价值标准、价值选择所体现出来的。袁贵仁在《价值学引论》一书中提出，"价值取向是人们在一定场合以一定方式采取一定行动的价值倾向"①，他认为价值取向带有一定的倾向性。毛信德主编的《当代中国词库》中对价值取向的界定是："人们按照自己的价值观念对不同价值目标所做出的行为方向的选择。"② 以上这两位学者是从行为取向的角度来界定价值取向的。然而，在现代管理心理学看来，价值取向是"在各种工作环境中指导人们行动和决策判断的总体信念"③。从这个角度来讲，人的价值取向在工作态度和行为上的作用非常重要，直接影响着行动和决策。在本书中，把价值取向界定为一定主体在面对或处理各种关系、矛盾和冲突时，基于个人的价值观所表现出来的基本倾向以及所坚持的基本立场和态度。

3. 教育信息化绩效评估价值取向

本书中价值取向是指行为主体依据一定的价值标准，并以某种价值观作为指导，对价值目标进行价值选择和价值决策的行为倾向。教育信息化绩效评估价值取向是指绩效评估主体在对学校信息化活动过程及结果进行绩效评估活动时所遵循的理性层次的行为取向。教育信息化绩效评估的价值取向，是评估主体将学校作为一个社会行为组织对其信息化过程、行为结果和终极目标的基本价值判断、价值确认和利益选择。因此，教育信息化绩效评估的首要问题是确定价值取向并做出相应的价值选择，即：在教育信息化绩效评估中要促进哪些价值的实现？要将学校信息化活动引导至何处？教育信息化绩效评估价值取向反映的是公众的意愿。

（二）教育信息化绩效评估价值取向的意义

价值取向是教育信息化绩效评估体系和绩效评价行为的深层结构，在教育信息化绩效评估的实践活动中，评估主体以他们特有的方式选择特定的内

---

① 袁贵仁：《价值学引论》，北京师范大学出版社 1992 年版，第 350 页。
② 毛信德：《当代中国词库》，航空工业出版社 1993 年版，第 78 页。
③ 韦克难：《现代管理心理学》，四川人民出版社 2006 年版，第 135 页。

容开展评估，这些特有的方式和特定的内容背后隐藏着评估主体的主导性思维。也就是说评估主体在进行绩效评估活动中，遵循着特定的价值选择与判断——即价值取向。不同的价值取向选择会产生不同的选择结果，会形成不同的评估类型，价值取向贯穿于教育信息化绩效评估活动的始终，指导着教育信息化绩效评估活动的方向，规定着教育信息化绩效评估的内容，在整个评估活动中发挥着关键的作用。价值取向对于稳定和变革教育信息化绩效评估体系，引导和调整绩效评估行为具有十分重要的作用，其功能主要表现为：决定绩效评估指标体系的选取；制约绩效评估行为的开展；影响着绩效评估结果的应用。

1. 价值取向影响教育信息化绩效评估的指标体系

指标体系是教育信息化绩效评估得以实施的载体和关键，指标体系作为一种基本工具，除了具有工具理性的科学性之外，它的存在有其价值前提。选取什么样的指标来进行评估，取决于评估主体和整个社会的价值观。

评估主体在进行教育信息化绩效评估时所期望达成的结果会受到其所持价值观的影响和制约。处在不同地位的评估主体会从各自不同的价值观、实际利益追求标准来衡量评估目标的重要程度，从而对评估的指标做出不同的取舍，直到影响最终的评估结果。例如，在教育信息化发展的某个阶段，究竟是选择信息化建设作为首要问题，还是选择信息化应用呢？不同评估主体会根据其不同的价值判断做出不同的选择。两种价值取向最终会导致建立不同的评估指标体系，进而生成不同的评估结果，这反映出不同的评价主体价值取向对教育信息化绩效评估指标体系的重要影响。

除评估主体外，整个社会的价值观对指标体系会产生更为深远的影响。一般来说，团体或社会的价值观是不依具体情况而转移的，考察个体的价值取向是否合理，应看其是否符合整个社会的价值观。因此，评估指标体系是否合理，要看其评估主体的价值取向是否与社会价值观相一致，这是社会价值取向对评估指标体系的第一个影响。另一方面，评估主体生活在社会中，其价值取向会受到整个社会价值取向的影响和制约，进而对其制定的评估指标体系产生影响。

2. 价值取向影响教育信息化绩效评估的行为

价值取向对于教育信息化绩效评估的作用，不仅体现在对评估体系的决定和影响上，更是体现在对评估行为的价值引导上。对教育信息化绩效结果的分析和评价，在一定意义上也是用特定的评估标准和价值尺度来对现有的教育信息化行为和结果进行价值判断。显然，评价主体价值观不同，在进行评估过程中，采取的行为方式、方法，必然会有差异。由此可见，价值取向作为理性层面上的行为取向，通过自身转化为评估主体本身的思想观念和行为准则，引导着整个绩效评估过程的发挥与运行。

3. 价值取向影响教育信息化绩效评估结果的运用

任何评估体系和工具的实施主体都是具有主观意识和能动作用的人，工具的科学性能保证其数据和结果的客观性，但其只是评估主体进行评估的手段，评估主体的主观价值取向则会影响评估结果的判断和运用。教育信息化绩效评估作为一个系统化的工程，从其主体、客体到目标、方法、手段的选取，都存在价值导向的问题。一系列工作完成后，教育信息化绩效评估必然产生一个结果，无论是定性的结果还是定量的结果，在一定意义上都会影响和制约后续工作的开展，从而使这个结果产生作用，而结果的导出是以一定的价值观为基础，是评估主体在既定的价值理念基础上对客体进行的评价与考核，这种价值理念直接影响了对客体的评价结果，价值取向的不同对于评估结果的应用也不同。

（三）以人为本的教育信息化绩效评估价值取向的确立

价值取向是行为主体依据一定的价值标准，对价值目标进行价值选择和价值决策的行为倾向。任何价值取向都不是凭空而来，需要一定的依据。科学、合理的价值取向既要尊重评估对象的科学发展规律，又要考虑到评估对象的目标与功能，还要体现当代绩效理论和实践，并且还要体现我国的国情。在本研究中，农村基础教育信息化绩效评估体系的价值取向的确立主要有三个依据：教育信息化的基本目的；教育信息化的绩效理论；以及考虑到我国中小学校在农村作为文化中心的特殊地位，农村社会对教育信息化的需求。

1. 教育信息化的基本目的①

教育信息化的目的可以概括为四个方面：一是促进信息技术在教育领域的广泛应用，二是推动教育的改革和发展，三是培养适应信息社会要求的创新人才，四是促进教育现代化。在教育领域广泛应用信息技术、开发教育资源、优化教育过程、提高教育质量和效益，是教育信息化的原始动力，也是推动教育的改革和发展，培养适应信息社会要求的创新人才，以及促进教育现代化的基础和前提。

教育信息化绩效评估从本质上可以理解成考量教育信息化目标是否达成或者分析其达成程度的过程。教育信息化的这四个目标层层递进，环环相扣，既有现实目标又有长远目标，既有抽象目标又有具体目标，其中，目标一和目标三既是现实目标又是具体目标，目标二和目标四既是长远目标又是抽象目标。我们在进行绩效评估的过程中，能够考量和评估的应当是现实的和具体的目标，在进行教育信息化绩效评估的过程中，应当关注的是信息技术应用和培养创新人才这两个目标，其中，目标一信息技术应用是培养创新人才的途径和方法，目标三培养创新人才是信息技术应用的结果。因此，依据教育信息化的目标为依据，教育信息化绩效评估价值取向应当确立为以创新人才的培养为本。

2. 教育信息化绩效理论②

在企业中，绩效多用投入和产出的关系来表征的。教育信息化不仅是个动态的发展过程，而且还是个多投入多产出的过程，它的产出不宜用量化指标来衡量，其绩效具有无形性特征。这都决定了在对教育信息化绩效进行评估时，不能单纯地考虑投入和产出的对比关系。目前，在研究教育领域的绩效时，不少学者引入了经济学和管理学中的三效原则，即绩效可以看成是效果、效率和效益的统一，进行教育信息化绩效评估时，要全面、准确、均衡考察这三方面，它们是教育信息化绩效的不同层次和水平。

教育信息化的效果可以看成是教育信息化可观察的、具体的、可量化的

① 杨晓虹、梁丽：《全面解读教育信息化》，《电化教育研究》2005 年第 1 期。
② 张喜艳、解月光：《教育信息化绩效特征结构解析》，《中国电化教育》2011 年第 6 期。

产出，是教育信息化绩效的显性部分。良好的教育信息化效果体现为先进的教育基础设施与完备的、高质量的教育资源以及较高的资源利用率。大量的信息技术应用有可能会带来教育活动中个体信息素养的提高，即带来一定的经济效益，信息素养的提高会促进个人综合能力的发展，个体会对社会发展带来一定影响，即社会效益。教育信息化效果是实现教育信息化效益的必由之路，是实现教育信息化效益的基础。效率体现的是时间层面上的绩效，较高的绩效必须是良好的效果、效率、效益的统一。在教育信息化建设初级阶段，进行绩效评估的时候，我们往往关注的是教育信息化的效果，而目前，在我国，农村教育信息化已进行了十余年的建设与发展，评估的重点不应该再放在基础设施与资源建设上，我们应该关注的是教育信息化的效益，在教育信息化绩效评估的过程中，我们应当树立这样的价值取向：个体信息化能力的提高与发展，学生信息素养的提升、教师教学能力，以及校长信息化领导能力的提升。

3. 社会对农村教育信息化的需求

在我国农村，中小学不仅仅是教育中心，还是农村"文化传播中心""知识信息中心"和"为农服务中心"，农村学校作为地区的文化中心，是新农村文化建设的重要载体，也是农村社区居民信息素养培养的重要基地。农村学校通过加强与当地农村的文化对话，可以在农民信息意识与信息能力等方面发挥重要的引领作用。因此，农村教育信息化跟城市教育信息化相比，还有一个特殊的使命，不仅要进行学校的信息化，还要辐射周围社区的信息化，不仅要培养信息化的人才，还要培养信息化的新农民。农村基础教育信息化要增强服务"三农"的使命感，以多种形式营造新农村信息文化氛围，向农民广泛宣传信息思想、信息意识，着力培养农民的信息技能，使之成为学习型、技能型、创造型、致富型新农民。农村学校的特殊地位与功能为农村教育信息化绩效评估提供了新的价值取向：社区居民信息素养的提升。

根据教育信息化的基本目标、教育信息化的基本理论以及农村学校的特殊地位，我们不难确立教育信息化绩效评估的价值取向：以人为本。评估的重点，评估指标体系设计的重点都要围绕人的发展，学生、教师、校长以及社区居民信息能力的提升与发展。

（四）以人为本的教育信息化绩效评估价值取向要素分析

绩效评估具有导向、激励、测量、校正和沟通等功能，然而，这些功能正向作用的持久发挥依赖于绩效评估的不断优化、探索水平的提升和挖掘的深度增加。以人为本，教育信息化系统中的校长、教师、学生和社区居民的根本利益为中心是教育信息化绩效评估中所应有的价值取向。对其应有价值不断接近的过程，也是教育信息化绩效评估工具不断完善和绩效评估理念不断进步的过程。处于瓶颈发展中的教育信息化假设，许多问题亟待解决，许多矛盾急需化解。为了更好地提高教育信息化建设质量，推动教育信息化建设进程，本书认为绩效评估至少应从以下四个方面来进行调试才能满足现阶段服务型政府的现实需要。

1. 学生信息素养、综合能力

当今世界各国，以经济和科技实力为基础的综合国力的竞争日趋激烈，而且将长期存在。这种竞争在很大程度上决定于人才的数量和质量，而人才竞争的实质是教育的竞争。信息社会的发展对人才数量和质量都提出了更高的要求，信息社会所需要的新型人才应当是，具有全面而坚实的文化基础（特别是信息方面的文化基础），能不断自我更新知识结构，能与人合作共事，富有创造性和应变能力并具有高尚道德品质的一代新人。在制定指标体系的时候，应当重点关注学生的信息知识、信息技能、信息意识以及学生的学习方法与策略等问题。

2. 教师信息化教学能力

教育信息化，人才要先行。为了实现教育信息化，需要培养大量掌握信息技术基础知识，具备信息技术应用能力的教育信息化人才。只有教师具备了信息意识、掌握了信息技能，在教学过程中主动地、有意识地将信息技术作为教学工具，将信息技术有机的融合到教学实践中去，才能更好地进行教学，才能更好地促进学生的学习，才能促进学生信息意识的形成。因此，进行信息化绩效评估时，教师的教育技术能力、信息技术与课程整合能力、教师的信息化教科研能力是应当重点考察的指标。

3. 校长信息化领导力

校长的信息化领导力可以理解成校长的信息化理念和信息化管理能力两部分。我国目前现行教育体制下，校长负责全校的教学工作和其他行政管理工作，校长的信息化领导能力与学校的信息化发展水平有直接的关系，其中校长的信息化理念是影响学校信息化发展的核心因素。学校信息化建设是否重要？它能否给学校带来实质性、建设性的变革？是否值得投入大量财力和人力来进行信息化建设？对于信息化建设的这些价值判断无疑会影响校长对信息化建设的态度和动力。具备了信息化理念，校长还要具备信息化的管理能力，只有这样，学校的信息化建设才会顺利、健康的发展。所以，校长的信息化领导力是教育信息化建设和评估的重中之重。

4. 社区居民信息素养

国务院2006年下发的《关于进一步加强农村教育工作的决定》明确指出不能把农村中小学视作单一的实施义务教育的机构，而应大力拓展农村中小学的功能，将其建设成为村民信息资料中心、文体活动中心、扫盲教育中心、农业科技推广中心等多功能合一的农民学习活动中心，使所有村民都能从中获益。这就决定着农村基础教育信息化不仅仅要完成对学校的信息化，对学校中的校长、教师和学生的信息化，还要承载着辐射社区信息化、培养社区居民信息素养的特殊使命。作为农村文化教育的中心——中小学不仅要履行培养学生信息素养的职责，更要负担起全体村民信息素养培养的职责，要利用先进的信息技术传播先进的农业技术和生产经验，提高农民的劳动技能；还要组织文化体育活动，为提高农民的身心素质服务。

"以人为本"价值取向，是将人，即教育信息化的参与主体——学生、教师、校长和社区居民愿望和要求作为教育信息化绩效评估的衡量标准，将校长、教师、学生和社区居民的利益和全面发展作为农村基础教育信息化建设评估工作的出发点和落脚点。

第二章 农村基础教育信息化 及评估体系相关研究

构建农村基础教育信息化评估体系，对农村欠发达地区的基础教育信息化水平进行评估，给出评估报告与发展建议，对农村基础教育信息化建设具有重大意义和指导作用。

为科学有效构建农村基础教育信息化评估体系，首先要对我国农村基础教育信息化研究的现状有一个总体认识，掌握目前评估体系研究的现状困境：相关专家学者是如何构建农村基础教育信息化评估体系的，有什么经验需要学习，有什么教训和问题需要借鉴和解决。本章对我国农村基础教育信息化研究的现状、教育信息化评估体系相关研究进行整理，为我们的后续研究提供借鉴。

一、农村基础教育信息化研究的现状

我国基础教育信息化的建设起步于 20 世纪 90 年代，相较于欧美等发达国家来说起步稍晚。教育信息化建设开展以来，国家各级政府及相关部门予以高度重视，使得我国的基础教育信息化建设在短短的二十年间，取得了许多重大进展。同时，我国专家学者也从多角度对基础教育信息化的现状和问题开展研究，并给出了许多建设性的意见，这对于促进我国基础教育信息化的发展也做出了重大贡献。

目前，相关学者的研究主要集中在基础教育信息化推进政策研究、基础教育信息化推进举措研究、基础教育信息化发展影响因素研究和涉及基础教育信息化的相关主体发展的研究四个方面。还有学者对国外的基础教育信息化进行研究并开展国际比较，对于我国推进基础教育信息化发展也给出了许多启示。①

（一）农村基础教育信息化发展政策的研究

国家教育信息化政策对于指导教育信息化活动，保证教育适应国家经济发展和提高国际竞争具有重大的意义。学者张倩苇将国家教育信息化政策进行了定义，"指国家在一定历史时期为实现一定的目标，为管理和发展教育信息化活动而制定的方针、措施和行为准则。它可以调整国家教育信息化活动，并借以指导、推动整个教育信息化事业发展的行动指南"，被广大学者所接受。张倩苇认为国家教育信息化政策的作用主要体现在导向作用（即规定了教育信息化发展的目标及其实施这一目标的基本方向和途径）、调控作用（体现在推广和应用教育信息化时对社会各方面资源及行为的调控）、干预作用（指对教育资源的建设和教育信息利用行为的干预）和规范作用（主要体现在标准上，调整和约束人们的行为，保障信息流通健康有序）这四个方面。

农村基础教育信息化的建设所涉及的内容较为广泛也比较复杂，特别是各种基础设施建设、资源的调配以及领域内各种关系的调节，都离不开政府政策的支持与保障。我国中央政府和教育行政部门从 20 世纪 90 年代初期起，相继颁布了推进教育信息化的一系列相关政策法规，取得了卓著成效。随着农村基础教育信息化建设不断展开，以及信息技术在教育领域广泛应用，国家教育信息化政策近年来逐渐成为引人关注的热点问题。

1. 教育信息化政策研究现状

目前专门针对农村基础教育信息化政策的研究相对较少，在国家层面颁布的许多信息化政策都会把农村基础教育信息化的发展考虑进来，所以，我们主要研究了目前教育信息化政策研究的现状。

虽然对教育信息化的研究逐渐受到人们的重视，但是目前以"教育信息化政策"为关键词和主题研究的文献数量有限，比较有代表性的，如梁志华

---

① 张倩苇：《国家教育信息化政策的发展及对策研究》，《中国电化教育》2005 年第 11 期。

（2010）、胡小勇（2011）、张倩苇（2005、2012）、张虹（2013）等对大陆地区基础教育信息化政策的研究，也有学者对国外教育信息化的政策进行研究，如崔英玉（2011）等对韩国教育信息化政策的研究，陈海东（2006）对美国教育技术20年政策解读，还有一些学者在研究教育信息化的国际比较时也涉及政策的比较。表2－1列出了关于政策的代表性研究。

表2－1　教育信息化政策研究现状

研究者	时间范围	研究对象	研究目的	研究维度	研究方法
张倩苇	1984—2004年	1984—2004年国家教育信息化政策	结合我国教育信息化政策的发展情况，在借鉴发达国家教育信息化政策经验的基础上，提出了我国教育信息化政策建设的对策	对教育信息化政策发展简单回顾	文献分析法
梁志华、王昭君等	2000—2009年	2000—2007年国家促进中小学教育信息化发展方面的重要政策和上海"十五""十一五"教育发展规划以及2001—2009年教委基教处年度1号文件	发现政策执行过程中的问题，给出以后政策执行过程中需要关注的问题	政策问题产生、政策执行和评估	文献分析法、比较法、归纳法、数量研究法
胡小勇	2000—2010年	2000—2010年国内基础教育信息化相关政策	分析政策执行的偏差，对接下来如何有效地落实《国家中长期教育改革和发展规划纲要（2010—2020年）》政策，进一步推动基础教育信息化持续发展，提出了相应建议	政策文本研究和政策执行过程中偏差现象归因分析	文献分析、问卷调查

续表

研究者	时间范围	研究对象	研究目的	研究维度	研究方法
张倩苇	2000—2012 年	以政策分析为视角，对贵州省教育信息化政策实施情况进行研究	通过对贵州省教育信息化实施情况的分析，提出加强和改进教育信息化的建议	政策文本、政策内容、政策实施、政策评价	文献分析、问卷调查、实地访谈
张虹	1993—2013 年	1993—2013 年我国基础教育信息化政策	分析 20 年来我国基础教育信息化政策及其演进	政策环境、政策价值、政策主体、政策客体、政策内容	文献分析法
崔英玉、孙启林等	1987—2010 年	1987—2010 年韩国基础教育信息化政策	通过对韩国基础教育信息化政策的分析，希望能为我国基础教育信息化政策的制定以及实施提供有益的借鉴和思考	韩国基础教育信息化政策的促进背景和政策建立的过程	文献分析法、归纳法
陈海东	1983—2003 年	从 1983—2003 年间美国的众多政策文献中，选出 28 份最具代表性的重要教育技术政策报告作为研究对象	通过对美国教育技术 20 年的政策研究归纳出的 7 条建议	通过对 28 份报告的分析，为决策者提供出 7 个方面的建议	文献分析法、归纳法

如表 2 -1 所示，从研究的起始时间可以看出，国内学者对政策的研究是最近几年才逐渐开始的。专家学者对教育信息化政策做出了许多有益的解读性研究，从研究的目的上看，都是为了借鉴国内外政策制定或政策执行过程的经验教训，为今后我国基础教育信息化建设政策的制定、具体的实施及评估提供建议。从研究对象上看，基本上都是对政策文本的研究。结合其研究方法分析，我们可以看出，国内学者对于基础教育信息化政策的研究总体还停留在文献研究和思辨的范式上，偏重文本内容的研究，真正对政策执行过

程及后期成果评估的研究很少。

目前，并没有以农村基础教育信息化政策为题的研究，但是有很多相关研究。例如，学者张倩苇的《基础教育信息化政策分析：以贵州省为例》这篇文章，是以贵州省教育信息化政策实施情况为例进行调查研究的，利用问卷调查和实地访谈的方法获得数据，并利用数据分析出基础教育信息化政策在贵州省农村的实施状况。这篇论文对于要进行的农村基础教育信息化政策实施状况的研究有一定的借鉴意义。

虽然目前没有专门针对农村基础教育信息化政策的研究，但以上研究资料对于农村基础教育信息化政策及各方面的维度的研究依然有很大的借鉴价值。例如，对于政策文本的研究我们可以参照张虹、崔英玉等学者的研究维度；对于政策实施过程及评估等研究我们可以参照梁志华、张倩苇等的研究维度及研究方式，目前已有研究还是能够提供多方面的参考。

2. 教育信息化政策研究的不足

总体来说，目前对于基础教育信息化政策的研究还比较少，而且多数都是对文本内容的解读性研究，对于政策的实施进程、实施效果等方面关注度还不够。关注政策的实施过程、实施效果等方面有助于发现政策实施过程中出现的问题及影响政策有效实施的因素，对有关部门及时调整政策实施进度及方式和新政策的颁布有很大的参考价值。

（二）农村基础教育信息化举措的研究

我国为了促进基础教育信息化的发展，不仅颁布了一系列的鼓励政策与措施，还特别开展了几个重大项目，从不同的角度来推动欠发达地区基础教育信息化的建设。举例来说，有国家农村中小学现代远程教育项目（农远工程）；"三通两平台"工程；针对桂、云、陇、川、陕5省区乡镇中心小学女教师进行的"明天女教师培训计划"；面向西部农村地区的远程教育项目，在西部12个省区建立10000套卫星IP数据资源接收系统的教育部项目——李嘉诚远程教育项目；中欧甘肃基础教育项目；"UNDP403"项目——中国—联合国发展计划署403远程教育项目①等，这些重大项目的开展都取得了一定的成果并对农村基础教育信息化的发展起到了很好的推动作用。目前，学者对农村基础教育信息化举措的研究基本集中在农远工程项目，以下对农远工程的相关研究进行了分析总结。

1. 农远工程研究的现状

"农远工程"是国家为推进农村基础教育信息化发展所重点建设和投资的重大工程项目，从建设初始就受到很大的关注。2003年9月国务院下发了《国务院关于进一步加强农村教育工作的决定》，《决定》中明确提出国家投入100亿元实施农村中小学现代远程教育工程，项目以三种模式覆盖中西部地区20个省区，计划用5年左右的时间，构建起遍及全国农村的远程教育网络。而今，农村中小学现代远程教育工程一期工程已经完成，也取得了许多阶段性的成果。② 许多专家学者都对阶段性的发展成果进行了研究，在知网上利用期刊的高级搜索功能，以"农远工程"为搜索主题，共搜到322篇相关论文，筛除相关度不大的文章，共有250篇，按年代分布情况见表2-2。

表2-2 "农远工程"为主题的各年论文发表情况

时间（年）	2013	2012	2011	2010	2009	2008	2007	2006
数量（篇）	18	23	29	57	44	32	39	8

从表2-2可以看出，对于农远工程的研究始于2006年，由于在2007年"农远工程"项目一期工程已基本完成，因此2007—2010年是研究的高峰期。

对于"农远工程"的研究，专家学者的研究角度不尽相同，不仅仅局限在对现状或效果的研究，我们从论文的主要研究内容出发，根据论文的题目、摘要和关键字对250篇期刊论文进行归类，详细见表2-3。

---

① 王童、杨改学：《农村中小学现代远程教育的可持续发展之我见》，《中国电化教育》2006年第1期。

② 杨改学、田健：《"农远"工程：加快西部民族地区基础教育发展的战略选择》，《现代远程教育研究》2010年第7期。

表 2 - 3 "农远工程"相关研究分类及发表时间

时间（年）	现状/问题/策略	资源	应用模式/途径	师资培训（包括校长、教师）	评价指标体系	其他	总篇数/篇
2006	1	4	1	1	0	1	8
2007	8	6	5	7	2	11	39
2008	8	9	3	7	4	1	32
2009	9	9	5	14	2	5	44
2010	11	10	7	18	2	9	57
2011	4	10	2	11	1	1	29
2012	7	6	3	3	3	1	23
2013	5	2	2	4	1	4	18
合计	53	56	28	65	15	33	250

如表 2 - 3 所示，对于"农远工程"的研究，研究的热点内容主要有三个，分别是现状/问题/策略、资源及师资培训方面的研究，我们针对这三方面的研究分别作简要分析。

对现状/问题/策略方面的研究，多数采用的研究方法是内容分析法、问卷调查、访谈和数据分析等。例如，学者王珠珠（2009）在研究农村中小学现代远程教育工程存在的问题时，利用内容分析法，在知网上以"农村远程教育＋中小学"为主题词进行搜索，经过分类筛选，选择其中 11 篇作为分析样本，根据事先确定的五方面分析框架即：基础设施建设、教育资源建设、人力支持及培训、普及应用和投入与管理进行系统分析，发现其中人力资源问题是影响"远程教育"工程可持续发展的关键环节，并据此给出了人力资源培训方面的建议。[①] 学者李娟、马颖峰等（2010）在对青海省"农远工程"现状调查与对策研究过程中，为了了解"农远工程"实际应用效果、存在问题和不足，并为后续发展提供一些有效建议，利用文献法、问卷调查、访谈以及实地考察等方法，以设备的使用、管理、管理人员的配备、教师的培训、

[①] 王珠珠：《对农村中小学现代远程教育工程存在的问题的分析》，《中国远程教育》2009 年第 8 期。

资源的建设、实际教学效果、教师交流等方面为维度进行问卷调查，根据对问卷调查所获得数据的分析，发现目前"农远工程"发展进程中存在的问题，并对存在的问题给出解决的策略。① 还有很多学者从其他维度对"农远工程"项目的现状、存在的问题及建议进行了研究，这些研究在方法层面很有借鉴意义。

对资源的研究也是关于"农远工程"研究的热点问题，主要有对资源建设、远程教育资源、IP 资源等的研究。学者郭志虎、刘洋（2012）在研究西北藏族地区农村中小学远程教育资源建设及应用现状时，利用问卷调查法对西北藏族地区远程教育资源建设及应用内容进行了调查，利用 Excel 2003 和 SPSS 13.0 软件进行统计分析，从八个维度对资源建设及应用现状进行了分析，八个维度分别是：资源的获取方式、资源的接收整理情况、资源的应用形式、教师对远程教育资源种类的需求、资源的使用频率、师资培训、资源的应用效果和远程教育资源应用评价，根据分析的现状总结出目前西北藏族地区远程教育资源建设及应用中存在的问题，在最后给出对存在问题的思考也就是关于问题解决方案的建议。② 学者赵晓声等（2011）研究的是陕西省农远工程资源应用的现状与策略，主要采用的也是问卷调查的研究方法，从资源来源、资源使用情况、资源需求、教师培训、应用研究、应用管理、应用效果和教师应用能力八个方面对所获数据进行分析，得出目前影响资源运用的问题，并据此给出建议。③ 对于资源的研究多数还是集中在资源建设和应用状况，多数采用的研究方法都是问卷调查、实地访谈法等。

如表 2 - 3 所示，对于教师包括校长的培训方式、信息素养方面的研究最多，可以看出研究者对"农远工程"项目中教师培养的重视程度。学者郭绍青、王珠珠等（2007）针对当前农村远程教育应用问题，对教师的教育技术能力的发展过程与学校应用的发展状态进行了研究，提出了教师教育技术能力

---

① 李娟、马颖峰、陈怡君：《贵州边远地区农村教育信息化发展的阶段性特征与政策选择》，《中国医学教育技术》2010 年第 6 期。

② 郭志虎、刘洋：《西北藏族地区农村中小学远程教育资源建设及应用现状调查研究》，《电化教育研究》2012 年第 7 期。

③ 赵晓声、傅钢善、卢燕：《陕西省农远工程资源应用的现状与策略研究》，《现代教育技术》2011 年第 4 期。

发展的阶段性与学校应用的发展期，并分析了两者之间的相互关系。① 学者孙慧琴、陈文韬（2011）等在基于农远工程的藏族教师专业化发展探究的研究中，通过访谈、归纳得出藏族地区教师专业化发展所面临的问题，对于面临的问题从"农远工程"的角度分析藏族教师专业化发展途径，试图利用农远工程的资源促进教师专业化的发展。②

2. 对农远工程的评价指标体系研究的不足

从表2-3的数据发现，目前对于构建针对农远工程的评价指标体系的研究还是很欠缺的，专家学者的研究热度始终不高。评价指标体系的研究是很有必要的，对于"农远工程"进行绩效评估，能使研究者获得关于工程进展、现状及突出问题的第一手资料，有利于工程的后续发展。评价指标体系的建立是一个复杂的工作，会涉及评价指标、指标权重、评价标准和评价方法的确立。学者杨晓宏、黄兰芳（2008）对农村中小学现代远程教育的应用效益及效益评价指标体系研究时，构建了农远工程应用效益的三级评价指标体系，提出了提高农远工程应用效益的基本思路。③ 学者赵福赞、李小龙等（2010）通过对西部农远的考察与文献研究，试图建立一个具有实用价值的资源绩效评价指标体系，从绩效评价的意义出发设计评价指标，并对评价指标的采样、量化及处理方法等进行了阐述。④ 这些学者对农远工程评价指标体系的研究都有一定的借鉴意义。

（三） 农村基础教育信息化影响因素研究

教育信息化系统是一个复杂的系统，在对农村基础教育信息化现状、问题分析及对相关问题提出对策建议的研究时，研究的前提是所研究的对象一

---

① 郭绍青、王珠珠、陈美玲：《农村远程教育中教师能力水平与学校应用发展研究》，《电化教育研究》2007年第11期。

② 孙慧琴、陈文韬、杨改学：《基于农远工程的藏族教师专业化发展探究》，《中国教育技术装备》2011年第6期。

③ 杨晓宏、黄兰芳：《农村中小学现代远程教育的应用效益及效益评价指标体系研究》，《远程教育》2008年第8期。

④ 赵福赞、李小龙、安娜、陈妙菊：《农远工程环境下信息化教学资源绩效评价指标体系的设计》，《软件导刊（教育技术)》2010年第8期。

定是能够影响基础教育信息化效果的因素，不然研究就失去了意义。从这个角度出发，不同学者对影响因素的认识可能会不同。在知网上以影响因素和基础教育信息化为关键词进行搜索，仅找到两篇关于农村基础教育信息化影响因素的研究，以下对这两个相关研究做细致分析。

1. 基础教育信息化影响因素研究的现状

学者张虹（2008）研究区域基础教育信息化发展相关问题时，对教育局长进行问卷调查，研究教育局长视角下影响区域教育信息化发展的相关因素，通过数据分析发现以下影响因素起决定性作用，分别为：稳定持续的资金投入、教师的信息技术素养、局长的教育理念、校长的教育理念、教育局对资源和师资统筹安排以保证区域发展的均衡性、局长的信息技术素养、校长的信息技术素养、教师的教育理念、学校技术人员的技术水平、对市及县（区）的电教室等部门提供技术支持与应用指导、鼓励教师应用的激励机制、专家在教育应用方面进行跟踪式的阶段性指导以及学校之间定期的经验交流。[①]

学者王海、解月光等（2013）考量了国家信息化系统构成的六大要素，剔除与教育信息化系统关联不大的信息技术和产业，认为教育信息化系统可由信息网络、信息资源、信息技术应用、信息化人才、信息化政策、法规和标准五大要素构成。并从系统论的角度出发，将影响因素定义为对系统的改造需要通过调整系统各要素完成，调整要素的过程是系统优化的过程，是影响系统发展的过程，这些调整要素将成为系统发展的影响因素。具体包括：信息化基础设施建设、信息化资源建设、信息化应用、信息化主体发展和信息化保障建设。这些影响因素并非孤立存在，而是相关联系、相互作用、相互制约，组成不可分割的整体。[②]

除了上述两个直接以影响因素为研究对象的研究之外，一些关于基础教育信息化评估体系的相关研究，也具有很大的借鉴价值。如，学者王珠珠（2005）在对中小学教育信息化建设与应用状况的调查过程中，建立了"教育

---

① 张虹：《区域基础教育信息化发展相关问题调研与分析——来自 72 位教育局长的视角》，《中国电化教育》2008 年第 1 期。
② 王海、解月光、张喜燕、付海东：《农村基础教育信息化 EEE 模型的构建与解析》，《中国电化教育》2013 年第 6 期。

信息化发展评价基本指标体系"，包括基础设施、信息资源、信息素养、ICT
应用和信息化管理 5 个一级指标、26 个二级指标①，基本涵盖了教育信息化
的各个方面，这个指标体系的指标项可以看成是基础教育信息化的影响因素。
学者黄荣怀等提出的基础教育信息化评价指标体系，包括设施、资源、素养、
应用和管理五个方面的 26 个指标，这些指标项也可以作为基础教育信息化的
影响因素来看。还有一些其他研究也可以看做针对基础教育信息化发展的相
关因素的研究，将在本章第三部分"教育信息化评估体系及其构建方法的相
关研究"做更详细的研究。

2. 基础教育信息化影响因素研究的不足

目前专门对于基础教育信息化影响因素的研究很少，只找到两篇文章，
研究的方法主要是理论思辨和问卷调查及访谈，相对主观。可以适当引入层
次分析法、主成分分析法、解释结构模型法等相对客观的数学方法来对影响
因素进行分析。这两种方法可以互相验证，增加研究的信度、效度。同时，
可以通过实证的方法来验证影响因素是否正确。

(四) 农村基础教育信息化主体发展的研究

基础教育信息化不仅是设备配备及技术性问题，更是主体的信息素养的
提高过程，主体信息素养的提高是基础教育信息化成功的重要标志之一。学
校的信息化主体主要包括校长、教师和学生等一切相关的参与教育信息化进
程的能动个体。对农村基础教育信息化主体发展的研究，一定离不开对信息
化主体的发展现状等方面的研究。

1. 基础教育信息化主体发展研究的现状

在知网上以"教育信息化"和"主体发展"为关键词没有搜到相关的文
章，以"教育信息化"和"参与主体"为关键词只搜到一篇文章，是学者解
月光（2010）等人对欠发达地区农村学校教育信息化参与主体的需求的研究。
学者解月光等认为要有效推进欠发达地区农村基础教育信息化深入发展，必

---

① 王珠珠、刘雍潜等：《中小学教育信息化建设与应用状况的调查研究报告（上）》，《中国电化
教育》2005 年第 10 期。

须关注主体需求，从主体需求的特征出发探索具体的策略与方法。为研究欠发达农村基础教育信息化主体需求，学者解月光等人设计了校长、信息技术教师、学科教师和学生四个类别的调查问卷，以安徽、贵州、湖北、四川、江西、新疆、宁夏、内蒙古8个省（自治区）内共80所学校为研究对象进行问卷调查，根据问卷调查的回收情况进行了数据分析。分析出各个信息化参与主体的信息需求现状，以此为依据分析出主体需求的特征，并从主体需求的特征出发探索有效推进欠发达地区农村学校教育信息化深入发展具体的策略与方法。①

　　还有一些关于信息化主体的研究，如对教师、学生、校长的研究。在知网的期刊高级搜索中分别以"基础教育信息化＋教师""基础教育信息化＋学生""基础教育信息化＋校长"为搜索主题进行搜索，剔除不相关文章共获得的文章数分别为40篇、4篇、10篇，不难看出，对于教师这一信息化参与主体的研究是最多的。对基础教育信息化中教师的研究情况进行分析，详细数据见表2－4。

表2－4　基础教育信息化中关于教师的研究

研究内容	教师信息素养	教师培训	教师能力发展	教师专业发展	其他
篇数	6	8	13	12	1

　　通过表2－4可以看出，对教师能力发展和专业发展的研究比较多，但是实质上对于教师培训的研究应是四个研究内容中研究最多的，因为在对农村基础教育信息化的研究过程中，少不了对教师信息素养和教师培训模式等的研究，包括对教师信息素养的现状、目前培训中遇到的问题等。

　　学者卓么措、罗江华（2010）在研究青海省民族地区中小学教师教育技术能力现状时，利用问卷调查法对青海省160名中小学教师进行了调查，调查的数据主要从教师的基本情况、基础设施建设、教师的教育技术能力和领导的支持力度四个方面进行分析，发现青海省民族地区中小学的信息技术基

①　解月光、邢志芳等：《欠发达地区农村学校教育信息化参与主体的需求分析与思考》，《中国电化教育》2010年第2期。

础设施建设滞后，教师应用信息技术教学的积极性不高，并对造成青海省民族地区中小学教师教育技术能力较低的原因进行分析。[1] 学者张豪锋、范喜燕（2011）在对河南省农村骨干教师教育技术能力现状调查研究时，运用问卷调查法对参加河南省 2010 年"中西部地区中小学骨干教师培训"项目的 700 名农村中小学骨干教师进行调查研究，了解河南省农村骨干教师的教育技术能力现状，发现教师教育技术能力培养中存在的问题，针对这些问题提出解决策略，以期为新一轮的教师教育技术能力培训提供参考和借鉴。[2]

2. 基础教育信息化主体发展研究的不足

对于教师这一信息化参与主体的研究还有很多，多数的研究都是利用问卷调查法进行调查研究、数据分析，而且关注的维度也相对均衡，有利于发现教师这一信息化参与主体在推进教育信息化中的作用及存在的问题，便于及时调整。

对于学生和校长这两个信息化参与主体的研究也应该受到足够的重视，校长是许多信息化举措与政策执行的推动者，而学生是信息化的重要参与主体，对于这两个主体的研究，研究方法不能仅停留在理性的分析上，应多进行问卷调查和实地访谈，以便于获得第一手数据资料，具体研究方法和维度可以参照对教师的研究方式。

二、教育信息化评估模型的相关研究

从第二章的研究可以看到，农村基础教育信息化是一个复杂庞大的系统，很难通过主观推断、定性分析出其发展方向和推进策略。需要构建农村基础教育信息化评估体系，借助评估体系来进行评估，得出基础教育信息化发展的状态、发展方向和发展策略。为此，笔者查找了大量可借鉴的相关研究。主要包括：教育信息化评估模型的相关研究，教育信息化评估体系及其构建

① 卓么措、罗江华：《青海省民族地区中小学教师教育技术能力现状的调查》，《中国远程教育》2010 年第 5 期。
② 张豪锋、范喜燕：《河南省农村骨干教师教育技术能力现状调查与分析》，《中国远程教育》2011 年第 7 期。

的相关研究，教育信息化评估体系构建的理论研究。

通过对前人研究的分析，我们认识到了构建教育信息化评估体系的一般过程（见图2-1）。如图2-1所示，建设完备有效的教育信息化评估体系的前提，是要对整个体系有一个清晰正确的认识。而认识复杂系统，有效策略是先构建评估体系的模型，之后基于模型确定具体的评估指标及具体指标。构建的评估模型、评估指标及量规构成了完整的教育信息化评估体系。本节将研究专家学者如何构建有效的教育信息化评估模型，下一节将研究专家学者关于评估指标的构建。

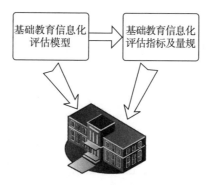

图2-1 基础教育信息化评估体系构建示意图

目前专门针对农村基础教育信息化评估模型构建的研究较少，可以借鉴的是国内外学者对教育信息化评估模型的研究。

随着我国教育信息化的开展和对其研究的深入，我国教育信息化评估模型可以大致划分为三个阶段：关注发展水平的评估阶段、关注发展阶段的评估阶段、关注绩效的评估阶段。

关注发展水平的评估阶段：本阶段主要关注如何表征教育信息化系统，哪些教育信息化系统的指标可以作为教育信息化水平评估的标准，通过这些指标的信息化发展水平来评估教育信息化系统。由于本阶段处于我国教育信息化发展的初级阶段，专家学者们都是"摸着石头过河"，对教育信息化的进程的认识还不是特别明晰。只是对教育信息化系统做出设想，指出其应该是什么样的，基于这种认识构建了最初的教育信息化水平评估模型。

关注发展阶段的评估阶段：由于信息系统的发展规律，教育信息化呈现阶段性发展的特征。随着教育信息化进程，专家学者对教育信息化系统有了新的认识和推测，将阶段性发展观念引入教育信息化水平评估模型的构建研究中，最具影响力的研究是联合国教科文组织（UNESCO）的ICT教育应用绩效指标（2005年），其将教育信息化的发展阶段分成兴起（Emerging）、应用（Applying）、整合（Integrating）和创新（Transforming）四个层次。此研究对全球教育评估体系都产生了深远影响。

关注绩效的评估阶段：根据信息化发展阶段论，对绩效的追求是教育信息化进入控制期的一大特征。我国基础教育信息化也开始跨入控制期，研究者的关注点由划分教育信息化发展阶段，转为着重关注于追求教育信息化绩效提高，是教育信息化研究发展的必然规律。本阶段是在教育信息化发展水平评估模型、教育信息化发展阶段评估模型的基础上发展而来的，并不排斥之前结论，所以本阶段的绩效评估模型一般都是多视角的混合评估模型。

这三个阶段中，后一阶段和前一阶段是承接关系，是由于教育信息化的发展带来的研究者的理念发展，并不是互相否定的关系，而是一个不断发展的过程。

（一）关注发展水平的评估阶段

早期的教育信息化模型研究，并没有信息化发展阶段的概念，只是形而上的研究教育信息化的本体是什么，只是关注于教育信息化进程达到什么水平。由系统论可知，我们认识一个事物的本体，一般是从事物组成要素开始，接下来了解系统各要素相互关系及活动。我国基于教育信息化本体的评估模型的研究也体现出了这种特点。下面以几个典型模型的研究为例。

1. 基于六要素模型的相关评估模型

2001年7月29日，由信息产业部、国家信息化推进工作办公室和中国电子商务协会主办的国家信息化指标工作会议在北京召开。会上，信息产业部公布了《国家信息化指标构成方案》。《国家信息化指标构成方案》的提出历时八年，汇集了各部委、省市、院校的诸多专家和大量信息化研究成果，文献累计达6000余篇，并进行了省、市、镇各级试点，专门立项委托国家统计局有关部门进行的《国家信息化水平测算与评价》，课题研究和试算方案已经通过，证明方案是可操作的。该标准包含六大信息化要素：信息网络，信息资源，信息技术应用，信息技术和产业，信息化人才，信息化政策、法规和标准。该六大因素涵盖了信息化评估的各个方面，具有很高的权威性和科学性，成为许多领域信息化评估的依赖标准。六要素模型在教育信息化建设初期作用比较显著，但是其没有考虑教育信息化系统的投入产出。

学者李涛（2006）在参考国家信息化和企业信息化指标体系的基础上，应用专家法和层次分析法建立了高校信息化水平评估指标体系，并对各指标的内涵和评判标准进行了说明。① 学者王磊（2002）建立了教育信息化评估指标框架体系，并对教育信息化评估指标体系中的基本要素进行了深入的研究。②

2. 基于 CIPO 模型的相关评估模型

学者张进宝（2008）分析六要素模型的不足，在此基础上引入了一个四层分析模型：语境（Context）、投入（Input）、过程（Process）、产出（Outcome），提出基于"CIPO"模型进行教育信息化评估的思路。该模型将原来六要素模型中缺乏的产出分析定义为对教育信息化效果、效率和效益的分析。③

学者邰红艳、杨雪萍、江新、黄荣怀（2006）将 CIPO 模型引入教育信息化项目的评估研究中，提出了基于 CIPO 模型的教育信息化项目评估方法，并对微软"携手助学"项目进行了年度评估。此项研究是 CIPO 模型在教育信息化项目评估中一次成功的尝试，验证了其适用性以及在其指导下的评估过程。④

类似于 CIPO 模型，学者谢忠新（2006）基于系统视角的学校信息技术与课程整合 EIPO 评价框架，从整合的保障要素、输入要素、过程与方法、成效四个方面设计了评价指标与指标评价要点，并采用专家咨询法确定指标权重，

① 李涛：《高校信息化水平评估指标系统设计研究》，《教育信息化》2006 年第 5 期。
② 王磊：《教育信息化评估指标体系及其基本要素研究》，硕士学位论文，华中师范大学信息管理学院，2002 年，第 35 页。
③ 张进宝：《从"六要素模型"到"CIPO 模型"，教育信息化研究思路的在审视》，《中国电化教育》2008 年第 10 期。
④ 邰红艳、杨雪萍、江新等：《基于 CIPO 模型的教育信息化项目评估方法——微软"携手助学"项目年度评估》，《中国教育信息化》2006 年第 10 期。

构建学校信息技术与课程整合 EIPO 评价模型。但是以上评估模型并不能完全映射到教育领域中，因为其只是形而上地分析了教育信息化系统的活动，没有体现教育信息化系统的阶段性发展。①

（二）关注发展阶段的评估阶段

信息化发展阶段论已经成功运用到企业信息化的建设中，并且取得了良好的效果，揭示了信息化系统的发展有一定的规律。所以，许多学者将企业信息化发展阶段论引入教育领域，拟探究教育信息化系统发展的特征，取得了一定的成果。

1. 基于联合国四阶段模型的教育信息化评估模型

联合国教科文组织（UNESCO）面向解决教育信息化评估领域普遍存在的困惑，于 2002 年开始对美国、英国、加拿大、日本、韩国等十九个国家和地区的教育信息化评估的指标体系和策略做了细致研究。② 通过对各国教育信息化评估体系和应用效果的研究，联合国教科文组织（UNESCO）从政策、技术基础设施和访问、ICT 课程和教材、教学辅助人员使用及教学、学生使用以及学习过程和结果五个方面提出了 ICT 教育应用绩效指标（2005 年）。

由于作为本研究样本的各国，其信息化发展水平差异较大，学者们认识到教育系统信息化是一个体现阶段性的发展过程，教育信息化评估也要尊重这一规律。联合国教科文组织（UNESCO）提出应用改编的莫雷尔矩阵（Morels Matrix）来展示一个国家教育信息化的发展阶段和每个阶段的绩效指标，并将教育信息化的发展阶段分成兴起（Emerging）、应用（Applying）、整合（Integrating）和创新（Transforming）四个层次。这一理念的提出，对教育信息化评估模型研究产生了重要影响，教育信息化发展阶段性的规律得到认可。

2. 基于柯氏模型的教育信息化评估模型

威斯康星大学的凯乐派屈克（Donald. L. Kirkpatrick）提出柯氏四层次训

---

① 谢忠新：《基于系统视角的学校信息技术与课程整合 EIPO 评价模型》，《中国电化教育》2009年第 5 期。

② 刘香玉：《国际 ICT 教育应用有效性指标研究及启示》，硕士学位论文，东北师范大学教育学部，2007 年，第 27 页。

练成效评估模型。该模型起初主要用于企业培训，后来人们对四层次评估进行了补充，在原来四层次的基础上增加了投资回报测量层，所以称之为"五层次训练成效评估量表"。随着五层次训练成效评估量表在企业培训测量中的影响扩大，一些地区和学校将它用于教师培训的测量，甚至将其应用于教师信息技术培训的测量。

五级评估模型包括"学习者反应""知识迁移""行为迁移""组织影响""投资回报"。第一层学习者反应，主要测量学习者对学习材料的态度，学习者对学习材料的认可或者抵触会决定学习者的学习努力程度。第二层知识迁移，主要测量学习者通过材料学习，掌握知识的程度。第三层行为迁移，主要测量通过学习，学习者在行为上的变化和解决实际问题的能力。第四层组织影响，主要测量学习者对组织合理性的评估。第五层投资回报，主要测量学习者对学习的投入与效益的比例，即优化程度进行评价。①

3. 基于诺兰阶段模型的教育信息化评估模型

美国哈佛大学查理·诺兰（Richard L. Nolan）等根据对 200 多家公司、部门发展信息系统实践和经验的总结，提出著名的信息系统发展阶段模型，即所谓"诺兰模型"。诺兰认为，一个企业、行业或地区的信息化应用发展需要经过引入（Initiation）、传播（Contagion）、控制（Control）和集成（Integration）四个阶段。在这四个阶段中，信息化建设的资源投入具有一定的变化规律，呈现出一条"S"型曲线，其最终阶段是集成阶段。学者丁婧、李艺（2011）依据诺兰模型，将教育信息化划分为：引入期、传播期、控制期、集成期。②

20 世纪 80 年代，随着信息系统用途的不断扩大，经过进一步验证与完善，诺兰将其四个阶段模型扩展为初始期、普及期、控制期、整合期、数据管理期和成熟期六个阶段。③ 学者黄松、郭伟（2013）借助描述信息系统发展规律的诺兰模型，对我国高校信息化建设的演进规律加以分析，将高校信

---

① 杨永贤、罗瑞：《国内外区域教育信息化效益评估述评》，《中国教育信息化：高教职教》2012 年第 11 期。

② 丁婧、李艺：《教育信息化标准演变取向分析》，《电化教育研究》2011 年第 4 期。

③ 黄梯云：《管理信息系统》，高校教育出版社 2005 年版，第 127 页。

息化建设归为六个阶段，并对其发展趋势进行探讨①。

4. 教育信息化成熟度模型

教育信息化成熟度模型和以上四个模型都有所区别，其所关注的成熟度，不是教育信息化系统发展表现出来的发展规律，而是选取一个优良常模，以其发展的各阶段，作为判断其他教育信息化系统发展水平的标尺。但是任何常模作为教育信息化系统，都脱离不了其固有发展规律，所以亦将其划分为此类模型。

李青、王瑜、勾学荣、刘洪沛（2012）借鉴软件工程领域的软件成熟度评价模型建立了教育信息化评估模型（e – Education Maturity Model，e^2M^2），该模型将教育信息化实践分为信息化教学应用、信息化资源建设、信息化教育评价，并且增加了信息化教学环境、信息化组织建设、管理和服务信息化共六个子领域作为评价指标的六个一级指标，同时在成熟度层次上分为无表现、初始级、管理级、标准化和量化、优化级五个级别，并进行了实证研究。e^2M^2 基本思想是：教育主体在其信息化领域中的大部分优秀实践具有一定共性，将这些实践的关键指标以及典型特征，从具体工作实践中剥离开来，独立于技术平台、组织架构和教学模式，作为衡量信息化水平的标杆。通过将被测评院校的现状和行业优秀水平的比较分析，有助于被测评院校了解当前信息化建设进程。而且，教育机构也可以把 e^2M^2 模型定义的指标项和能力标杆为基准，规划自己未来的发展方向和改进措施，通过不断的努力逐步达到更高成熟度。②

以上四种教育信息化评估模型都具有一定代表性，体现出了学者对教育信息化评估研究的不断加深，认识到了信息系统发展的阶段性。

（三）关注绩效的评估阶段

联合国教科文组织（UNESCO）的 ICT 教育应用绩效指标（2005 年），即

---

① 黄松、郭伟：《基于诺兰模型的高校信息化建设趋势分析与展望》，《江汉大学学报（自然科学版）》2013 年第 1 期。

② 李青、王瑜、勾学荣等：《基于成熟度模型的教育信息化评估方法研究》，《中国远程教育》2012 年第 10 期。

较早提出教育信息化系统发展阶段性这一概念，又是较早关注到绩效是评价教育信息化系统发展阶段的有效标准。上文所列举的关注发展阶段的模型，虽然对教育信息化进程有不同的评判标准，但究其本质，都是通过考量绩效，来判断教育信息化发展的阶段。所以，在教育信息化阶段性发展的理念下，研究者自然会将目光转到绩效研究上来。

2005 年左右，开始有学者关注关于教育信息化绩效的研究，焦宝聪、温志华等（2005）学者在较早时间开始这方面的研究，并提出教育信息化绩效评价指标体系的概念，同时对评价标准体系构建的重要意义有着明确的认识。自我国 2001 年颁布《教育信息化十五发展纲要》以及全面实施"校校通"工程以来，我国中小学教育信息化建设在经费投入、建设规模、应用推进方面取得了实质性进步，但是这些设备和资金却没能够发挥它的最大效益，其实际成效与预期目标之间还存在很大差距。为了减少教育信息化投资的浪费，促进中小学教育信息化持续、有效的发展，构建一种能测量教育信息化资源配置合理程度的评估标准体系，即制定科学、可行、导向性强的中小学教育信息化绩效评价指标体系便势在必行。[①]

学者焦宝聪、赵意焕、董黎明（2007）将运筹学中的数据包络分析理论中的 C^2R 模型引入教育信息化绩效评价领域，针对教育信息化绩效评价具有多投入多产出、以社会效益为主的特点，在国内首次提出了一种基于 DEA 理论、科学且可操作性强的教育信息化绩效评价模型，并以北京市某区若干所中学的教育信息化投资有效性的绩效评价为例，详细介绍了应用该模型进行教育信息化评价的具体步骤。[②]

平衡计分卡模型是由罗伯特（Robert·S. Kaplan）教授和大卫（David Norton）率先提出的。它对效益评估方式进行了新的构建。根据这一理论，如果要对效益进行全面客观的评估，就需要从财务视角、内部业务视角、变革

---

① 焦宝聪、温志华：《以绩效指标体系推进教育信息化建设》，《开放教育研究》2005 年第 2 期。
② 焦宝聪、赵意焕、董黎明：《基于数据包络分析的教育信息化绩效评价模型》，《电化教育研究》2007 年第 4 期。

和学习视角、客户视角等四个方面进行全面的考察。① 姜曾贺（2007）借鉴平衡计分卡模型，构建了学校信息化校本绩效评估模型，并指出学校信息化绩效评估流程是对学校宏观策略目标转化为具体信息化行为的具体步骤，表现为一个螺旋上升的发展递进轨迹。② 黄兰芳、贾巍（2011）尝试从投资、用户、管理和发展视角评估基础教育信息化的效益，提出了基础教育信息化效益评估模型。③

学者顾小清、林阳、祝智庭（2007）提出的区域教育信息化效益评估模型，力图从多视角去考察教育信息化区域层面的效益高低。借鉴了平衡计分卡理论和学校信息化评估模型 STaR 的评估思路建立了"视角——发展——角色"三维区域教育信息化效益评估模型。其中视角维度包括用户视角、财务视角、运营视角、变革视角；发展维度包括起步阶段、应用阶段、融合阶段、变革阶段；角色维度包括学生、教师、技术人员、管理人员、家长等。④

目前，构建教育信息化绩效评估模型来对基础教育信息化进程进行评价，已经是教育信息化评估研究的共识。

三、教育信息化评估体系及其构建方法的相关研究

教育信息化评价对促进教育信息化建设及其应用有重要作用。对于构建符合我国国情的教育信息化评估体系的必要性和方法，我国学术界具有一定的共识。

国际上对教育信息化评估体系的研制已经开始很早，许多发达国家通过项目方式开展了较完善的研究，对我们研究的开展具有一定借鉴作用。我国

---

① 顾小清、林阳、祝智庭：《区域教育信息化效益评估模型构建》，《中国电化教育》2007 年第5 期。

② 姜曾贺：《平衡计分卡在学校信息化校本绩效评估中应用》，《甘肃联合大学学报：自认科学版》2007 年第6 期。

③ 黄兰芳、贾巍：《新课改背景下基础教育信息化效益评估模型研究》，《现代教育技术》2011年第1 期。

④ 顾小清、林阳、祝智庭：《区域教育信息化效益评估模型构建》，《中国电化教育》2007 年第5 期。

大部分的绩效评估研究都或多或少借鉴了 STaR 的模型及量表。如学者顾小清（2007）在其论文中曾提到，在构建三维区域教育信息化效益评估指标体系时，参照了 STaR 的维度和指标体系框架；学者解月光、王海等（2013）在构建农村基础教育信息化评估体系时，亦参照了 STaR 的维度和框架。[①]

同时，学者曹卫真认为，"构建教育信息化评价标准不能脱离我国教育信息化发展的实践"，首先必须明确教育信息化的目的，以目标为依据，将目标进一步具体化，制定出教育信息化评价的标准。[②]

对于具体指标体系的研制，王有远的"教育信息化综合评价指标体系"（2006）和中央电化教育馆课题组的"评价教育信息化的总体框架"具有代表性。王有远等根据我国教育信息化的实际，结合已有的社会信息化研究成果，在遵循指标建立的原则以及教育信息化的特点和政策的基础上，构建了教育信息化综合评价指标体系，该评价体系包括：教育信息化水平评价体系、经济与社会效果评价体系和核心竞争力评价体系三项，每一项结合教育信息化需求明确信息建设任务，归纳出若干一级指标，再通过调查各类教育信息化建设的基本要素，归纳出若干二、三级指标，形成教育信息化三维综合评价指标体系。[③]

中央电化教育馆"中小学教育信息化建设与应用状况的调查研究"课题组在参考、借鉴中外有关评价指标的基础上，确定了设施、资源、素养、应用、管理五大类指标评价教育信息化的总体框架，最终提出了具有 5 个一级指标、26 个二级指标的教育信息化评价指标体系。

这些研究表明：构建符合我国国情的教育信息化评估体系是教育信息化发展的必然需要，而要构建科学、可行的教育信息化评价体系，需要充分借鉴国外的研究成果，同时，必须冷静分析我国的实际情况，结合我国已有的社会信息化研究成果以及相关政策，这样才能保证评价体系的可应用性。我

---

① 王海、解月光、张喜艳等：《农村基础教育信息化 EEE 模型的构建与解析》，《中国电化教育》2013 年第 6 期。

② 曹卫真：《中小学教育信息化评价指标的探讨》，《中国远程教育》2003 年第 17 期。

③ 王有远、姚永红、曾卓知：《教育信息化综合评价指标体系研究》，《教育信息化》2006 年第 1 期。

国教育信息化评估体系建立的依据，主要参照两方面：本国教育信息化实践经验和理论研究；对国内外教育信息化评估理论和实践借鉴。

如上所述，教育信息化评估体系建立的基本方法是：首先正确认识教育信息化本体，以此建立教育信息化评估模型，合理展开模型各维度，之后再进一步具体评价指标。此外，对于教育信息化评价指标体系的具体内容，必将需要进行广泛和长期的实践，来保证评价指标的信度和效度。本节也将分为两部分，介绍现有教育信息化评估体系维度的相关研究，以及构建方法研究。

（一）教育信息化评估体系维度研究综述

国内外基础教育信息化评估体系维度如表 2 - 5 所示。

表 2 - 5　国内外基础教育信息化评估体系维度

教育信息化评估指标	评估维度
欧洲信息技术教育应用评估项目（Eurydice）	教育信息化的教育政策倾斜； 教育信息化经费预算情况； 信息技术课程情况； 教师在日常教学中使用信息技术的情况； 教师教育的信息化情况
泛加拿大教育评估指标项目（The Pan - Canadian Education Indicators Program，PCEIP）	教育情境； 教育系统的特征； 教育信息化所产生的结果
日本的 ICT 教育应用调查	Internet 用户数量； 提供 Internet 连接的公共设施； 拥有 Internet 连接及计算机的公立学校数量； 能操作计算机的公立学校教师数量； 拥有计算机相关硕士及博士学位的人才数量； 具有 ICT 教学能力的教师数量； 技术移民的外族人数量； 安全及可靠性； 可用软件

续表

教育信息化评估指标	评估维度
STaR 教育信息化评估工具	数字化资源； 硬件和网络连通性； 教师专业发展； 学生成就和考核
enGauge 评估框架	愿景； 有效的教学实践； 教师教育技术效能； 信息公平； 技术的连接； 系统及其领导力
英国教育通讯和技术署的学校信息化自我评估指标（SRF）	资源； 通信与信息技术能力的评估； 课程； 教与学的过程； 领导和管理、规划； 学生学业成绩的影响； 专业发展计划； 领导和管理、规划
新加坡学校 ICT 建设水平自我评测工具 BY（I）TES	学校领导； 教师； 学生
马来西亚指挥学校的质量评估标准 SSQS	基础设施； 信息化资源； 应用情况； 人力资源
韩国中小学信息化评估指标	输入：软硬件，支持； 应用：教师，学生，网络； 输出：教师，学生
农远工程效益评估指标	教师发展； 学生发展； 学校发展； 社区发展

教育信息化评估指标	评估维度
郭伟刚等的学校教育信息化绩效评价模型	组织与管理：组织机构、发展规划与实施方案、信息化管理制度、保障措施、信息安全； 基础设施与公用管理平台：信息化教室、校园网、教师用机、学生用机、信息化公用管理平台； 教育教学资源建设与应用：教学资源库、专题学习网站、学校网站、个人主页、教育博客、数字化图书馆、资源建设的组织机制； 信息化应用：信息技术课、信息技术与学科整合、教育技术研究、信息化在德育教育中的应用、交流协作； 信息化人才：信息化管理人才、信息技术老师、学科教师、学生、教育技术培训
谢忠新的学校信息化应用评估模型	投入因素（Inputs）； 保障因素（Ensurance）； 信息化应用过程（Process）； 信息化应用结果（Outcomes）
董黎明的基础教育信息化绩效评价指标体系	学校信息化设施建设水平：学校信息化教学装备建设水平、校园网设施建设水平； 学校信息化教学资源建设水平：各类信息化教学资源建设水平、各类信息化教学资源建设数量； 教师信息素养建设水平：教师对信息技术的理解能力、教师的信息技术基本操作能力、教师在信息技术环境下进行教学设计的能力； 学生的信息化能力：信息技术的基本知识、信息技术的基本操作水平、信息的获取能力、信息的分析和加工能力、利用信息技术促进学习的能力； 网络管理员的信息素养：对设备的管理和应用能力、对资源的应用和管理能力、支持学校实际工作的能力； 学校信息化投入与管理水平：学校信息化建设投资水平、教育信息化管理

教育信息化评估指标	评估维度
温志华的中学教育信息化绩效评价指标体系	硬件和网络连通性：学生的人机比、技术支持的响应时间、联网率、联网质量、其他硬件设备拥有和使用情况、学校信息化发展规划； 教师专业发展：师资培训方式、师资培训投资的百分比、教师对技术的认识和应用、教师专业发展共同体； 资源利用与学科整合：课程资源的来源、教师对课程资源的认识和应用、信息技术与学科整合应用水平、学生使用课程资源的方式、学生使用课程资源的比率和频率； 教育目标的实现程度：学校的信息化环境和氛围、校领导的信息化意识和能力、优质资源环境共享情况、学生成就情况、课程资源成果、与家长社区的联系、学校管理信息化
吴琼的四川省中小学教育信息化现状及评价指标体系	信息化基础设施建设； 教学资源建设； 信息化应用； 信息化人才； 组织与管理
赵克进的上海市基础教育信息化指标体系	基础教育信息化装备设施； 基础教育信息化资源； 基础教育信息化人才队伍； 基础教育信息化制度（规划、管理、考核）
蔡亲鹏等的中小学教育信息化评价指标体系	学校对信息化的重视程度； 信息化基础设施； 信息化人才队伍； 信息化技术应用； 信息资源利用； 信息安全管理措施
王珠珠等的中小学教育信息化建设与应用状况的调查	基础设施； 信息资源； 信息素养； ICT 应用； 信息化管理

续表

教育信息化评估指标	评估维度
魏俊杰的农村学校信息化教学资源建设与利用绩效指标体系	信息化教学资源建设：数量，质量； 信息化教学资源管理：资源出入库管理，资源利用环境的创设与优化； 信息化教学资源利用：对学生学习的支持程度，对教师教学的支持程度

这些研究成果反映了专家学者对教育信息化评估的维度、考察点的一些共识。教育信息化评估，往往都从以下几个方面展开：包括政策、设施、财务、ICT 在课程中的应用、教师专业发展及学生学习绩效。

对表 2 – 5 各教育信息化评估体系的维度进行分析，可以总结出，教育信息化绩效评估有以下几个常见维度：

1. 发展维度：遵循教育信息化系统发展规律，都是从零开始，之后是引入、传播、建设时期；接下来是应用、整合期；最后是控制、理想期；

2. 投入产出维度：投入，保障，应用过程，产出；

3. 影响因素维度：基础设施，信息资源，信息素养，ICT 应用，信息化管理；

4. 经典维度：基础设施，资源，网络与平台，教师、学生等；

5. 六要素维度（《国家信息化指标构成方案》）：信息网络，信息资源，信息技术应用，信息技术和产业，信息化人才，信息化政策、法规和标准。

借鉴学者顾小清提出的区域教育信息化效益评估模型，还有两种不同维度：

1. 角色维度：学生，教师，管理者，技术人员，家长，社区，厂商；

2. 视角维度：用户，财务，运营，变革。

由上述研究可知，教育信息化评估体系的构建研究也可以从以上维度展开。

（二）教育信息化绩效评估研究方法综述

教育信息化评估体系的构建有两个层次，一是评估模型设计，二是评价指标设计。

1. 模型设计方法

模型设计的主要工作有：确定模型维度，设计与分析各维度要素，分析并总结各要素之间的关系，描述模型结构及功能。

ICPO 模型、ICPP 模型、ECPO 模型、平衡计分卡、教育信息化成熟度模型、发展阶段模型这几种模型在上文都有介绍，这些模型为研究者确定教育信息化模型提供了思路和依据。以下还有几种常用的模型构建方法。

解释结构模型法（Interpretative Structural Modeling Method，ISM 方法）是沃菲尔德（J. Warfield）教授于 1973 年研究出的一种系统分析模型，是现代系统工程中广泛应用的一种分析方法。① 目前广泛应用于教育技术学的研究。首先根据系统各要素相互联系，画出有向图。通过对表示有向图的相邻矩阵的逻辑运算，得到可达性矩阵，然后分解可达性矩阵，最终使复杂系统分解成层次清晰的多级递阶形式，清晰地表达系统内各要素关系的结构关系。学者谢忠新（2009）运用解释结构模型，对学校信息技术与课程整合的相关影响因素进行分析，从众多影响因素以及复杂的因素链中，找出影响学校信息技术与课程整合的表层直接影响因素、中层间接影响因素和深层根本影响因素。借鉴国外的 CIPP 教育评价模型的思想，提出学校信息技术与课程整合的 EIPO 评价框架。②

层次分析法（Analytic Hierarchy Process，AHP）是由美国著名运筹学家萨蒂（T. L. Saaty）教授于 1977 年正式提出的。层次分析法是一种定性分析和定量分析相结合的多目标决策分析方法，其基本思路是指将一个复杂的多目标决策问题作为一个系统，将目标分解为多个目标或准则，进而分解为多指标、准则或约束的若干层次，通过定性指标模糊量化方法算出层次单排序和总排序，以作为多指标、多方案优化决策的系统方法。和德尔菲法、专家法统和起来使用，通过矩阵转换，可以计算出各指标项的权重，有效减少主观

---

① 汪应洛：《系统工程理论方法与应用》，高等教育出版社 1998 年版，第 25 页。
② 谢忠新：《基于系统视角的学校信息技术与课程整合 EIPO 评价模型》，《中国电化教育》2009 年第 5 期。

因素的影响。学者成江荣、解月光（2011）参照了 STaR 的维度和指标体系，提出影响信息化发展的关键因素分析出发，用层次分析法建立了纵向发展阶段和横向发展水平的农村中小学教育信息化绩效评估指标体系。①

数据包络分析法（Data Envelopment Analysis，DEA）是由著名运筹学家查恩斯（Charnes）、库伯（Cooper）及罗兹（Rhodes）于 1978 年在"相对效率评价"基础上发展起来的一种新的系统分析方法。1988 年我国运筹学专家魏权龄教授向国内系统地介绍了数据包络分析法。数据包络分析法是数学、运筹学、数理经济学和管理科学的一个新的交叉领域。它主要采用数学规划方法，利用观察到的样本资料数据，对决策单元进行生产有效性评价或处理其他多目标决策问题。数据包络分析法中模型的权重根据数据产生，不需要事前设定投入与产出的权重，因此不受人为主观因素的影响。在评价有效性方面，DEA 方法优势在于处理多投入，特别是多产出的问题。示例见上文，焦宝聪、赵意焕等（2007）。

结构方程法是由卡尔（Karl. J. Oreskog）和戴克（Dag SSrbom）等学者在20 世纪 70 年代所提出的统计理论基础上发展而成的，这是一种运用统计中的假设检验方法对有关现象内在结构理论进行分析的统计方法。它整合了诸如因子分析、回归分析、路径分析等传统统计分析方法，是基于观测变量集合的协方差矩阵和相关结构，从定量角度处理潜变量之间关系以及潜变量和观察变量之间相互关系的一种统计分析技术。

学者周平红、杨宗凯、张屹、陈蓓蕾（2011）运用结构方程模型的分析方法构建了我国高等教育信息化评估模型。研究高等教育信息化评估中各个变量之间的关系，实证分析取得了较好的结果。通过拟合出来的因子负荷来分配指标的权重，获得客观统计指标数据特征。并对 2008 年调研的全国 10个省区高等教育信息化发展水平进行了综合评价，探寻了高等教育信息化发展的影响因素及特点，为我国高等教育信息化战略发展决策提供了客观信息

---

① 成江荣、解月光：《农村中小学教育信息化绩效评估指标体系的构建》，《中国电化教育》2011 年第 2 期。

依据。①

此外，德尔菲法、专家会议法、专家评分法等，也是一种有效的模型构建方法。

2. 评价指标设计方法

确定评估体系的模型及各维度后，需要将体系的各维度具体化，将虚拟的模型和具体的教育信息化内容联系起来，这就需要设计各维度下的指标项。指标项的设计也要遵循科学有效的方法，以下简单介绍几种常见的指标设计方法。其中，德尔菲法是指标构建的方法；主成分分析法是简化指标、确定权重的有效方法；综合评价法是指导我们制定评价量规的方法。

以德尔菲法为代表的一系列专家评价方法，不仅在确定模型阶段可以发挥重要作用，在评价指标设计时，亦是一种常见的研究方法。以德尔菲法为例，其是在 20 世纪 40 年代由赫尔姆和达尔克首创，经过戈尔登和兰德公司进一步发展而成的。德尔菲法依据系统的程序，采用匿名发表意见的方式，即专家之间不得互相讨论，不发生横向联系，只能与调查人员发生关系，通过多轮次调查专家对问卷所提问题的看法，经过反复征询、归纳、修改，最后汇总成专家基本一致的看法，作为预测的结果。这种方法具有广泛的代表性，较为可靠。

教育信息化评估体系作为复杂系统，维度众多，指标项众多，而且其各维度、指标经常互相包含，产生冗余，一般需要进行简化。主成分分析法（Principal Component Analysis，PCA）也称主分量分析法，是一种有效、相对客观的科学方法，利用降维的思想，把多指标转化为少数几个综合指标。主成分分析的主要目的是希望用较少的变量去解释原来资料中的大部分变异，将我们手中许多相关性很高的变量转化成彼此相互独立或不相关的变量。通常是选出比原始变量个数少，能解释大部分资料中的变异的几个新变量，即所谓主成分，并用以解释资料的综合性指标，是设计评价指标的一种有效方法。

---

① 周平红、杨宗凯等：《基于结构方程模型的我国高等教育信息化水平综合评价研究——来自"中国高校信息化建设与应用水平"的调研》，《电化教育研究》2011 年第 11 期。

在设计评价指标时，就要考虑其应用问题。模糊综合评价法（Fuzzy Comprehensive Assessment，FCA）是一种基于模糊数学的综合评价方法。它在确定评价因素、因子的评价等级标准和权值的基础上，运用模糊集合变换原理，以隶属度描述各因素及因子的模糊界限，构造模糊评判矩阵，通过多层的复合运算，最终确定评价对象所属等级，对事物做出总的评价。该综合评价法根据模糊数学的隶属度理论把定性评价转化为定量评价，即用模糊数学对受到多种因素制约的事物或对象做出一个总体的评价。它具有结果清晰、系统性强的特点，能较好地解决模糊的、难以量化的问题，适合各种非确定性问题的解决。

第三章　农村基础教育信息化绩效评估研究设计与方法

一、农村基础教育信息化绩效评估研究问题的提出

（一）源于对现实问题的思考

农村基础教育信息化是我国教育信息化建设的重要组成部分，肩负着缩小城乡数字鸿沟、促进农村区域教育信息化均衡发展的重要责任与使命。我国非常重视农村基础教育信息化工作，自 2000 年以来，相继推出了一系列旨在深入推进教育信息化，深化教育改革，实现教育跨越式发展的政策措施，包括"校校通"工程、农村中小学现代远程教育工程（"农远工程"）及"三通两平台"建设等项目。

1. "校校通"工程

2000 年 11 月 14 日，教育部发布了关于在中小学实施"校校通"工程的通知：从 2001 年起，用 5—10 年时间，使全国 90% 左右的独立建制的中小学校能够上网，使中小学师生都能共享网上教育资源，提高所有中小学的教育教学质量，使全体教师能普遍接受旨在提高实施素质教育水平和能力的继续教育。该工程的具体目标是：2005 年前，争取东部地区县以上和中西部地区中等以上城市的中小学都能上网；西部地区及中部边远贫困地区的县和县以下的中学及乡镇中心小学与中国教育卫星宽带网联通。2010 年前，争取使全国 90% 以上独立建制的中小学校都能上网。不具备上网条件的少数中小学校

也可配备多媒体教学设备和教育教学资源。

在波澜壮阔的教育信息化建设浪潮中，很多学校在经费投入、建设规模、硬件建设等各个方面，都取得了实质性的进步。2003 年 2 月份，教育部召开了一个"校校通"工作评估标准制定会议，当时在会议上公布了一组数据：2000 年 10 月份开全国教育信息化工作会议时，全国建校园网的学校大约是 3000 所；到了 2002 年 10 月份左右，全国建校园网的学校大约是 26500 多所，建设规模大致增长了十倍。国家直接财政投入大约 500 亿—600 亿。加上地方的配套资金以及学校、家长购买电脑的投资，这几年投资在教育信息化方面的资金将近有 1000 亿。

投资的效果和效益怎样呢？在教学应用方面是否也取得了相应的成果和效益呢？据 2003 年教育部召开的"校校通"工作评估标准会议公布的另一组数据显示：自"校校通"工程建设以来，校园网用得比较好的学校大约只有 5%，用得一般的学校大约是 10%，还有 85% 的学校基本上是闲置，甚至成为学校维护和管理的一个很沉重的负担，这说明我国在教育信息化上大投入没有大产出，高投资没有高效益，教育信息化的应用效率低下。

2. 农远工程

农村中小学现代远程教育工程是指为促进城乡优质教育资源共享，提高农村教育质量和效益，从 2003 年起开展的以信息技术为手段，采取教学光盘播放点、卫星教学收视点、计算机教室等三种模式将优质教育资源传输到农村的教学方法试点工程。实施农村中小学现代远程教育工程，旨在通过运用信息化的手段和方式，积极输送优质教育资源，促进农村中小学校师资队伍建设，提高农村中小学教育教学质量，推动农村中小学开展信息技术教育；有效解决我国广大农村地区教育教学资源匮乏、师资短缺、教育质量不高的问题，全面带动农村地区特别是中西部地区的"两基"攻坚和巩固提高工作。同时，还可依托农村中小学逐步建设农村信息化平台，为农村精神文明建设、党员干部教育和农民技术培训提供支持。

农远工程的建设目标和主要任务是在 2003 年农远试点工作的基础上，用四年时间，力争到 2007 年，使全国 3.75 万所农村初中具备计算机教室，使全国 38.4 万所农村小学基本具备卫星教学收视点，使全国约 11 万个农村小学教学点具备教学光盘播放设备和成套教学光盘，用三种模式基本覆盖全国的农村中小学；加强教育教学资源建设，建设光盘教学资源 4000 小时以上，卫星教学资源 11000 小时以上，计算机网络教学资源 6000 小时以上；加强教师培训，为每所农村中小学培训 1—2 名熟悉教学、懂技术管理的人员，积极推进三种模式在农村中小学教育教学中的应用。

经过 5 年建设，到 2007 年年底，基本完成工程建设任务，取得了一定的成果。覆盖了中西部 36 万所农村中小学，1 亿多农村中小学生得以共享优质教育资源。工程初步搭建了一个遍及全国农村中小学的现代远程教育网络，形成了基本满足农村中小学教育教学需要的资源体系，培训了一支初步具备远程教育应用能力的农村教师队伍。农村中小学现代远程教育不仅在学校教育教学中得到广泛应用，而且在为农服务中发挥了优势，产生了综合效益。

在"农远工程"试点工作取得的基本经验的相关材料中我们也了解到，从教学应用的角度看，适应教师教学、学生学习和素质教育的资源严重不足，造成"高速路上无车跑"的现象。从农远工程中我们可以看出，在教育信息化建设过程中，教育信息化投资结构不合理，重硬轻软轻培训，各学校现代远程教育的应用水平也还比较低。目前，如何在加强基础设施建设的同时，结合农村实际情况不断推进农村中小学现代远程教育应用，有效解决在应用过程中遇到的一些困难和问题，让设备真正用起来，真正出效果，是需要深入思考的问题。

3. "三通两平台"

2012 年 9 月 5 日在全国教育信息化工作电视电话会议上，教育部副部长杜占元提出建设"三通两平台"，即加强学校宽带网络建设，基本实现"宽带网络校校通"；加强优质数字资源建设，初步实现"教学资源班班通"；加强信息技术应用能力建设，大力推进"网络学习空间人人通"；加强数字教育资源公共服务平台、教育管理信息系统平台建设，努力做到家家用。力争实现四个新突破，即教育信息化基础设施建设新突破、优质数字教育资源共建共享新突破、信息技术与教育教学深度融合新突破、教育信息化科学发展机制新突破。

杜占元说，"三通两平台"是"十二五"的核心任务。"三通两平台"和

《教育信息化十年发展规划（2011—2020 年）》紧密结合，是对十年规划的前五年目标任务的高度凝练。"三通两平台"作为"十二五"期间教育信息化工作的核心目标与标志工程，承载着教育现代化的梦想。应用驱动和创新机制是推动"三通工程"的关键工作思路，以促进教育公平、提高教育质量为核心目标，坚持应用导向，坚持信息技术与教育、教学实践深度结合，深化机制创新。"三通两平台"的有效实施，能够极大地提升我国教育信息化的应用水平，加速信息技术与教育教学的深度融合，推动以教育信息化带动教育现代化跨越式发展。

4. 现实问题的思考

我国教育信息化在过去十余年的发展建设中，各地各级政府在教育信息化市场投资过千亿，在基础设施建设方面取得了巨大成就。但从信息化产生的实际效果来看，在信息化促进区域教育均衡发展和实现教育公平的实效、信息化应用的程度、体制机制的创新及主体与信息化融合等层面，我国教育信息化十余年来的巨额投入并没有带来与之相匹配的效益，信息化应用水平偏低，其投入和产出之间存在巨大落差，教育信息化受到了前所未有的质疑。

在过去十几年的发展建设中，从农村基础教育信息化的发展现状来看，在目前建设基础上如何步入更高的发展阶段，其发展是否可持续，同样成为一个值得关注的重要课题。

如何解决我国农村基础教育信息化巨额投入与产出之间巨大落差的现实局面；如何对我国区域教育信息化过程中的投入与产出进行绩效评价，找出制约着不同地区教育信息化发展的关键因素，提出解决问题的对策，提高应用效益，从而引导、监督和推动我国教育信息化的持续发展。这成为越来越多研究者们思考的现实问题，也成为我们研究问题的出发点。

（二）源于对文献的研究发现

农村教育信息化是我国农村教育发展的必然选择。随着我国教育信息化进程的深入，"从建设转向应用，以应用促进发展"是我国教育信息化现阶段的主题。教育信息化评估也逐步由建设水平评估转变为绩效水平评估。

基于教育部人文社会科学重大项目"欠发达农村基础教育信息化推进策

略研究"，解月光研究团队开展了对欠发达农村基础教育信息化可持续发展内涵及其影响因素的理论研究，并于 2007 年 12 月到 2008 年 3 月，在安徽、贵州、湖北、四川、江西、新疆、宁夏、内蒙古 8 个省、自治区进行样本选取，共抽取 80 所样本学校。依据可持续发展理论，对欠发达农村基础教育信息化现状进行调查的结果表明，在农村基础教育信息化推进过程中，其发展的整体协调性、可持续性、公平性和人本性方面还存在一定问题，切实推进欠发达农村基础教育信息化的可持续发展任重而道远。

关于如何实现农村基础教育信息化可持续发展，张进宝在《基础教育信息化可持续发展的战略思考》一文中指出，要实现教育信息化可持续发展，除国家应保证有效投入外，核心问题是解决教育信息化可持续发展的动力问题、评估机制问题和支持服务机制，充分调动内、外部力量，实现教育信息化发展评估的制度化与透明化，构建基于内外互动的教育技术应用支持服务体系，只有这样才能构建起和谐发展的教育信息化系统。

通过文献调研发现，我国教育信息化的评估还处于初级阶段，目前比较有代表性的信息化评估研究成果有解月光、杨斌等研究团队的农村基础教育信息化绩效评估模型和顾小清研究团队的区域教育信息化效益评估模型。杨斌（2009 年）在《农村基础教育信息化绩效评估模型的构建》一文中指出，开展教育信息化评估是推进教育信息化发展的要求，通过客观评估某一时间教育信息化目标的实现情况，反映教育信息化的进程，为制定教育政策和规划服务提供决策依据，从而正确指导教育信息化沿着高效务实的方向发展。因此，教育信息化要评估先行。世界各国充分认识到了教育信息化评估的重要性，大力开展教育信息化评估的研究与推广。顾小清团队研究的区域教育信息化效益评估模型主要是基于视角、发展、角色三个维度对不同区域教育信息化进行评估。针对农村基础教育信息化发展水平的评估指标体系的系统化研究，目前见到的成果是杨斌、解月光等的《农村基础教育信息化绩效评估模型的构建》，该成果提出了构建的基本原则、建立了包括横向影响因素和纵向发展阶段的二维绩效评估模型。

评估不仅是一种操作，更是一种理念，既要成为所有教育工作者的指导思想，又要贯穿教育信息化活动的全过程，更有效地推进农村基础教育信息化的进程。我们需要科学地针对农村基础教育信息化发展的评估指标体系和评估方法，只有通过对发展阶段和发展水平的绩效评估才能更好地引导和促进农村学校教育信息化的可持续的健康的发展。

（三）研究问题的确定

基于以上的分析，如何使农村基础教育信息化持续、稳定、快速的发展，迫切需要对农村基础教育信息化进行客观、公正的评价，通过评价的反馈来认识到信息化过程中存在的问题，制定相应的措施，推动和引导教育信息化沿着正确的方向高速前进。

为了能够整体地、全面客观地认识教育信息化的应用水平，确保和推动教育信息化的价值和可持续发展，教育工作者们开始关注教育信息化的绩效问题。建立科学、合理、完善的农村基础教育信息化绩效评估体系，已成为一种破解我国农村基础教育信息化面临的现实困境，也是进一步推动农村基础教育信息化可持续发展的有效策略和方法。

由此确定研究问题为：如何建立一套科学、合理、完善的农村基础教育信息化绩效评估体系，实现对农村基础教育信息化的绩效评估和问题诊断，最终为信息化的可持续健康发展提出发展策略。

研究问题的具体阐述：立足于我国农村基础教育信息化的现状，以解决我国农村基础教育信息化中的问题为目标，通过对农村基础教育信息化绩效评价的研究，特别是绩效评估模型和评估指标体系的研究，实现测量农村基础教育信息化绩效水平、诊断农村基础教育信息化发展中存在的问题并提出相应的发展策略，以期推动我国农村基础教育信息化沿着高效、务实的方向发展，为教育信息化决策机构提供决策依据。

二、农村基础教育信息化绩效评估研究的基本假设

研究假设是研究者根据经验事实和科学理论对所研究问题的规律或原因做出的一种推测性论断和假定性解释，是在进行研究之前预先设想的、暂定的理论。简单地说，即研究问题的暂时答案。

基于对有关文献资料的分析和前期取得的研究成果，建立了本研究的五个基本假设：

1. 教育信息化建设与发展需要考虑区域的特征与差异性。与城市基础教育相比，农村基础教育信息化的发展有着自身的规律和特性。

2. 差异性与不平衡性、发展水平状况复杂性和信息化主体需求多变性是农村基础教育信息化的重要特征。

3. 农村基础教育信息化的发展可以通过绩效水平建立其阶段性的表征。

4. 教育信息化的绩效水平受到多种因素的影响与制约，包括地域经济、文化、信息化参与主体自身特点以及支援性因素等。

5. 农村基础教育信息化系统具有耗散结构特征。

6. 影响因素的制约特性随着绩效水平的提升而变化，关键影响因素的"涨落"将带动农村基础教育信息化绩效水平的跃迁。

三、农村基础教育信息化绩效评估研究内容

围绕上述研究问题，结合研究假设，可以具体划分为如下几方面的研究内容：

（一）农村基础教育信息化绩效评估理论研究

目前，对于教育信息化绩效的研究还很不成熟，还没有统一的定义，对于其特性还没有深入的分析，这势必影响到教育信息化评估乃至推进工作的合理性与科学性。因此，深入探讨教育信息化绩效的本体理论及其进行评估的可行性，成为教育信息化评估领域重要的也是最基本的理论问题。

（二）系统观下农村基础教育信息化绩效与发展阶段研究

有关教育信息化发展阶段的问题，国内外许多学者从不同的视角对教育信息化发展阶段进行了阐释。联合国教科文组织（UNESCO）2005 年提出的信息技术与教育融合发展过程的四阶段（起步、应用、融合、创新）理论。在对农村基础教育信息化发展阶段划分的研究中，常见的是以诺兰模型或米

歇模型作为教育信息化发展阶段划分的依据，分为三阶段或四阶段。在本研究中，我们把农村基础教育信息化作为评估的研究对象，要考虑并论证把它看作系统进行研究的必要性和合理性；同时，根据绩效理论，具体研究农村基础教育信息化绩效内涵的界定、结构及其特征；通过对农村基础教育信息化系统五大要素的绩效在影响系统整体绩效提升过程中所处的不同层次进行分析，我们可以发现这种层次性在纵向发展上体现出阶段性的特征。基于农村基础教育信息化绩效提升的阶段性特征，可以将农村基础教育信息化的发展过程阶段化；依据耗散结构理论，并基于绩效提升的阶段性特征及行为特征进行农村基础教育信息化阶段的划分、跃迁和关键因素的分析，将绩效水平与发展阶段之间的关系做进一步的表征。这一部分的研究成果直接指导着绩效评估模型的建立，并从理论上论证了绩效视角下的信息化发展阶段的划分依据与动态发展的规律性。

（三）农村基础教育信息化现状调查研究

为了了解农村基础教育信息化的发展现状，给农村基础教育信息化绩效评估指标体系的建立提供依据，课题组从欠发达地区农村基础教育信息化主体需求现状、可持续发展现状及制约因素三个方面，通过问卷调查、实地考察和访谈等形式，选取各级各类农村中小学进行现状调查工作，经过数据的统计和分析获得农村基础教育信息化发展现状的第一手资料，为后续农村基础教育信息化绩效影响因素的研究和绩效评估指标体系具体指标项的抽取提供充分的参考依据和数据来源。

（四）农村基础教育信息化绩效评估模型研究

模型是人们按照科学研究的特定目的，在一定的假设条件下，用物质形式或思维形式再现原型客体的某种本质特征，诸如属性、结构等，用以推知客体的某种性质或规律。农村基础教育信息化绩效评估模型是对农村基础教育信息化进行绩效评估的理论模型。绩效评估模型通过对农村基础教育信息化系统复杂结构的抽象表征，用思维形式再现农村基础教育信息化发展的影响因素和绩效结构，在绩效视角下揭示出农村基础教育信息化系统的属性特征及结构层次，以揭示农村基础教育信息化系统的运行过程、运行结果和信息化业务价值的理论模型。

（五）农村基础教育信息化绩效评估体系研究

绩效评估体系是农村基础教育信息化绩效评估的关键部分和重要工具，根据评估结果可以测量农村基础教育信息化的绩效水平、判定农村基础教育信息化所处的发展阶段、诊断农村基础教育信息化发展中存在的问题并提出相应的发展策略。

绩效评估体系作为最终的评估工具，具体包括两部分内容，即绩效评估指标体系和绩效评估标准。指标体系是进行预测或评估研究的前提和基础，它是将抽象的研究对象按照其本质属性和特征的某一方面的标识分解成为具有行为化、可操作化的结构，并对指标体系中每一构成指标赋予相应权重的过程。评估标准是对评估指标进行价值判断的准则和尺度，包括评估期望标准、评估等级、描述性说明三个部分。最终为了实现农村基础教育信息化绩效评估体系这一工具的有效利用，课题组还对评估体系的应用方法进行研究。

（六）农村基础教育信息化绩效评估实施与结果分析

农村基础教育信息化绩效评估体系，是实现对农村中小学信息化绩效发展的测量、诊断及给出相应提升策略的有效测量工具。为了验证指标体系的可用性和诊断结果的准确性，同时也为了更加清楚地展示这一工具的应用过程、使用方法和数据结果分析方法，课题组选取案例学校开展绩效评估实施和结果分析的个案研究，具体包括调查问卷的编制和实施、访谈的开展、问卷数据的处理、统计结果的分析，最终实现对研究个案绩效水平的计算、发展阶段的确定、问题的分析诊断以及绩效提升策略的提出等完整的绩效评估实施过程和结果分析过程。这一部分研究内容将成为绩效评估体系这一测量工具使用的案例说明书，对后续农村中小学利用该评估体系开展各自的绩效评估提供有效的指导和帮助。各项研究内容及其关系具体如图 3－1 所示。

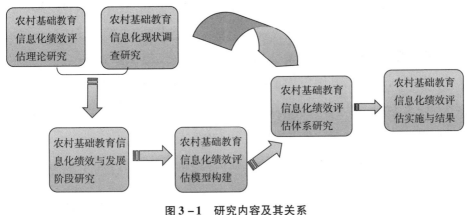

图 3-1　研究内容及其关系

四、农村基础教育信息化绩效评估研究方法

研究方法的选择要根据研究内容来确定。围绕上述具体研究内容，在研究方法的选择上坚持教育学、经济学、管理学、数学、统计学等多学科理论方法相结合，宏观、中观、微观多视角分析相结合，动态分析与静态分析相结合，定性分析与定量分析相结合，理论研究与实证分析相结合的原则展开严谨规范的科学研究。具体研究方法如下：

（一）研究框架的确定：文献分析法

文献分析法主要指搜集、鉴别、整理文献，并通过对文献的研究，形成对事实科学认识的方法。它主要用于在确定一定的选题后，围绕选题进行的大量文献搜集，在整理、鉴别和分析的基础上，获得相应的基础理论或最新的研究现状，为研究问题的发现、研究思路的确定等后续研究提供理论支持。

本研究理论支点的建立，主要基于对大量中外文献资料的阅读、梳理和分析。研究内容中农村基础教育信息化研究的现状、绩效理论、绩效评估理论及方法等各项研究内容都应用了文献分析的方法。

（二）农村基础教育信息化系统构成要素及绩效结构的确定：演绎法

演绎法或称演绎推理是指人们以一定的反映客观规律的理论认识为依据，

从服从该认识已知部分推知事物未知部分的思维方法，是由一般到个别的认识方法。演绎法是认识"隐性"知识的方法，是从普遍性结论或一般性事理推导出个别性结论的论证方法，是演绎推理在议论文中的运用。

本研究中，农村基础教育信息化系统构成要素的确定是根据国际 STaR 量表、SRF 指标体系和国家信息化系统及专家学者的研究成果演绎而来；农村基础教育信息化绩效结构是根据管理学领域绩效结构理论演绎而来。

（三）农村基础教育信息化绩效评估模型的建立：解释结构模型法

解释结构模型法（Interpretative Structural Modeling Method，ISM 方法）是现代系统工程中广泛应用的一种分析方法，它在揭示系统结构，尤其是分析教学资源内容结构和进行学习资源设计与开发研究、教学过程模式的探索等方面具有十分重要的作用，也是教育技术学研究中的一种专门研究方法。

本研究中，农村基础教育信息化绩效评估模型的建立采用了解释结构模型法。在模型建立阶段，运用解释结构模型法将复杂的系统分解为若干系统要素，通过建立系统要素的有向图、邻接矩阵和可达矩阵，再利用计算机技术将矩阵分解后建立结构模型，确定系统要素与绩效结构的关系，最终形成农村基础教育信息化绩效模型。

（四）农村基础教育信息化绩效评估指标体系的建立：指标分解法、层次分析法和德尔菲法

指标分解法是将一个相对复杂的指标分解成若干个子指标，再对每一个子指标进行研究，从而达到易于分析、便于实行的目的。常用的指标分解法有总分法和渐进法：总分法直接把核心数据拆分成若干个子指标，这些子指标组合起来就可得到核心数据；渐进法是按照数据之间的逻辑递进关系，逐次获得各项子指标，最后得出核心数据。

层次分析法，是指将一个复杂的多目标决策问题作为一个系统，将目标分解为多个目标或准则，进而分解为多指标（或准则、约束）的若干层次，通过定性指标模糊量化方法算出层次单排序（权数）和总排序，以作为目标（多指标）、多方案优化决策的系统方法。

德尔菲法，是采用背对背的通信方式征询专家小组成员的预测意见，经过几轮征询，使专家小组的预测意见趋于集中，最后做出符合市场未来发展趋势的预测结论。德尔菲法又名专家意见法或专家函询调查法，是依据系统的程序，采用匿名发表意见的方式，即团队成员之间不得互相讨论，不发生横向联系，只能与调查人员发生关系，以反复的填写问卷，以集结问卷填写人的共识及搜集各方意见，可用来构造团队沟通流程，应对复杂任务难题的管理技术。德尔菲法以专家作为采集信息的对象，依靠专家的知识和经验，由专家对问题做出判断，得到科学解决方案，是构建评估指标体系的一种科学、有效的方法。

本研究中，农村基础教育信息化绩效评估指标体系的建立应用了指标分解法、层次分析法和德尔菲法。农村基础教育信息化绩效评估模型的五个属性是农村基础教育信息化绩效评估指标体系的一级指标，利用指标分解法和层次分析法，同时参考农村基础教育信息化现状调查的研究成果，获取与农村基础教育信息化绩效评估模型中的效果、效率和效益维度有关的原始评估指标项，进一步厘清原始指标项间的因果关系及相关关系，进而确定二级指标及三级指标；利用德尔菲法对各级指标项进行优化、筛选并精简，再次利用层次分析法确定各级指标项的权重，最终确定农村基础教育信息化绩效评估指标体系。

（五）数据获取与分析的方法：问卷调查法、实地考察法及统计分析法

在收集资料中，最基本而又最常用的方法就是问卷调查法。问卷就是根据研究课题的需要而编制成的一套问题表格，由调查对象自填回答的一种收集资料的工具，同时又可以作为测量个人行为和态度倾向的测量手段。

实地考察法是从人类学中借用过来的定性研究方法。指为明白一个事物的真相和势态发展流程，而去实地进行直观的、局部进行详细的调查。本研究以我国东部发达地区的 S 市的农村基础教育信息化发展现状作为实地的考察对象。

统计分析法指通过对研究对象的规模、速度、范围、程度等数量关系的

分析研究，认识和揭示事物间的相互关系、变化规律和发展趋势，借以达到对事物的正确解释和预测的一种研究方法。

本研究中，农村基础教育信息化现状调查研究、农村基础教育信息化绩效评估体系的应用方法研究和绩效评估实施与结果分析等研究中，都需要进行数据的获取与分析，采用问卷设计、问卷实施、个别访谈、专题研讨和专家咨询等方式，对各个环节获取的第一手数据资料进行统计分析，利用数据分析结果辅助课题组决策分析，揭示农村基础教育信息化绩效现状、问题诊断以及发展策略的合理推断。

五、农村基础教育信息化绩效评估研究对象

农村基础教育信息化绩效评估，是一项系统而复杂的工作，不再是单单只考虑投入与产出的简单关系。研究对象不仅涉及具体的人和物，更涉及很多抽象要素，它是从绩效视角，将教育信息化各构成要素视为一个系统，用整体性、系统化的思想对学校信息化的过程和结果进行考查，全面分析学校教育信息化设备配置及使用、教学资源开发与利用、教师的信息化教育素养、校长的信息化领导力等因素的发展状况。具体研究对象包含如下两个层面：

（一）农村基础教育信息化系统

为了研究的全面性和完整性，有必要从系统的视角对农村基础教育信息化进行深入研究，着重从整体与部分（要素）之间以及整体与外部环境的相互联系、相互作用、相互制约的关系中，综合地、准确地考察对象，以达到最佳地处理和研究问题的目标。

教育是一个多要素构成的复杂系统。教育体系是教育系统的基础与静态内容的定义，教育实践是教育系统依据体系要求而进行的动态实施。教育系统是社会系统的一个重要子系统。农村基础教育信息化作为教育系统的子系统，也是一个由相互联系、相互作用的要素构成的具有特定功能的整体。为了寻找影响农村基础教育信息化绩效水平的影响因素，必然要对农村基础教育信息化系统各构成要素及其关系进行研究，同时，还要进一步确定农村基

础教育信息化系统各构成要素与绩效水平之间的关系。

（二）农村基础教育信息化实施过程

教育的过程观认为：教育是一个多过程并发且多过程相互作用的动态平衡系统，人才培养质量很大程度上受到教育过程质量的影响，教育过程是教育质量保证体系建设的重要内容之一。建立教育过程持续改进机制、通过质量监督确保教育过程的真正实施，是不断提高人才培养质量的有效途径。

教育信息化作为教育的一个重要方面，同样也是一个不断发展的动态过程和动态平衡系统。教育信息化是实现信息化教育的过程，既是教育环境和教育内容表达、呈现与传递的信息化过程，更是教育信息化参与者的教育思想、观念和信息素养发展变化的过程。

在考察教育信息化的绩效时，既要考虑教育信息化的成效，即目标达成情况，又要考虑目标达成的过程、方法以及教育系统内部各个领域参与人员的行为表现，教育信息化绩效是结果和行为的统一。因此，教育信息化的实施过程也是本研究的重点研究对象。

六、农村基础教育信息化绩效评估研究路线

教育科学研究的思维方式决定了研究问题的基本视角和方法，从根本上决定了研究的总体思路。农村基础教育信息化绩效评估体系构建及应用研究属于教育科学研究的范畴。对于教育绩效评估而言，无论是资源优化导向、人的发展导向，还是绩效管理导向的各种研究价值取向下的思维方式基本体现为两种，即评价性思维和创建性思维。评价性思维的研究注重对绩效评估本身的诊断与完善；创建性思维的研究则关注绩效评估方法的构建与拓展，是在对研究对象没有进行过绩效评估的前提下进行的绩效评估研究，或是在已有绩效评估的基础上以全新的视角进行的绩效评估研究，通过评估掌握研究对象的绩效现状，了解不同研究对象绩效差距产生的原因，以此改善研究对象的行为，提高绩效水平。创建性思维的研究在构建评价指标体系时更注重剖析影响评价对象绩效水平的因素，以此为依据进行评价指标体系的构建。

本研究主要采用资源（建设与应用）优化导向和人的发展导向二者兼有的价值取向和创建性思维方式，形成具体如图3-2的研究路线流程图。

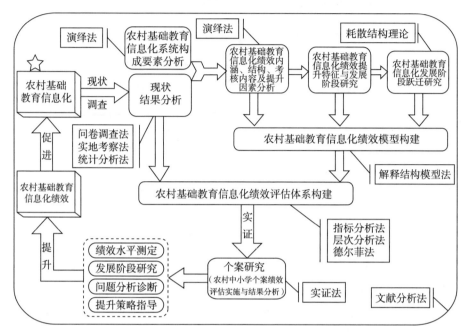

图3-2 研究路线流程图

第一，通过调查分析，全面认识我国农村基础教育信息化建设特征与应用效益的现状；阐述把农村基础教育信息化作为一个动态发展的系统认识的必要性和合理性；同时结合国家信息化系统构成要素及教育信息化影响因素等理论，分析农村基础教育信息化绩效内涵、结构、考核内容及提升因素。

第二，以系统理论、绩效理论、耗散结构理论、教育信息化理论等为理论基础，剖析农村基础教育信息化系统绩效提升的特征，确定基于绩效特征的农村基础教育信息化发展阶段及跃迁因素研究，为农村基础教育信息化绩效评估模型的建立提供支撑。

第三，依据农村基础教育信息化绩效影响因素、绩效结构与特征研究和农村基础教育信息化发展阶段与绩效研究成果建立农村基础教育信息化绩效评估模型。

第四，依据评估模型和农村基础教育信息化现状调查获得的数据进行绩效评估指标体系具体指标项的提炼和抽取，并通过科学的方法进行细化、表征和描述，最终构建出农村基础教育信息化绩效评估指标体系；对于评估标准的确定，研究人员假定国家重点示范学校处于农村基础教育信息化绩效发展的某一具体阶段，并依据其评估数据与实际数据的比较划分出其他等级阶段的评估标准；最高阶段的评估标准是本研究假定的信息化绩效期望标准。

第五，根据所构建的绩效评估体系进行具体的应用研究和实证研究，选择某区域的某个农村学校进行评估指标体系的绩效评估实施和结果分析。这部分内容可以清楚地验证指标体系的可用性和诊断结果的可达性，同时展示出评估体系的应用过程、使用方法和数据结果分析方法，包括调查问卷的编制和实施、访谈的开展、问卷数据的处理、统计结果的分析，最终实现对研究个案绩效水平值的计算、发展阶段的确定、问题的分析诊断以及绩效提升策略的提出等完整的绩效评估实施过程和结果分析过程，对后续农村中小学开展各自的绩效评估提供有效指导和帮助。

中 篇

农村基础教育信息化绩效模型及指标体系

第四章 农村基础教育信息化
发展现状调查研究

"校校通"和"农远"等工程已实施十年有余，我国许多农村中小学信息化基础设施实现了从无到有的转变，部分地区实现了跨越式发展。然而，由于地域及经济差异等原因，一些深层次的矛盾和问题也随之凸显。时至今日，农村各地区中小学信息化基础设施建设情况究竟如何？其设备使用情况如何？制约其发展的瓶颈是什么？对于这些问题的回答将有助于各地区、各阶层的教育信息化相关人员了解目前农村基础教育信息化的发展现状，为其决策的制定提供依据。同时，也为农村基础教育信息化绩效评估指标体系的建立提供现实的依据。

一、调查研究的目的与意义

本调查的目的设定如下：

1. 掌握欠发达地区农村基础教育信息化主体需求现状

2. 掌握欠发达地区农村基础教育信息化可持续发展现状

3. 分析欠发达地区农村基础教育信息化发展的制约因素

二、调查研究过程与方法

本调查研究试图从主体需求和可持续发展两方面，考察农村基础教育信息化的现状、分析制约发展的因素。具体过程和方法如下：

（一）研究框架的确立

依据前文所分析的教育信息化系统属性以及农村基础教育信息化系统的特殊性，建立本调查研究的框架如图 4-1 所示。

农村基础教育信息化系统由信息化基础设施、信息化资源、信息化保障、信息化应用、信息化主体等五部分构成。农村基础教育信息化的主体包括校长、信息技术教师、学科教师和学生。研究以这四类主体为对象，调查其对系统各要素的需求情况，并从农村基础教育信息化的五个构成部分透视可持续发展现状。

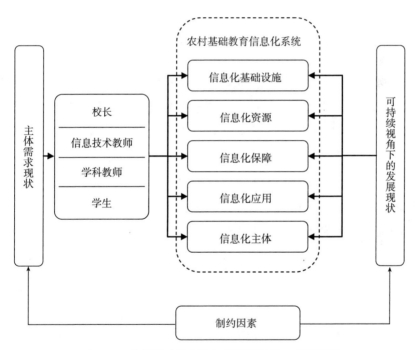

图 4-1　农村基础教育信息化发展现状研究框架图

（二）研究方法与对象的选取

本研究采取类型抽样和整群抽样相结合的调查方法，以保证调查的有效性和三角互证。调查对象在安徽、贵州、湖北、四川、江西、新疆、宁夏、内蒙古 8 个省/自治区内共 80 所学校选取，以确保调查的覆盖面。具体抽取原则为：每省/自治区抽取 2 个欠发达县，每个县选择村小学、乡/镇小学、县小学、乡/镇初中和县初中各 1 所，调查对象选取的情况见表 4 - 1。

表 4 - 1　调查对象选取人数情况

学校类别	校长	信息技术教师	学科教师	学生
村小	1 人	全体	10 人	5 年级全体
乡小	1 人	全体	10 人	5 年级 15 人
县小	1 人	全体	10 人	5 年级 15 人
乡中	1 人	全体	15 人	2 年级 20 人
县中	1 人	全体	15 人	2 年级 20 人

（三）问卷的设计

本研究按校长、信息技术教师、学科教师和学生四个类别设计了农村基础教育信息化的调查问卷。对校长、信息技术教师、学科教师的调查内容主要涉及信息化基础设施建设、资源建设及使用、信息化保障、教育信息化应用、主体信息素养这五个方面；对学生的调查内容主要涉及信息化学习环境、信息技术学习内容、利用信息技术的需求等方面。问卷题目包括单项选择、多项选择和开放式等结构，每类问卷不超过 25 个问题。

为保证问卷的有效性，在正式调查之前实施了预调查，依据预调查的分析对问卷中存在的技术问题进行了调整。

（四）数据的收集与整理

正式调查于 2008 年 12 月开始，截止于 2009 年 3 月。为保证问卷的回收率和有效性，本研究通过 8 省/自治区的课题合作者负责组织调查活动。本次调查共计发放各类问卷 2680 份，实际回收有效问卷 2386 份。对于所回收的数据，通过 SPSS 软件进行录入、存储和统计分析，具体包括问卷的有效率、频数、均值等分析。问卷总体发放与回收情况见表 4 - 2。

表4-2　问卷发放及回收有效问卷总体情况统计表

问卷类别	发放问卷数	回收有效问卷数	
		份数	有效率
校长	80	71	88.6%
信息技术教师	200	159	79.5%
学科教师	800	703	87.9%
学生	1600	1453	90.8%

各类学校的问卷发放与回收具体情况见表4-3。

表4-3　问卷发放及回收有效问卷分类情况统计表

问卷类别	有效问卷数	县中	乡中	县小	乡小	村小
校长	71	16	14	13	16	12
信息技术教师	159	37	27	34	40	21
学科教师	703	172	188	117	123	103
学生	1453	273	300	193	343	344

（五）数据的统计与分析

首先，利用 SPSS 软件分别对不同类别的有效问卷进行数据统计，然后将四组问卷数据进行核对比照，从信息化基础设施现状、信息化资源现状、信息化保障现状、信息化应用现状和信息化主体现状等五个方面对数据进行基本分析。在此基础上，深入分析主体的需求、可持续发展的现状及其影响因素。

三、调查研究的发现与结论

（一）农村基础教育信息化主体需求的现状与分析

信息化主体是农村基础教育信息化系统的重要组成部分，教育信息化的过程不仅是技术化的过程，也是人信息化的过程。教育信息化的最终目标是实现人的信息化，为了实现这一目标，需要帮助其参与主体建立与形成适切的教育信息化真实需求，最终满足其参与主体的发展需求。

学校教育信息化的参与主体主要包括校长、教师和学生，他们是影响学校教育信息化全面、可持续发展的重要因素。教育信息化的过程如果尊重其真实需求，就会得到支持；如果无视其真实需求的客观性和差异性，就会导致其信息化进程受到阻碍，影响教育信息化系统的良好运作，使教育信息化流于形式。

1. 主体需求现状

校长、学科教师、学生为农村基础教育信息化发展的参与主体，在研究中对这三类主体的需求进行了详细的调查，其需求现状如下：

（1）校长需求现状

调研结果发现，欠发达地区农村中小学校长对教育信息化的需求最集中的表达在资源、保障等方面，具体如下：

①期待必需的软硬件资源得到进一步完善

令人欣喜的是被调查的所有学校都配备了计算机，但计算机的数量、配置和联网状况还不能满足教师教学、学生学习和学校信息化发展的需求。调查显示，95.8%的校长期待增加计算机的数量。对于已有的设备，67.6%的校长认为，需要集中资金对其进行改善（见图4-2），这说明目前农村学校在硬件设备方面仍然是比较紧缺，即使具备硬件设备的学校，多数设备也较为陈旧，需要对其进行换代升级。60.6%的校长希望更有效落实"校校通"和"农远"工程等针对农村的措施，这些都从一定程度上反映出了"农远"工程等实施的有效性有待加强。

在开放性问题中，一些校长认为目前最需要解决的是信息化资源供给与学校硬件设施建设相适应的问题。如果学校没有宽带，无法利用网上资源，那么教师们的需求就会转移到与硬件能够相配套的设备，比如课本光盘等上面来。

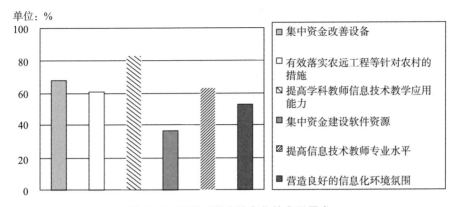

图4-2　校长对教育信息化的发展需求

②最需要资金的分配及落实

资金是教育信息化建设的重要保障，充足的资金是进行软硬件资源建设、为教师提供各种培训等的前提。在农村基础教育信息化不断推进的过程中，资金也成为学校发展最为迫切的需求之一。从调查结果来看，无论是信息化设备维护还是软件资源的建设，都受到了资金不足的限制。如图4-3所示，84.5%的校长认为学校在信息化设备维护上存在的困难是缺少必要的经费；而在软件资源建设方面，如图4-4所示，84.1%的校长认为经费是第一急需解决的问题。

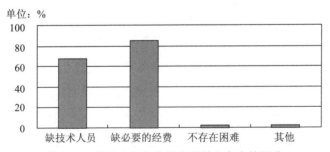

图4-3　学校在信息化设备维护上存在的困难

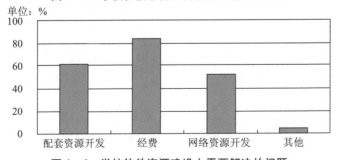

图4-4　学校软件资源建设上需要解决的问题

③最需要上级部门的多层面支援

如图4-5所示，在学校信息化的外部支持需求方面，95.8%的校长最需要上级行政如政府、财政等部门的支援，90.1%的校长希望得到上级教育主管部门的支援。他们希望多进行培训方面的服务，减少检查的次数，在配备设备时不对小县城学校"入另册"。他们认为虽然是县城，但经费上与农村学校应该一样，因为这些县城学校有50%的学生来自农村，如果设备缺乏，进行信息化教学将是空话。

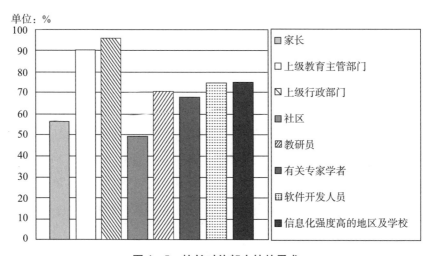

图4-5 校长对外部支持的需求

④愿意学习发达地区学校的信息化建设和管理经验

调查结果显示，在提升学校信息化建设领导力的需求方面，70.4%的校长最愿意学习发达地区学校信息化建设和管理的经验。越是条件比较好的学校，这种需求越为突出，如图4-6所示，县小需求为69.2%，乡中和县中需求最高，分别为85.7%和81.3%，而在条件较差的村小和乡小，这种需求仅为58.3%和56.3%。这充分说明，农村中小学的教育信息化发展需求存在着差异性，这种差异性主要来源于各自所处的教育信息化发展阶段不同。对于乡中和县中，由于其教育信息化发展程度较好，与之相适切的发达地区学校的经验就比较受到校长的重视；而对于乡小和村小，由于其教育信息化程度较低，发达地区的学校和他们的差异性过大，故对于发达地区学校的经验需求就较小。

单位：%

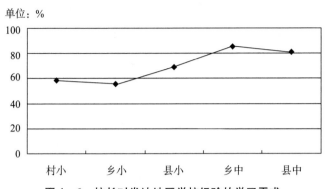

图4－6　校长对发达地区学校经验的学习需求

⑤最需要发展学科教师的信息化教学能力

教育信息化的主要实现途径是开设信息技术课程和信息技术在学科教学中的应用。学科教师的信息技术应用意识和水平影响着学校信息化水平和学生信息素养水平。如图4－2所示，在学校教育信息化发展战略中，83.1%的校长最需要的是提高学科教师信息技术教学应用的能力。说明在硬件建设的大潮和软件资源开发的浪潮中，学校教育信息化主体的制约性凸显，学科教师的信息化教学能力成为农村学校教育信息化发展的主要内在屏障。

校长的教育信息化需求倾向与目前农村中小学软硬件资源配备的改进以及当前国家对农村中小学教育信息化的重视有密切关系。虽然农村中小学的软硬件资源与实际需要相比仍显缺乏，但是学校总体信息化环境已经初步具备。因此，如何实施好信息化教学成为重要的问题。

⑥最希望增加信息技术教师的数量和提高专业水平

信息技术教师和专业信息技术人员是学校教育信息化进程中的主要技术力量，其数量缺乏是制约农村学校信息化发展的重要因素。

在校长问卷中，对信息技术教师数量需求的调查结果显示，总体上有73.2%的校长有对信息技术教师数量增加的需求。其中，91.7%的村小校长表示学校非常需要信息技术教师。另外，校长对信息技术教师的专业能力发展也有着明显的需求，具体表现为信息技术课程教学存在困难和不能为学科教师提供有效的技术支持，分别占校长总调查人数的59.7%和53.7%，见表4－4。

表4-4 校长对信息技术教师能力发展的需求

主要方面	选项数量	百分比（%）
信息技术课程教学	40	59.7
学校信息化规划能力	21	31.3
为学科教师提供有效的技术支持	36	53.7
其他	8	11.9

在教育信息化进程中，信息技术教师有别于其他学科教师，在教学外要能够为学校和学科教师提供有效的技术支持。但事实上，在农村学校这样的教师寥寥无几，有相当一部分校长指出，信息技术教师的实际操作能力和日常维护能力远远不能适应需要，他们专业素质的提高将成为教育信息化的重要需求。

⑦希望提升自身基本信息素养

在基础教育信息化推进过程中，校长作为学校教育信息化发展的主要决策者，其信息化领导力的发展基础——信息素养被越来越多的关注。信息素养由信息知识和技能、信息意识和态度、信息技术应用等部分组成。就校长自身来看，73.2%的被调查校长最需要掌握和了解这些基本知识、基本操作和应用，这种提升基本知识和技能的需要说明农村中小学校长的信息素养发展处于较低层面，会影响到学校教育信息化的发展。

（2）学科教师需求现状

调研结果发现，欠发达地区农村中小学学科教师对信息化的需求主要体现为信息化教学环境需求、自我学习需求、学校文化需求等方面。具体如下：

①期待设备条件和设备开放

图4-7显示了学科教师对信息化教学条件的需求情况，可以看出，最期待的是设备数量的满足，调查表明有71.9%的教师都希望能够多购置些设备。对于已有的设备，教师普遍认为开放程度不够，57.1%的教师有设备向教师开放的需求。这一调查结果与校长的需求相一致，说明目前农村欠发达地区对于设备仍然有较大的需求，并且，如何有效地使用已有的设备也是现存的问题之一。

单位：%

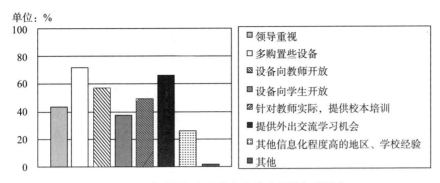

- ▨ 领导重视
- ▢ 多购置些设备
- ▨ 设备向教师开放
- ▩ 设备向学生开放
- ▨ 针对教师实际，提供校本培训
- ■ 提供外出交流学习机会
- ▨ 其他信息化程度高的地区、学校经验
- ■ 其他

图4－7　学科教师信息技术教学应用的条件需求

②期待使用多媒体课件及网络资源

农远工程的实施使得光盘、录像等教学资源得到了一定程度的普及，74.2%的教师所在学校都有光盘资源。在低层次教学资源得以满足的条件下，教师对资源的需求逐渐转向多媒体课件及网络资源这种复杂程度较高、更新较快的高层次教学资源。如图4－8所示，在对于信息技术资源的需求期待调查中，仅有28.9%和26.3%的教师选择了录像和光盘，而有61%和59.1%的教师选择了多媒体课件和网络资源。这一方面说明教师充分认识到多媒体课件和网络资源在教学中的优势所在，另一方面也说明目前这类资源仍然处于较为紧缺的状态。

单位：%

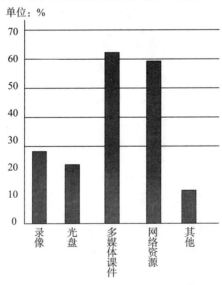

图4－8　学科教师在教学中对信息技术资源的需求情况

③最需要通过培训来提高信息技术应用水平

调查结果显示，目前教师普遍认识到了信息技术教学应用的重要性，对于如何提高信息技术应用水平，教师的需求也非常统一。如图4-7所示，有66.3%的教师需要学校提供外出交流的学习机会，这一需求仅次于对设备的需求。这一调查结果在另一调查项目中也得到了验证，如图4-9所示，调查结果显示，高达76.2%的教师都希望通过培训来提高自己的信息技术教学应用水平，这说明教师对培训有迫切的需求。目前的调查结果显示，对于农村欠发达地区，教师获得培训的机会非常少，如图4-10所示，有25.7%的教师没参加过培训，仅有14.8%的教师参加过市级培训，对于省级、国家级培训，教师参加的就更少，统计结果分别是4.2%和3.4%。这反映出目前的培训不仅不能满足教师对于培训次数的需求，更不能满足教师对于培训质量的需求。

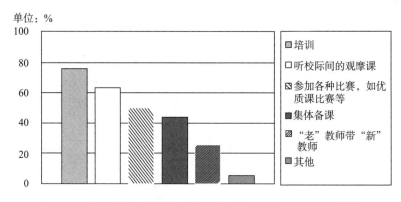

图4-9　学科教师对提高信息技术教学应用水平途径的需求情况

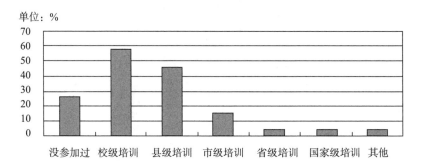

图4-10　学科教师参加信息技术知识与技能的培训情况

④更希望在培训中学习信息化教学的实践方法

教师对于教育信息化培训的内容需求，如图4－11所示，在这五方面的信息化学习内容需求中，学科教师最需要的是学习信息技术应用于教学的实践方法，占调查总人数的74.8%，这说明目前如何将信息技术应用于教学实践成为学科教师最需解决的问题。仅仅具备资源是教育信息化的起点，而对资源的使用才是教育信息化得以进一步发展的途径。教师对此需求高，说明多数教师认识到了仅仅有资源是不够的，更重要的是如何在教学中使用。

值得注意的是，仍然有47.2%的教师需要学习基本的操作技能，这与农村欠发达地区的学科教师信息素养较低有密切的关联。

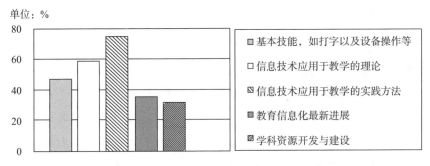

单位：%

- 基本技能，如打字以及设备操作等
- 信息技术应用于教学的理论
- 信息技术应用于教学的实践方法
- 教育信息化最新进展
- 学科资源开发与建设

图4－11　学科教师对教育信息化培训内容的需求

⑤最渴望与同行进行交流

对于提高信息技术教学应用水平的需求，除培训外，教师对于同行之间的交流是最为渴望的。调查显示（如图4－9所示），有63.1%的教师希望通过听校际间的观摩课来提高自己的信息技术应用水平，仅次于培训。在培训形式上，教师也热衷于同行交流，调查结果如图4－12所示，有67%的教师希望以同行交流的形式来进行培训。这一结果与目前农村欠发达地区信息较为闭塞，与外界交流机会较少有关。同时，也表达了教师渴望与外界进行接触，了解外界信息的急切心情。

教师对于培训形式的另一需求是现场指导，占总人数的65.9%。从这一结果来看，传统专家讲授的培训形式并不能完全满足教师的需求，而实用性比较强的现场指导是教师更为需求的形式。以往的专家讲授的形式，教师很难与专家有所交互，而通过现场指导，教师能够与专家面对面地进行交流。

这也从一个侧面说明了教师渴望与他人，如专家等进行交流。

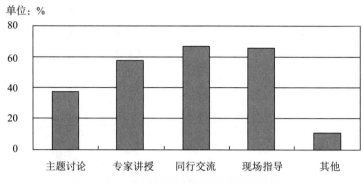

图4－12　学科教师对培训形式的需求情况

（3）学生需求现状

调研结果发现，欠发达地区农村中小学生对教育信息化方面的需求表达主要集中在以下几个方面：

①最期待能够利用网络与外界交流、开阔视野

调查数据显示，欠发达地区农村中小学生对于计算机、网络的首要期待是能够使用它们与外界进行交流、开阔视野。由于欠发达地区农村环境较为闭塞，学生与外界接触较少，而儿童阶段正是人类探求知识，对未知进行探索渴望最为浓烈的阶段，因此，与外界交流、开阔视野成为欠发达地区中小学生最为重要的需求。调查结果如图4－13所示，75.8%的学生最期待能够通过学校的计算机网络开阔视野。

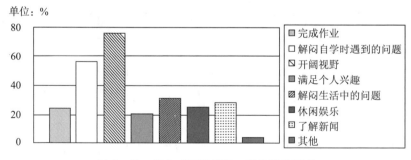

图4－13　学生对于计算机、网络等的需求

相应的调查结果也体现在对信息技术课程学习内容的期待上，有50.9%的学生希望在信息技术课上学习如何利用技术与他人合作交流的方法，占总

人数的一半以上。这说明学生利用信息技术进行交流的兴趣需求激发了学习动机，使学生对于如何利用信息技术进行交流产生了学习需求。在物质条件具备的情况下，合理的利用这一需求，可以快速提高学生的信息素养水平。

②最想在学习过程中利用课件和网络资源

目前，欠发达地区农村中小学生已经认识到信息技术对于学习的重要作用，调查结果显示，75.6%的学生认为在学习中需要使用计算机；77.1%的学生认为，信息化资源如果能够满足其需要，会对其学习有所帮助。

对于学习过程中所利用的信息化资源的类型，学生的需求主要集中在计算机课件和网络资源上，分别占57.8%和57.6%（见图4-14），均占半数以上。对于录像、光盘等较为传统的信息化资源则需求较低。这说明随着技术的不断更新，网络化资源、多媒体类资源已成为学生学习的重要需求。

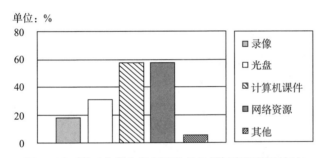

图4-14　学习中学生想利用的信息学习资源情况统计

③最期望进一步提高信息技术技能

如图4-15显示，在信息技术课上，学生最需要学习的是计算机操作方法，占调查学生的66%。目前欠发达地区农村的中小学生对于信息技术学习内容的需求主要是从实际出发，如前所述，学生在学习中对于信息化学习资源的需求主要集中在计算机课件和网络资源上。然而，在利用网络等进行学习时，有半数以上学生遇到了不能熟练操作计算机这一困难。一方面是迫切需要利用信息技术技能解决学习、生活中的问题；另一方面是信息技术技能水平较低，这就使得学生对于提高信息技术技能产生了急切的需求。

除这一需要外，学习如何利用信息技术手段进行交流的需求也较高，占到了50.9%，这与农村学生渴望与外界进行交流有关。

单位：%

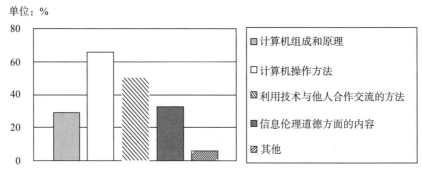

图4-15　学生对信息技术学习内容的需求

④最渴望与自己生活贴近的信息技术课程教学

学生对于信息技术课程教材的看法比较一致，80%以上的学生都希望所学内容能更加贴近所在地区的生活实际，教材内容更实用一些。与其他问题显示出的差异性不同，这一问题的回答在村小、乡小、县小、乡中、县中体现了高度的一致性，所有类型的学生需求均在80%以上。这说明，目前的信息技术课程学习与欠发达农村地区的生活实际还有一定距离，农村学生迫切需要切合他们生活实际的、具有实用价值的信息技术课程教学。

⑤最希望老师在课堂上利用信息技术手段解决重难点问题

利用信息技术解决教学中的重难点问题是信息技术最重要的教学应用，欠发达地区农村中小学生也普遍对此需求迫切。有60.1%的学生希望教师在课堂上利用信息技术手段解决教学中的重点内容，有54.4%的学生希望教师在课堂上利用信息技术手段解决教学中的难点内容。相反的对于利用信息技术手段展示教学内容，播放音乐、动画等，学生的需求则比较低。这一结果无论在较为活泼的小学生中还是较为成熟的中学生中均为如此，这说明学生的需求具有很强的实用性，渴望信息技术成为解决学习中关键问题的有效手段。

2. 主体需求特征分析

通过调查发现，相同主体在不同地区和类型的学校中对教育信息化的需求有一定差异，并体现以下特征：

（1）主体需求的差异性

①校长需求的差异性

作为学校信息化建设的组织者和领导者，校长的信息素养会在一定程度上影响学校教育信息化进程的决策。

图4-16显示，不同背景因素导致农村校长对不同层面的信息素养需求存在差异。

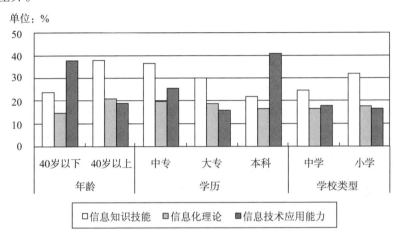

图4-16　不同背景下农村校长对信息素养的需求状况

总的来看，以年龄为界，校长信息素养方面需求的差异最为显著。但是，结合中国农村教育的现状与种种历史因素来考虑，我们更倾向于将这一差异归结为农村校长不同年龄层次对应的相对明晰的文化背景差异，而非年龄差异导致。而受学历因素影响的需求差异也印证了这一点。本科学历的校长较为看重信息技术应用能力，而中专学历的校长则较为看重基本的信息知识技能。学校类型差异则对需求状况的影响不大，鉴于此，我们初步认为校长的文化背景因素对其信息素养需求的影响起决定性作用。

②教师需求的差异性

教师是信息化教学活动的主要实施者，他们的信息素养会反映在课堂和学生身上，满足和发展他们的信息素养需求可以最大限度地提高信息化参与主体整体的信息素养发展水平。

比较不同地区小学教师应用信息技术教学的出发点（见图4-17），能够看到这些出发点的一致性，因此，教师对信息素养需求的层次性可能并非由需求产生。

单位：%

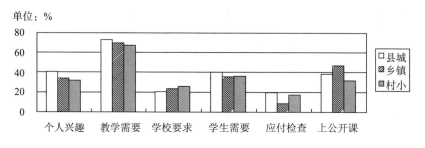

图 4-17　教师应用信息技术教学的出发点

而调查表明，地区发展程度越高，教师对信息素养的需求就越迫切。然而在对信息化知识技能提高上这一需求却与整体需求相反。这一状况与教师的学历、年龄和学校的信息化设备配置有很大的关系。同时，联系前面的关于农村校长的信息素养需求状况来看这个问题，会更容易理清其中的潜在联系——高学历人才对信息化知识技能的需求普遍较低，他们更重视信息技术应用能力。由于应用的前提是技能的熟练应用，因此可以这样解读，这种差异源于高学历人才普遍具有相对较高的信息知识技能，所以比起技能的提高更重视技能的应用。

（2）主体需求的潜在性

教育信息化发展的不均衡体现在城乡之间、发达和欠发达地区之间，也体现在不同的欠发达地区之间。本次调查共涉及五个行政区——华北、华东、华中、西北和西南，各地区间教育信息化参与主体在信息化基础设施、信息化资源建设、信息化教学、师资信息素养等方面的需求存在着明显差别。然而，在明显的需求差别表象下还隐藏着这些地区农村教育信息化参与主体的潜在需求。

①校长对学校信息化发展的潜在需求

不同地区校长对信息化发展需求程度的不同是学校信息化发展需求地区差异的具体体现，且总体表现出较大的地域差异（见图 4-18）。但其中不乏相同点，除华东地区外其他地区都将提高学科教师信息化教学能力放在首位，这充分体现了校长心目中教师在学校信息化发展中的重要地位。而相对软件资源建设，各地区的校长们都更愿意将资金用来改善硬件。这种倾向昭示着校长对学校信息化发展的潜在需求——更新目前拥有的硬件设备以满足快速发展的需要。另一方面预示着拥有更优良硬件设备的学校在软件资源提升方面的潜在需求——使之与硬件设备相适配以跟上发展步伐。忽视潜在需求的存在和延迟对潜在需求的满足都有可能减缓学校信息化发展的脚步，甚至成为限制发展的因素。

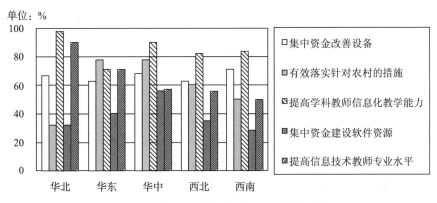

图4-18　校长对学校信息化发展的潜在需求

②校长对培训内容的潜在需求

培训是提高校长对学校信息化领导力和信息素养的重要途径。图4-19显示，对培训内容需求的选择上，各地校长各有侧重。然而，在充满个性化选择的图表中却反映出现阶段校长对培训内容的潜在需求。整体来看，校长们更愿意接受实用性知识，而对信息化建设的管理及政策法规兴趣不大。这种倾向于在信息化培训中层次较低的学习内容意向，恰恰反映出以往对农村校长们信息化学习需求关注的缺失和对其基本信息素养发展的忽视。提高校长

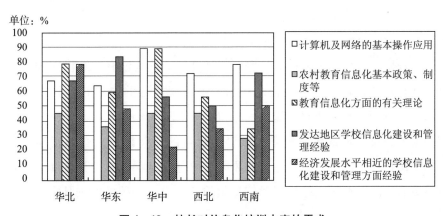

图4-19　校长对信息化培训内容的需求

们信息化建设的领导水平，基础在其信息素养，在充分认识和理解信息素养需求的前提下，他们才有可能更好地提升学校信息化的领导能力，进而推动学校信息化的可持续发展，最终促进参与主体特别是学生信息素养的全面发展。因此，农村校长对信息化培训内容方面存在着潜在需求，就是他们需要在提高自身信息素养的基础上学习教育信息化的基本理论和理解教育信息化真正意义。发现并及时满足这些潜在需求，是欠发达地区农村学校教育信息化可持续发展的保证。

（3）主体需求的特殊性

欠发达地区农村中小学教育信息化的参与主体，由于经济、文化、历史背景和现实发展状况的影响，其在教育信息化的需求方面存在一定的特殊性。

①教师培训制度建立需求的特殊性

调查数据显示，目前农村中小学有90%以上的教师没有参加过县级以上的培训，少量教师参加过教研中心举办的培训，而校级培训基本没有或流于形式。为了使信息化教学有效实施，迫切需要根据农村教师群体的特殊需求完善培训制度、增加培训机会、加大培训管理力度。对于校长而言，制定关于需求特殊性的行之有效的教师培训奖惩制度、教师培训长效管理机制、教师信息化教学制度，不仅能及时满足教师的真实需求，更有利于提高教师教育信息化需求水平，促进学校教育信息化可持续发展。

②复杂环境下学生需求的特殊性

主体生活于一定的环境中，环境的多样性、复杂性决定了主体需求的具体性和特殊性。学校以及家庭信息化环境的不完善和不具备导致目前欠发达地区农村学生对信息素养需求存在特殊性，即信息素养发展需求水平过低。

调查显示，有学生把计算机等同于计算器，认为没有计算机同样可以完成老师布置的作业，学生在信息技术课上希望学习的内容是计算机操作方法如打字画图等最基本的信息技术技能，有27.3%的学生认为没有必要上网。可见，欠发达地区农村学校教育信息化的深化推进，必须正确认识农村学生信息素养需求的特殊性及其原因，通过信息化教学的开展和信息化学习环境的营造，不断唤起他们对信息化的新需求，并积极促进其需求水平的提升。

（4）主体需求的现实性

主体需求的现实性，是指主体教育需求受到一个国家和地区教育的发展状况、个体自身的发展状况、家庭经济条件等因素制约，使得地区教育的发展状况限制了主体教育选择的自由度。

①校长需求的现实性

在农村基础教育信息化推进过程中，制约发展的主要因素始终被认为是投入不足、设备不够、资源匮乏。随着信息化进程的不断推进，校长的观念也在发生转变，他们逐渐意识到资金短缺仅仅是延迟推进信息化的借口，教师信息化教学能力的提高才是推动农村学校信息化进程的主要动力。

调查表明，大部分农村中小学校长把今后一段时间学校信息化发展战略的最大需求确定为提高教师的信息化教学能力和提高信息技术教师专业水平，而不是增加投入，如图4-18所示。这说明农村校长对发展学校信息化需求的现实性——即便在战略需求中也倾向于完善硬件设备，但是迫于缺乏资金的现实压力致使在实施时的选择也变得更为现实。

②教师需求的现实性

软件是信息技术应用于教学的重要媒介，优秀的软件资源可以为教学内容呈现、教学方式方法选用提供更好的选择。由于农村学校信息化资源匮乏，使得软件资源的来源途径受限，从而导致其在信息化需求方面的现实性。调查显示，欠发达农村教师对网络资源的需求低于光盘和录像，这在发达地区的教师是难以想象的。

（二）农村基础教育信息化可持续发展的问题与分析

依据可持续发展的理论，从整体协调性、可持续性、公平性和人本性等四个方面对设施、资源、保障、信息化应用、主体等方面的调查数据进行分析，发现欠发达地区农村基础教育信息化可持续发展状况及问题如下：

1. 发展的整体协调性：学校内部主体因素之间以及主体和现实条件之间都存在明显的不协调

学校内部主体是指校长、教师以及学生，他们是影响农村基础教育信息化可持续发展的重要因素之一，其信息化观念和信息素养之间的不协调具体表现为教育信息化观念比较先进，但自身信息素养普遍偏低。这种状况的产生很大程度是由于农村当地信息化条件限制的结果。

（1）校长的教育信息化观念与自身信息素养之间不协调

校长是学校信息化建设的领导者，校长的教育信息化观念对学校信息化的协调发展具有导向作用。然而由于欠发达地区农村现实条件的限制，校长的教育信息化观念与其自身的信息素养发展不一致，学校的信息化条件制约了校长信息素养的提高。在校长问卷中，对"您认为，学校信息化建设水平的高低对办学质量的影响"的回答结果为57.7%的校长认为影响"非常大"，35.2%的校长认为"比较大"，只有7.1%的校长认为"不大"或"没有关系"，这表明校长普遍对学校发展教育信息化具有积极的认同意识。

在校长问卷中，对"您希望在基础教育信息化培训中学到哪些内容"的调查统计结果见图4-20。

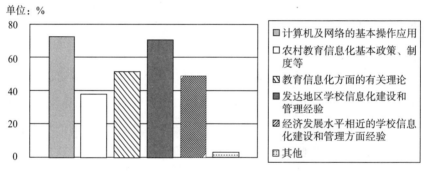

单位：%

- 计算机及网络的基本操作应用
- 农村教育信息化基本政策、制度等
- 教育信息化方面的有关理论
- 发达地区学校信息化建设和管理经验
- 经济发展水平相近的学校信息化建设和管理方面经验
- 其他

图4-20 校长希望在基础教育信息化培训中学到的内容

校长们在"计算机及网络的基本操作应用"（占73.2%）、"发达地区的学校信息化建设和管理经验"（占70.4%）、"教育信息化方面的有关理论"（占52.1%）、"经济发展水平相近的学校信息化建设和管理方面经验"（占49.3%）和"农村教育信息化基本政策、制度等"（占38%）等方面都希望能够进一步学习，这说明了欠发达地区农村中小学校长对信息化知识和能力的重视。与此同时，有高达73.2%的校长希望学习"计算机及网络的基本操作应用"，占所有选项的第一位，这也反映出目前校长的信息素养并不理想。

对于校长上网情况的调查结果显示，有近1/4的农村中小学校长不经常上网，对不上网的原因进行调查，显示出了如表4-5所示的结果。

表4-5　校长不上网原因

	没有必要	不会上网	没有条件	没有时间	其他
频数	0	4	19	16	4
百分比（%）	0	12.5	59.4	50.0	12.5

通过表4-5数据可以看出，在被调查的各类农村中小学中，有19所学校的校长没有条件上网，有4位小学校长竟然不会上网，这说明欠发达地区农村基础教育信息化条件滞后，制约了校长信息素养的提升。

受信息化条件的限制，农村校长的信息素养普遍偏低，但在这样的情况下，校长的较为先进的教育信息化观念是如何形成的呢？近年来从中央到地方关于教育信息化的大力宣传以及"农远""校校通"等农村教育信息化工程的逐步落实，应该是其主要的推动力。

（2）学生需求与农村信息化环境、教师的信息技术教学应用能力之间不协调

学生是教育信息化的直接受益者，教育信息化应首先满足学生的需求。对学生的调查显示，近3/4的农村学生表达了在学习中对计算机的需求，见表4-6。同时，在被问到"你希望通过什么途径学习计算机、网络方面的内容"时，有60.4%的学生选择上信息技术课，见图4-21。

表4-6　学生在学习中对计算机的需求情况

	需要	不需要
频数	1098	355
百分比（%）	75.6	24.4

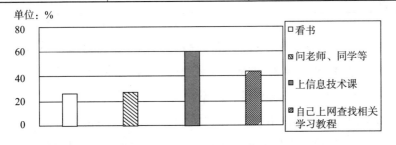

单位：%

图例：
□ 看书
▨ 问老师、同学等
■ 上信息技术课
▨ 自己上网查找相关学习教程

图4-21　学生希望学习信息技术的途径

然而，对于学生的这些基本需求，欠发达地区的学校和家庭却不能给予满足。尽管农远工程在一定程度上解决了欠发达地区农村学校的硬件配置问题，但仍然不能满足学生们的需求。就连信息技术课，也无法实现每名学生独立使用一台电脑。调查显示仅有 13.8% 的信息技术课程中能够一人使用一台电脑，50.9% 的两人使用一台，甚至存在三人以上合用一台的情况，数据高达 35.3%。学生没有计算机可用的情况在家庭也仍然得不到改善，仅有22.2% 的学生家里有电脑。对于这些农村学生，使用计算机尚且困难，其使用网络就更加困难。调查结果显示有超过 60% 的学生是基本不上网的。

一方面是学生对于信息技术应用的高需求，另一方面则是硬件环境的处处受限，这就造成学生的基本需求难以得到满足。

同样的情况也出现在软件资源上，学生普遍表示，希望能够在课堂上利用信息化资源进行学习。对"你希望老师在课堂上利用光盘、课件等做什么"的回答集中于"展示老师讲的重点内容"（占 60.1%）和"展示老师讲的难点内容"（占 54.4%），详见表 4 - 7。

表 4 - 7 学生对教师利用信息化教学资源授课的需求情况

学生对教师利用信息化教学资源授课的需求	百分比（%）
展示老师讲的重点内容	60.1
展示老师所提的问题及答案	25.5
展示老师讲的难点内容	54.4
展示课本全部内容，以代替课本	22.3
展示课本上提及但与课本知识相关的内容	34.5
播放音乐、动画、影片	24.6
其他	3.1

面对学生对教学资源的需求，学科教师的调查则反映出力不从心。通过学科教师问卷中的"学校的资源库能否满足教学需要"这一问题看到，49.2% 的教师认为"有部分资源，但不能满足基本需要"，还有 11.5% 的教师认为"有资源，但使用不方便"，3.6% 的教师认为"资源库形同虚设，没有任何资源"。可见，在多数欠发达地区，无论是硬件建设还是软件资源，均无

法满足可持续发展的需要。

综上，只有少部分欠发达地区信息化的硬件和软件资源能满足学生的需求。教师的信息技术教学应用能力与学生的学习需求之间也存在较大的差距。这种学生需求与农村信息化环境、教师的信息技术教学应用能力之间的不协调，是目前亟须解决的重要问题。

（3）信息技术教师的岗位职责与校长的要求之间、与自身专业能力之间不协调

对于中小学信息技术教师的岗位职责，国家没有明文规定，但各地区或学校等各级教育部门一般都有相关规定。在被调查的欠发达地区中小学信息技术教师中，他们在学校中最主要的工作是"给学生讲授信息技术课"（占82.1%），其次有半数左右的教师还要"为学科教师制作教学用课件"和"安装和维护软、硬件"，他们在学校实际所做的主要工作见表4-8。

表4-8 信息技术教师在学校的主要工作情况

主要工作	比例（%）
给学生讲授信息技术课	82.1
为学校活动摄影、摄像	25.6
为学科教师制作教学用课件	51.9
维护校园网	38.5
安装和维护软、硬件	46.8
帮助校长进行信息化建设规划	20.5

由上表可见，信息技术教师在学校中承担的最主要工作是给学生讲授信息技术课程，其次是为学科教师制作教学用课件以及安装和维护学校软、硬件资源。但从校长问卷的数据中发现，校长认为问题比较多的恰恰是这几个方面。59.7%的校长认为信息技术教师其信息技术课程教学存在困难，53.7%的校长认为信息技术教师不能为学科教师提供有效的技术支持，调查结果见图4-22。从调查结果可以看出，信息技术教师所承担的工作非常庞杂，而调查显示73.2%的校长认为目前学校的信息技术教师人数不够。岗位职责的不明确与人数的不足，直接导致了信息技术教师岗位职责的履行情况与校长的要求出现了不协调。

单位：%

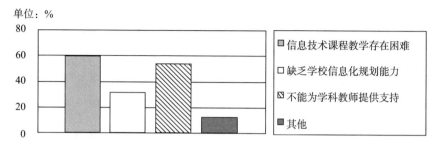

图 4 - 22　校长对学校信息技术教师目前存在问题的看法

除此之外，信息技术教师的自身专业能力也存在一定问题。从信息技术教师会使用的工具软件的情况看（见表 4 - 9），95.5% 的信息技术教师都会使用办公软件、60% 以上的信息技术教师会使用课件制作工具软件和图形图像处理软件。而对于动画制作、网页制作、编程等教师掌握的情况则并不理想。以上数据说明信息技术教师其信息素养水平较低，仍处于对基本软件的掌握层面，这样的信息技术水平势必不能满足授课以及承担教辅相关工作的需要，其专业知识和能力方面有待提高。

表 4 - 9　信息技术教师会使用的工具软件情况

工具软件	比例（%）
办公软件，如 Office	95.5
课件制作工具软件，如 Authorware	63.6
图形图像处理软件，如 Photoshop、ACDSee 等	61.0
动画制作工具，如 Flash、3D 等	44.8
网页制作软件，如 Dreamweaver	33.1
语言编程开发工具，如 VB、VC 等	11.0

信息技术教师是欠发达地区基础教育信息化向前推进的重要力量之一，信息技术教师的岗位职责与校长的要求之间、与自身专业能力之间存在的这种不协调，将极大地影响基础教育信息化的整体推进。所以，政府教育主管部门应明确中小学信息技术教师的岗位职责，建立统一的资质标准、技术标准和相应的考核机制，各高校则应根据岗位要求有针对性地进行人才培养并保证师资质量，这是解决当前不协调的有效途径。

2. 发展的可持续性：学校信息化规划与管理较为合理有序，但后续资金投入、软硬件建设和人才培养方面没有得到健康发展

教育信息化规划与管理、资金的保障与接续、设备维护与更新、软件资源开发和人才队伍建设等方面是否在发展态势上具有稳定性和延续性，是衡量农村基础教育信息化是否能够可持续发展的重要方面，分析认为，当前农村教育信息化的可持续发展情况并不十分乐观。

（1）学校教育信息化管理与信息化目标、规划的落实情况较好

管理是保证学校教育信息化整体协调发展的重要因素之一。对校长的调查数据显示，81.7%的学校制定了教育信息化发展的总体目标，74.6%的学校制定了五年或十年发展规划，95.8%的学校有专门负责教育信息化工作的领导，69%的学校设立了专门负责信息化建设的部门。这说明目前欠发达地区农村中小学普遍对教育信息化比较重视，其信息化目标和规划制定情况较好。为保证目标的落实，将近半数以上的学校制定了各种规章制度，见表4-10。

表4-10　学校教育信息化的制度建设情况　　　　单位:%

学校制定的规章制度	比例
教师信息技术培训制度	81.7
微机室、多媒体教室、校园网等管理制度	77.5
网络管理员岗位责任制度	69.0
教师教育技术能力的考核、评比、奖励制度	57.7
软件及硬件设备维护、维修制度	49.3
教育信息资源库的建设、管理制度	47.9

研究表明，目前农村中小学信息化管理制度正日趋完善，大多数学校的教育信息化目标及规划制定和落实情况良好，为保证学校教育信息化的可持续发展打下了制度基础。

（2）后续资金的投入不足，限制了设备维护、更新及软件资源建设

欠发达农村学校在接受一次性资金投入之后，对于软、硬件进行日常维护和更新的费用得不到保障和支持。调查数据显示，84.5%的校长认为学校信息化发展最大的困难是缺乏必要的经费。在问到校长今后一段时间学校教

育信息化发展战略时，67.6%的校长回答是集中资金改善设备，36.6%的校长回答是集中资金建设软件资源，主要解决光盘等与教材配套资源开发和网络资源开发与建设问题。

可见，后续资金的投入不足，限制了设备的维护更新及软件资源建设，严重影响了欠发达农村基础教育信息化的可持续发展。

（3）参加过信息化方面培训的校长和教师比例较大，但培训效果并不理想

校长和教师信息素养的提高，直接关系到农村教育信息化能否实现可持续发展。通过调查得知，77.5%校长接受过各级教育部门信息化方面的培训，县级培训占47.9%，市级占33.8%，省级占22.5%，国家级占1.4%，如图4-23所示。

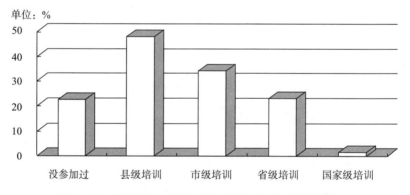

图4-23　校长参加过的有关教育信息化方面的培训情况

在对学科教师的调查中，"结合自身实际，您希望通过哪些途径提高信息技术教学应用水平"的回答中，高达76.2%的教师希望是"培训"，这说明教师对培训的需求较高，实际情况中，参加过培训的教师也较多。调查显示74.3%的学科教师参加过校级、县级和市级等各级培训，但认为这些培训的针对性和有效性不高。

3. 发展的公平性：校际之间资金投入、硬件和软件建设不均衡

在调查的村小、乡小、县小、乡中和县中五类学校中，教育信息化的资金投入、硬件环境和软件资源建设方面，存在较大的差异。总体来说，县级学校情况好于乡级学校，村小的情况最不乐观。

（1）资金投入不均衡

教育信息化建设的资金来源主要为政府投入和自筹，从目前的调查情况来看，县级学校情况较好，村小情况最差。截止到调查时间，在被调查的欠发达农村学校中，政府投入最高为150万元，没有政府投入的占49.2%，自筹金额最高为135万元，没有自筹到经费的占26.8%，在校际之间的信息化资金投入存在较大的差距，详见表4－11。

表4－11　各类学校信息化资金投入情况　　　　　　单位：万元

学校 信息化资金投入	村小	乡小	县小	乡中	县中
最多政府投入资金	5	40	150	40	30
平均政府投入资金	0.77	8.16	17.15	10.25	4.75
最多自筹资金	15	30	80	15	135
平均自筹资金	3.16	5.71	23.69	4.83	27.77

从表4－11可以看出，各类农村学校信息化建设资金的投入极不均衡，条件最好的为县小和县中，条件最差的为村小，它们之间政府投入资金差22.3倍，自筹资金差8.8倍。这样的资金投入差异直接导致了处于不同地域的学校信息化发展的不均衡，进而导致学生接受优质教育资源的机会不均等。

（2）硬件资源建设不均衡

硬件资源是教育信息化可持续发展的物质基础，调查结果同样表明，村小的问题尤为突出。对抽样学校的硬件资源调查结果见表4－12。

表4－12　各类学校硬件情况

学校 硬件情况	村小	乡小	县小	乡中	县中
平均好用计算机数（台）	7.4	25.5	74.4	37.6	78.8
平均生机比	70.3∶1	44.4∶1	40.1∶1	31.7∶1	39.7∶1
平均师机比	8.4∶1	6.4∶1	4.6∶1	7.7∶1	6.6∶1
平均多媒体教室数（间）	0.89	1.00	1.64	1.16	2.12
平均微机室数（间）	0.89	0.97	1.62	1.24	1.76
平均电子阅览室数（间）	0.41	0.24	0.42	0.28	0.60
建成校园网的比例（%）	23.8	47.4	68.0	48.4	65.8

数据表明，欠发达农村学校的信息化硬件设备在数量上总体不足，而且不均衡现象严重。被调查学校中，拥有好用计算机数量最多的是 150 台，3.2% 的学校目前还没有计算机；15.1% 的学校没有多媒体教室；5.7% 的学校没有微机室；生机比普遍偏低，村小的生机比高达 70.3∶1，这一比例与《中国城市发展报告（2006）》中统计的城市中小学的生机比为 27∶1 相比，还有很大的差距。另外，还有将近 3/4 的村小没有校园网，县城的学校发展得比较快，60% 以上的县城小学和初中都建成了校园网，且接入了因特网（Internet）。

硬件基础设施数量和质量的差异，引起校际之间信息化发展的不均衡，成为欠发达地区基础教育信息化公平发展的屏障。

（3）软件资源不均衡，优质资源共享水平低

在对学科教师上课所用教学课件的主要来源进行的调查结果显示，网上下载、自制、学校购买、与其他兄弟学校共享等是教学课件的主要来源。其中，72.6% 的教学课件是网上下载的，57% 的课件为教师自制，学校购买的仅占 35.6%，与其他兄弟学校共享仅占 14.1%，具体见表 4-13。通过这些数据能够看出，有部分学校缺少教学课件。此外，网上下载的课件所占比率相当高，这虽然能在一定程度上解决资源不足的问题，但其针对性无法保证，这一部分资源的实用性不强，可利用性不高。与其他兄弟学校共享教学课件的比例很低，说明农村学生并没有同城市学生共享一样的优质信息化教育资源。

表 4-13　学科教师上课使用的教学课件的主要来源情况

学校 数量 选项	村小 百分数 （%）	乡小 百分数 （%）	县小 百分数 （%）	乡中 百分数 （%）	县中 百分数 （%）	全部 百分数 （%）
学校购买	50.5	26.0	29.9	40.1	32.7	35.6
与其他兄弟学校共享	14.6	16.3	4.3	18.1	14.9	14.1
网上下载	59.2	61.8	81.2	80.2	74.4	72.6
自制	45.6	58.5	71.8	54.9	54.8	57.0
没有教学课件	8.7	10.6	7.7	8.8	10.1	9.2
其他	3.9	1.6	6.0	1.6	0.6	2.5

另外，在拥有校园网的学校中，尽管有接近半数的学校建设了自己的网站，但从网站功能的调查结果来看，目前学校网站还不能为教师的信息技术教学和学生的信息技术学习提供太多的帮助，为教师提供教学资源和为学生提供学习资源的比例只占38%和24.7%，调查结果见图4－24。欠发达地区学校软件资源（特别是优质资源）的缺乏，造成了已有硬件资源的低效性，亦进一步拉大了这一地区学校与城市学校信息化的差距。

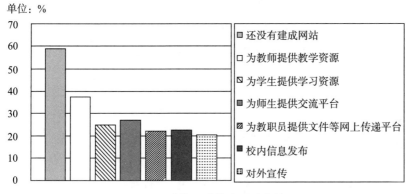

单位：%

- 还没有建成网站
- 为教师提供教学资源
- 为学生提供学习资源
- 为师生提供交流平台
- 为教职员提供文件等网上传递平台
- 校内信息发布
- 对外宣传

图4－24　学校网站的主要功能情况

4. 发展的人本性：教师对信息技术教学应用的认同体现了"学生为本"，但学生信息素养还有待进一步提升，学校对当地信息化建设的推动作用有待加强

教育信息化的终极目的是促进人的发展，农村基础教育信息化的功能就在于提升农村学校师生和当地群众的信息素养。数据分析显示，教育信息化以"学生为本"的理念被教师普遍接受，但农村学生信息素养的状况并不理想，学校信息化的发展对当地群众信息水平的提高还没有起到全面的带动作用。

（1）教师对信息技术教学应用的认同意识体现了"学生为本"

对学科教师问卷数据的分析表明，学科教师对使用信息技术的目的认识比较到位，82.2%的教师认为信息技术可以激发学生学习兴趣，74.4%的教师认为在教学中利用信息技术可以培养学生的创新能力，见图4－25。教师对信息技术教学应用认同意识的提高，充分体现了以"学生为本"的理念。

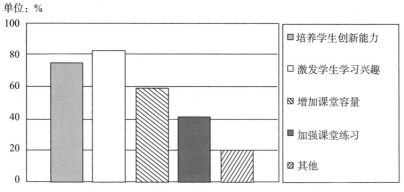

单位：%

- 培养学生创新能力
- 激发学生学习兴趣
- 增加课堂容量
- 加强课堂练习
- 其他

图 4-25　学科教师在课堂教学中使用课件的目的情况

（2）学生的信息素养没有达到基本要求

教育信息化的可持续发展目的之一是学生信息素养的全面提升。在问到学生"利用网络查找学习资源时，你觉得自己欠缺的是什么"时，平均高达53.8%的学生认为自己不能熟练操作计算机，在村小，这一比例竟然占到62.9%。

调查数据反映出，几年来欠发达农村基础教育信息化的发展滞后，教育部颁布的《中小学信息技术课程指导纲要（试行）》并没有得到很好的落实，学生的信息素养没得到应有的发展。

（3）农村学校对当地农民信息素养水平提高的辐射作用不够

欠发达农村基础教育信息化发展除了要为学校师生服务之外，还应该为当地群众提供信息技术方面的服务，带动当地农民信息素养的提高。在被调查的学校中，共计有47.8%的学校师生向当地农民讲解过电脑的组成及使用、软件的使用、联网技术和网络的使用等服务，有52.2%的学校没有为当地居民提供过任何服务。调查结果见表4-14。

表4-14　学校在信息化方面为附近居民提供过的服务

各项制度	百分比（%）
没提供过	52.2
向居民讲解电脑的组成及使用	28.4
向居民讲解软件的使用	10.4
向居民讲解联网技术	11.9

各项制度	百分比（%）
向居民讲解网络的使用	22.4
组织学生为居民维修电脑	3.0
其他	4.5

以上数据反映出目前农村学校在带动当地信息化发展方面还没有起到应有的作用，但我们欣喜地看到，在通往信息化发展的道路上，各级学校信息化已经显示出辐射到当地社区的端倪。

（三）农村基础教育信息化发展的制约因素

通过对农村基础教育信息化主体需求和可持续发展现状的数据分析，探寻出制约农村基础教育信息化发展的五方面关键因素，为农村基础教育信息化绩效评估体系的研究提供必要的参考和依据。

1. 因素一：政府政策和法规

国家教育信息化的相关政策和法规，是党和国家为了推进教育信息化的发展而制定的行动准则和制度，是国家教育信息化发展路线、方针的具体化。它决定了国家教育信息化的发展方向，为教育信息化的发展提供了有力的保障。学校能否得到充足的资金、设备，师资力量能否加强，都有赖于政策的系统性与延续性，而各项法规则保证了各项政策的顺利执行。因此，欠发达地区基础教育信息化的发展，必须要有国家政策的指导、支持以及法律的保障。

本次调查的结果中也显示出校长对于政策支持等方面的强烈需求。数据显示，上级教育主管部门和上级行政部门的支持仍然是目前学校信息化建设中最为迫切的需求，分别占到了90.1%和95.8%，且所有乡小、县小、县中的校长都认为需要得到上级行政部门的支持。这一需求在村小、乡小、县小、乡中、县中当中显示出了高度的一致性，如图4-26所示。

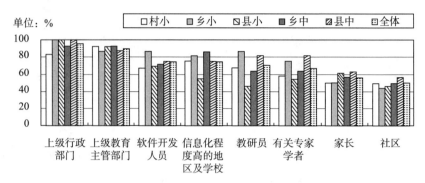

图 4 - 26　校长对于外部援助的需求

这说明，在农远工程的支持下，目前欠发达地区基础教育信息化的发展已经有了基本的政策保障。但仍需要各级各类教育主管部门提供持续性的政策支持，确保落实各项农村教育信息化发展的相关政策，保证其稳定持续的发展。

2. 因素二：信息化设施及资源

信息化教育资源是教育信息化发展的前提条件，缺少了信息化教育资源，教育信息化也就无从谈起。信息化教育资源能否满足发展需要，现有的资源能否得到充分有效的利用，直接关系到教育信息化发展的效果。对于欠发达地区农村基础教育信息化发展而言，信息化教育资源是制约其发展的首要因素。

（1）信息化硬件设施

数据显示，对于农村地区特别是中西部地区，由于资金投入不够、建设模式不适配等原因，信息化硬件设施严重不足成为制约其教育信息化发展的"瓶颈"。本次调查的八个省（自治区）欠发达地区农村中小学生机比分别为：村小 70.3：1、乡小 44.4：1、县小 40.1：1、乡中 31.7：1、县中 39.7：1（如图 4 - 27 所示）。即使是条件相对好一些的中学，其比值也远高于《中国城市发展报告（2006）》中统计的城市中小学的生机比——27：1。这种硬件设施不足的情况在乡小、村小当中更为明显。村小由于地方经济不发达、政府投入较少等原因，其硬件设施建设的情况最差，与建设最好的乡中相比，相差了 2 倍以上。

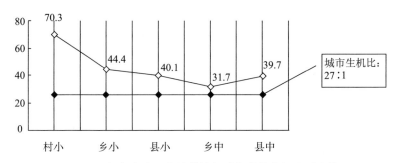

图4-27　欠发达地区农村学校与城市学校生机比对比情况

不仅仅是计算机数量的严重不足，其他硬件设施，如：多媒体教室、电子阅览室等也存在着数量不足的现象。在信息化硬件设施匮乏的条件下，教师很难甚至无法利用信息化资源来进行教学。

从本次调查数据的统计结果看，欠发达地区农村中小学其信息化硬件设施存在着数量不足、管理不到位、利用率低等问题，成为制约农村基础教育信息化有效发展的重要因素。

（2）信息化教学资源

信息化硬件设施需要有与之相配套的信息化教学资源才能发挥其作用，随着教育信息化的不断发展，农村地区的信息化教学资源数量与过去相比有了较大的提高。然而与城市相比，农村的信息化教学资源仍然很缺乏。此外，针对性较差则是农村信息化教学资源的另一问题。

调查分析发现，30%以上的学校资源库中没有可网上共享的资源。乡小和村小可网上共享的资源其拥有比例低于欠发达地区平均水平，有近40%的乡小和近50%的村小没有这类资源。此外，仍有近30%的学校没有光盘。

图4-28显示了对学校资源库是否满足教学需求的调查数据。可以看到，村小、乡小、乡中分别有4.9%、4.8%、4.8%的学科教师认为资源库形同虚设，没有任何资源，这些数值高于平均水平（3.6%）。另外，村小、乡小、乡中分别有60.2%、68.5%、58.3%的学科教师认为，资源库有部分资源，但不能满足基本需要，这些数值远远高于平均水平（49.2%）。这说明学校的资源库还没有建设好，不能满足基本需要。尤其是在村小、乡小、乡中这类学校中，有的甚至资源库当中没有资源。信息化教学资源的数量不足，影响

了教师运用信息技术教学的积极性。在欠发达地区，学校资源库的建设是学科教师需求的重点，而学科教师是教育信息化的具体实施者，满足他们的需求是学校教育信息化发展的关键。因此，信息化教学资源数量直接制约着学校教育信息化的发展。

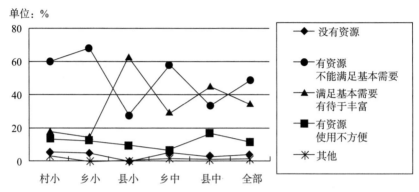

图4-28 学校资源库满足需求情况

另外，欠发达地区信息化教学资源内容的针对性存在着较大差异，且有着严重的城市化倾向。许多教育资源是针对城市使用者制作的，很难符合农村生活实际。因此，在欠发达地区，一方面信息化教育资源本身数量缺乏，另一方面，有限的资源与农村实际生活不符，很难得到有效的运用。这也在很大程度上制约了欠发达地区农村基础教育信息化的发展。

3. 因素三：外部援助

教育信息化的外部援助包括资金、教师培训等方面。其中资金是信息化基础设施及资源建设的基础和保障；教师培训是教师提高信息技术应用水平，进而促进信息化教学资源有效应用的重要举措。这两方面都直接影响着教育信息化的发展。

（1）资金

从调查数据分析可知，目前仍然有部分学校没有经费来源，政府投入力度不够，尤其是在村小，政府的平均投入仅为0.77万元。由于资金的短缺，村小、乡小、乡中的信息化教学资源建设缓慢且质量较差，教师接受培训的机会少之又少，严重影响了欠发达地区农村学校教育信息化的整体发展。

（2）教师培训

欠发达地区农村的教师迫切需要相关培训。调查数据统计结果显示，76.2%的学科教师希望通过培训来提高信息技术应用水平，25.7%的学科教师没有参加过任何培训，比例达到了1/4以上。其中没有参加过培训的村小教师最多，达35.1%。而且多数参加的是校级培训和县级培训，参加过省级培训和国家级培训的教师人数不足8%。

在对校长培训情况的调查显示，有22.5%的校长没有参加过教育信息化的相关培训，参加较多的是县级、市级培训，分别占47.9%和33.8%。而参加过省级培训的仅为22.5%，这其中村小、乡中的情况最差，分别有25%和42.9%的校长没参加过任何培训。对于培训层次较高的省级培训，仅有16.7%和7.1%的校长参加过（见图4-29）。

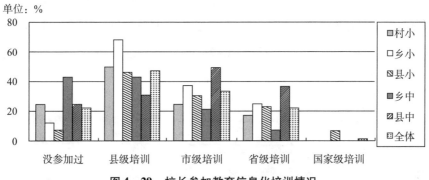

图4-29　校长参加教育信息化培训情况

在培训内容方面，调查显示，教师最为迫切的需求分别是信息技术应用于教学的实践方法、理论以及校内外教师信息技术教学应用的经验。在以往的培训中，培训内容多局限于计算机基础知识、多媒体、网络等计算机技能方面的知识，缺少理论方面的培训。即使有理论方面的培训，也多是就理论本身，理论和实际脱节。教师在培训中，只单纯地记住了一些概念、学会了技术的操作，然而当他们面对教学实践时，却仍然感觉无从下手，不知道如何更好地利用信息技术来解决教学实际中的问题。

4. 因素四：校长和教师

人是教育信息化可持续发展的核心因素，校长是学校教育信息化发展的组织者和规划者，教师则是教育信息化的具体实施者。校长和教师的信息素养、信息化教学能力、信息化教学理念等影响着欠发达地区农村基础教育信息化的发展方向和发展态势。

（1）校长

教育信息化具体到学校层面，就是学校的信息化。校长作为学校的最高领导者，对于学校的教育信息化发展起着至关重要的作用。一方面，校长既是上级教育政策的执行者，又是学校内各项政策的决定者；另一方面，校长的理念、行为对于学校其他教师有着很大的影响力。

校长自身的理念决定着其决策的制定及自身的行为。图4－30显示了有关校长的信息化培训内容需求的调查数据，可以看到，只有38%和52.1%的校长希望在培训中学到农村教育信息化政策制度和教育信息化方面的有关理论，与此相对的是73.2%的校长希望学习计算机及网络基本操作应用。这并不是说校长已经理解了相关内容，不需要这方面的培训，恰恰相反，农村校长在这方面是极为欠缺的。这反映出校长的信息观念较弱，认为技术能够解决教育信息化发展中的一切问题，忽视理论的提高。

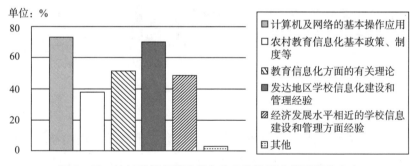

图4－30　校长希望在基础教育信息化培训中学到哪些内容

教育信息化的发展离不开政策的支持和理论的指导，它会对学校自身制定相关政策产生积极的影响。此外，学校也可以充分有效地利用各种优惠政策，来获得更多的支持与帮助。

校长的决策决定了学校教育信息化发展的目标和方向。决策的正确与否决定着学校教育信息化是向前发展还是停滞不前。学校的信息化发展决策是建立在校长对于教育信息化、学校自身的了解基础之上的，它主要包括学校的信息化发展目标、相关的规章制度、资金分配等几个方面。

在学校对教育信息化所做的整体发展规划的调查中（见图 4 - 31），有 15% 左右的学校没有制定发展规划，其中，村小的比值最高，占到 25%，乡中次之。

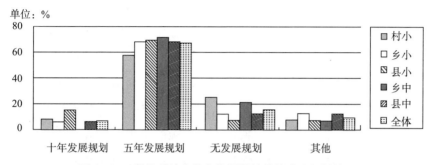

单位：%

图 4 - 31　学校对教育信息化所做的整体发展规划情况

学校的相关规划、目标需要有具体的制度来保障。在对这些相关保障制度的调查中（见图 4 - 32）可以看出，软件及硬件维护、维修制度，以及教学资源库的建设、管理制度这两方面较差，均不到 50%，而这两方面都是不可或缺的。教学资源库是信息化教学得以实施的重要保障，硬件设施必须有与之相配的教学资源才能发挥其作用。

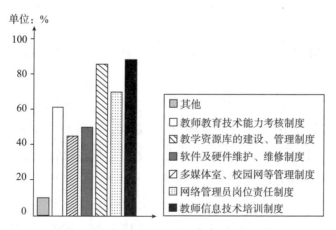

单位：%

图 4 - 32　学校保障教育信息化总体目标实现的制度情况

数据分析结果表明，目前，农村校长信息化决策能力是制约农村基础教育信息化发展的重要因素。政策的缺失及相关管理的不到位，阻碍了学校教育信息化的发展，校长应该担负起促进基础教育信息化有效发展的更大责任。

（2）学科教师

农村基础教育信息化资源十分有限，这些资源能否得到充分的利用，取决于信息化教育的具体实施者——学科教师。学科教师的信息化教学意识、信息化教学能力直接影响着学校教育信息化的发展水平。

调查数据显示，农村学校占40%左右的教师没有使用多媒体课件及网络资源的愿望。这种情况在初中更为突出，乡中、县中分别有49.4%和57.7%的学科教师没有使用多媒体课件的愿望，有43%和59.6%的学科教师没有使用网络资源的愿望。多媒体课件和网络资源是教育信息化中最常用、最普遍的资源，但学科教师却缺少使用这两方面资源的愿望和热情。这反映出，在农村地区，尤其是乡中和县中，学科教师的信息化教学意识薄弱。分析其中原因主要有两方面，一方面是由于缺乏相应的培训，另一方面是由于应试教育思想的束缚。在我国，由于受到传统教育的影响，许多农村地区的孩子都希冀由高考这一途径来实现自己的人生梦想。学校想要成为重点学校，获得更多的资金与重视，也局限地认为只有通过提高升学率才能够实现。正因为如此，导致农村中学的学科教师肩负着比城市教师更重的教学压力，很多教师把提高学生成绩作为自己首要乃至唯一的任务，造成了农村学科教师的信息化教学意识薄弱。

校长对学校信息化发展需求最高的是提高学科教师信息技术教学应用的能力，占到了83.1%。村小、乡小、县小、乡中、县中校长对于提高学科教师信息技术教学应用能力的需求分别为75%、93.8%、76.9%、78.6%、87.5%（见图4-33），其中，乡小的需求最高，达到了93.8%。这说明在欠发达地区，尤其是条件较差的乡小，学科教师的信息化教学能力水平远不能满足学校的教育信息化发展需求，影响了学校教育信息化的发展。分析其成因发现，主要是培训的低效性，培训和实际脱节，缺乏实效性。虽有74.3%的教师参加过培训，但校长对于教师的信息技术教学应用能力需求仍然较高，这从侧面反映出这些培训的实际效果有待提高。

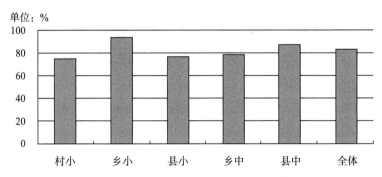

图4-33 各类型校长对于提高学科教师信息技术教学应用能力的需求

学科教师本应是学校教育信息化发展的主要推动者，但由于其自身信息化教学意识和能力还处于薄弱状态，难于关注到学校教育信息化的发展，加之外界培训的不足和针对性不强，导致有限的信息化资源在教学当中不能或很少得到使用，即使在教学当中利用资源，也只是停留在浅层次的运用。这种状态造成了资源的浪费和低效，制约了农村基础教育信息化的发展。

5. 因素五：信息技术课程实施

信息技术课程是教育信息化发展的重要环节。信息技术课程建设情况，关系到教育信息化的发展进程。

（1）信息技术学科教师

调查数据分析表明，由于受重视程度、人员编制和教育经费等诸方面因素的影响，农村中小学信息技术教育在师资的数量以及专业质量方面存在着严重问题，制约了农村基础教育信息化的有效发展。

在校长对学校现有信息技术教师数量看法的调查中显示，有73.2%的校长认为学校的信息技术学科教师不够，而村小的比值最高，达到91.7%。在人员极度缺少的情况下，信息技术教师还要承担除讲授信息技术课之外的其他活动，调查数据显示，有51.9%的信息技术教师负责为学科教师制作课件；46.8%的信息技术教师负责安装维护软、硬件；38.5%的信息技术教师负责维护校园网等等。有许多信息技术教师认为压力过大。繁多的任务冲击了信息技术课堂教学的质量，也冲击了信息技术教师的专业发展。

在对校长关于学校信息技术教师目前存在问题看法的调查数据中（如图4-34所示），有59.7%的校长认为，信息技术课程教学存在困难。其中，有

66.7%的村小、62.5%的乡小、76.9%的乡中的校长选择了这一选项，这个数值远高于平均值（59.7%）。这反映出，目前欠发达地区农村学校信息技术学科教师的专业化程度比较低，随着信息技术教育课程改革的深入，信息技术学科教师的专业化水平低的问题将更加突出。

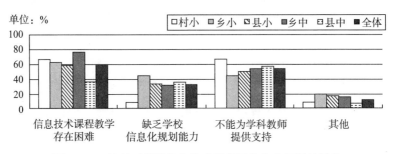

图4-34 校长对学校信息技术教师目前存在问题的看法

（2）课程目标

信息技术教育目标统领、引导着信息技术教育活动，是信息技术教育的核心要素。信息技术教育目标的适切性，决定着目标导向功能和评价功能的发挥。因此，课程目标决定了信息技术课程的发展，进而影响了农村基础教育信息化的发展。

根据调查数据（见图4-35）显示，有53.8%的学生不能熟练操作计算机，村小、乡小、乡中情况最不好，分别有62.9%、55.7%、56.8%的学生不能熟练操作计算机，高于平均值，而计算机的基本操作是信息技术课程当中最基础的内容。因此，从整体上看，农村初中学生的信息素养状况仍然较差。

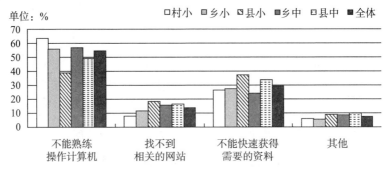

图4-35 学生在利用网络查找学习资料时存在问题情况

　　从学生对信息技术的内容需求上来看，需求最高的前两位分别为计算机操作方法和利用技术与他人合作交流的方法，分别占到66%和50.9%。两组数据说明，欠发达地区学生对于计算机的基本操作以及如何利用计算机与他人交流、沟通仍然有着强烈的需求。与之相对的是关于信息伦理道德方面内容的需求，这方面的需求最低，仅为32.8%，这反映出目前欠发达地区农村学生信息伦理、信息安全等方面的意识还比较薄弱。

　　基础教育信息化的基本任务之一是学生信息素养的培养。信息素养的发展水平直接影响到学生在未来学习化社会有质量的生存，有创新能力的工作。从以上调查数据的分析可知，由于各种前提条件性因素的制约，使得目前农村学生的信息素养发展很不理想。从教育的角度来说，课程目标在适应社会发展需要的同时，也必须从学生的角度审视其适切性，既符合学生的信息素养提高的需要，也要符合学生的长远发展需求。只有建立起与农村学生社会生活和发展水平相适应的信息技术教育课程目标，才能有效地培养和提升农村学生的信息素养水平，促进农村中小学信息技术教育的健康发展。

　　综上所述，欠发达地区农村基础教育信息化是缩小城乡差距、实现农村教育跨越式发展的必经之路。它同时也是一项复杂的系统工程，受到政策、资源、外部援助、师资、信息技术课程等诸多因素的影响和制约。尽管欠发达地区农村基础教育信息化已经有了一定的发展与进步，但从本次调查的结果来看，仍有许多令人担忧的地方存在。改善欠发达地区农村基础教育信息化现状，不仅十分紧迫，而且任重道远。建立合理的评价指标体系，对其发展状况进行评价，以有的放矢地进行相应的调整，对欠发达农村基础教育信息化的可持续发展具有十分重要的意义。

第五章 农村基础教育信息化的
绩效与发展阶段研究

教育信息化是国家信息化的一个重要组成部分，是一项包含诸多方面与环节的系统工程。农村基础教育信息化作为教育信息化的一部分，是教育信息化系统的一个子系统。本章基于系统科学的视角和绩效理论考察农村基础教育信息化的发展过程，着重探讨了农村基础教育信息化的系统结构与功能，系统阐述了农村基础教育信息化的绩效及其提升的理论问题，最后在详细分析农村基础教育信息化绩效提升的阶段性特征的基础上，提出并深入分析了农村基础教育信息化发展阶段性特征及其阶段跃迁的主导因素论。

一、农村基础教育信息化系统的构成

系统的结构与功能是系统普遍存在的两个基本属性，以下将从系统的结构和系统的功能两个方面阐述农村基础教育信息化系统的构成。

（一）农村基础教育信息化系统的结构

系统结构是系统科学的重要范畴，是指系统内部的要素构成及其相互间的关系。系统论认为，系统是由相互联系、相互作用的若干要素构成的具有特定功能的整体，要素是系统的最基本组成部分，系统中各要素不是孤立存在的，每个要素在系统中都具有特定的作用，要素之间相互关联，构成一个不可分割的整体。农村基础教育信息化系统各要素相互作用的过程和结果决定了系统整体优化程度及其功能的发挥。

1. 农村基础教育信息化系统的要素

国内学者对教育信息化系统构成要素的相关研究有两种观点，一种提出了一个包含执行层和制约层的教育信息化系统框架，认为教育信息化的执行层包含教育实践（开设 ICT 课程、ICT 在各课程教学中的整合、ICT 在其他工作中的应用）、硬件基础设施、软件资源与服务、人力资源、规划管理五个要素，教育信息化的制约层包括思想观念、教育投资、体制和文化四个要素[①]；另一种是基于系统论的思想将学校教育信息化系统构成分为基础因素层和保障因素层，基础因素层包括信息化基础设施、数字化教育资源、信息化人力资源三个要素，保障因素层包括信息化管理机制、信息化投入机制、信息化规范与标准、信息化安全保障机制以及信息化考核评价机制五个要素。[②]

结合国家信息化系统的构成要素以及专家学者对教育信息化系统构成要素的研究，我们认为农村基础教育信息化系统是一个由人、财、物等要素在一定的目标下组成的复杂系统，由信息化基础设施、信息化资源、信息化保障、信息化应用、信息化主体五个要素构成。信息化基础设施主要指信息化硬件装备和信息化网络等，信息化资源主要指信息化软件资源建设，包括数字化教学资源及信息管理系统等，信息化保障主要指信息化人才结构、信息化战略规划、信息化组织机构、信息化管理制度、信息化培训机制、信息化考核评价等，信息化应用主要指信息化基础设施应用和信息化资源应用，具体包括信息技术在教学中应用、信息技术教育、学校与家长及社区互动等，信息化主体主要指学生、教师、学校领导、农村社区居民等。

2. 农村基础教育信息化系统各要素的关系

农村基础教育信息化系统的各个要素以不同的方式存在，处于不同的维度和层次上，构成农村基础教育信息化的系统结构，如图 5 - 1 所示。各个要素之间相互作用，共同推动农村基础教育信息化的发展。

（1）信息化基础设施建设和信息化资源建设。这两个要素是农村基础教育信息化系统的基础和前提。信息化基础设施是信息化应用的物质条件，是

---

① 张建伟：《教育信息化的系统框架》，《电化教育研究》2003 年第 1 期。
② 张际平：《系统论与基础教育信息化应用推进》，《中国电化教育》2009 年第 3 期。

信息化发展所依赖的物化设备，信息化基础设施建设的基本目标是建立能使信息化主体有效利用的信息化硬件装备和信息化网络环境，并持续地运行维护和更新换代。信息化资源在信息化教育应用中有着更为直接的作用，信息化主体主要是通过各种信息化资源的应用得到发展。

（2）信息化应用。此要素是优化农村基础教育信息化系统发展的核心动力。没有信息化应用，教育信息化将永远停留在周而复始的软硬件建设时期，信息化基础设施和信息化资源的应用主要通过信息技术在教学中应用、信息技术教育、学校与家长及社区互动作用于信息化主体，使信息化主体的素养和能力得到发展。

（3）信息化主体的发展。这是农村基础教育信息化的根本目的，也是教育信息化发展过程的价值追求。信息化主体的发展水平会对信息化基础设施建设、信息化资源建设、信息化应用和信息化保障产生间接的影响。

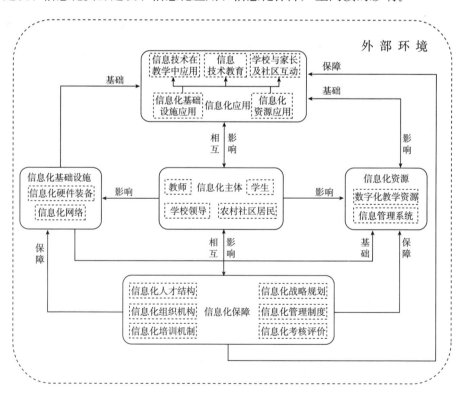

图 5-1　农村基础教育信息化系统的结构

（4）信息化保障建设。此要素直接影响信息化基础设施建设、信息化资源建设、信息化应用的水平以及信息化主体的发展，起到规避教育信息化风险，保障信息化应用的顺利推进和教育信息化系统正常运转的作用。如果在教育信息化建设过程中忽视教育信息化保障的建设，会给教育信息化应用实践带来诸多困难和阻力。

（二）农村基础教育信息化系统的功能

系统有一定的功能，或者说系统要有一定的目的性。系统在与外部环境相互作用过程中具有的行为能力和功效等就是系统的功能。系统的结构是功能的基础，功能是结构的表现，结构决定功能，功能对结构具有反作用。农村基础教育信息化系统的功能是由其结构所决定的，主要体现在以下两个方面。

1. 推动教育现代化

农村基础教育信息化是在农村教育的各个领域广泛地利用信息技术，促进教育现代化的过程。在"农村中小学现代远程教育工程"等一系列重大工程建设和政策推动下，我国农村基础教育信息化取得了显著进展，并在促进教育现代化方面体现了突出的贡献：面向农村基础教育的信息化基础设施体系初步形成，信息化教育资源不断丰富，信息化教学的应用不断拓展和深入；教育管理信息化初见成效，电子政务、电子校务逐步推广；网络远程教育稳步发展，为构建终身学习体系发挥重要作用。可以说，农村基础教育信息化对于促进教育公平、提高教育质量、创新教育模式的支撑和带动作用逐步显现，加快了教育现代化发展的进程。

2. 促进人的发展

人的发展主要是指随着年龄的增长，个体蕴含的潜能在社会实践活动中不断解放并转化为现实个性的过程，这是一种包含着量和质、内容和结构的不断变化的过程，是从简单到复杂的演化过程。教育信息化的过程不仅是一个技术化的过程，更是一个人的信息化过程，一个帮助参与主体建立与形成适切的教育信息化真实需求的过程，一个最终满足参与主体的发展需求的过程。从农村基础教育信息化系统的结构可以看出，学生、教师、学校领导和农村社区居民是教育信息化主体，影响着农村基础教育信息化全面、可持续的发展，他们彼此之间构成了多维、多向、多元的复杂关系系统。同时，农村基础教育信息化系统提供的是一种特殊环境，无论是信息化基础设施这样的基础性环境，还是信息化保障、信息化应用和信息化资源等人文环境，都有着鲜明的目的性、计划性和组织性，这些环境共同作用促进着农村基础教育信息化过程中的人的发展。

二、农村基础教育信息化的绩效

（一）农村基础教育信息化绩效内涵界定

绩效（Performance）原意是指性能、表现、成绩、成效等。对于绩效的内涵，国内外学术界主要存在三种典型的理论观点：结果论、行为论和综合论。

哈特瑞（P. H. Hatry，1977）在对城市政府公关服务实施评估时，提出绩效评估的对象就是公共部门工作的结果或产出，绩效结果论由此产生。[①] 绩效结果论的重要代表人物伯纳丁（H. J. Bernardin，1984）明确提出绩效的定义，"在特定的时间内、由特定的工作职能或活动所创造的产出的记录或工作的结果"。[②]

绩效行为论的开创者卡茨和卡恩（D. Katz & R. L. Kahn，1978）首先提出行为绩效的三维分类法和五种行为绩效类型，绩效行为论就此开启。[③] 坎贝尔（Campbell，1990）提出，"绩效是行为，应该与结果区分开，因为结果会

---

① P. H. Hatry, *How Effective are your Community Services? Procedures for Monitoring the Effectiveness of Municipal Services*, Washington, D. C.：Urban Institute, 1977.

② H. J. Bernardin, *Performance Appraisal design, development and implementation.* G. R. Ferris, S. D. Rosen & D. T. Barnum（eds），*Handbook of Human Resource Management. Cambridge*，MA：Blackwell, 1995.

③ D. Katz & R. L. Kahn, *The social psychology of organization*，New York：Wiley, 1978.

受系统因素的影响"。① 鲍曼和摩托维德罗（Borman & Motowidlo，1997）认为绩效是具有可评价要素的行为，这些行为对个人或组织效率具有积极或消极的作用。②

综合论认为绩效包括行为和结果两个方面，行为是达到结果的条件之一。英国学者布伦布拉赫（Brumbrach，1988）对绩效的定义是"绩效指行为和结果，行为由从事工作的人表现出来，将工作任务付诸实施。行为不仅仅是结果的工具，行为本身也是结果，是为完成工作任务所付出的脑力和体力的结果，并且能与结果分开进行判断"③。我国学者范柏乃（2007）认为"绩效具有如下特征：一是绩效是行为的后果，是目标的完成程度，是客观存在的；二是绩效必须具有实际的效果，无效劳动的结果不能称为绩效；三是绩效是主体作用于客体表现出来的效用，是在工作过程中产生的；四是绩效应当体现投入与产出的对比关系，投入少产出多，则绩效好，投入多产出少，则绩效差；五是绩效具有可度量性"④。

通过对各种绩效内涵的理解与分析，我们认为不同的绩效理论适用于不同的领域。无论是结果还是行为，都表现出可记录、可观测的特征，即绩效是可度量的，绩效可以通过对表现出来的行为或结果进行量化的评价来衡量。在教育领域，教育信息化是一个动态发展的过程，是一个包含多个要素的复杂系统，系统的各个要素相互作用，不断发展变化，共同影响着教育信息化系统的发展，从而影响教育目标的达成。教育信息化系统的绩效既能够通过系统中某些要素（如信息化主体）所表现出来的行为衡量，又能够通过教育信息化发展的结果即教育目标的达成来评价。因此，本研究从绩效结果与行为综合论的角度看待教育信息化系统的绩效，将农村基础教育信息化的绩效含义界定为：农村基础教育信息化对教育目标实现所作出的贡献的成效，表

---

① J. P. Campbell，"Modeling the performance prediction problem in a population of job"，*Personnel Psychology*，Vol. 43，1990.

② S. J. Motowidlo & W. C. Borman. "A theory of individual difference in task performance and contextual performance"，*Human Performance*，Vol. 10，No，2（1997），pp. 71－83.

③ D. W. Organ，*Organizational citizen ship behavior：The good soldier syndrome*，Lexington，MA：Lexington Books，1988.

④ 范柏乃：《政府绩效评估与管理》，复旦大学出版社 2007 年版，第 121—132 页。

现为农村基础教育信息化对教育目标实现做出的贡献越大，对教育目标实现过程的促进作用越良好，绩效越高。农村基础教育信息化的绩效取决于系统要素的运行状态，各要素也具有绩效，某一个要素的绩效或若干个要素的绩效越高，可能对整个系统绩效的提升产生较大的影响，从而对教育目标的实现可能形成较大的贡献。

（二）农村基础教育信息化绩效的结构

萧鸣政（2007）认为绩效的结构主要表现为"三效"：一是效果（业绩），是目标的达到程度，是否取得成果，取得了多大的成果，这是绩效的外观形式；二是效率，是投入与产出之间的关系，是一种对资源成本最小化的追求，关心的是取得成果花费的投入大于产出还是小于产出；三是效益，是取得成果给组织和个体带来的经济效益、社会效益与时间效益。①

效果、效率和效益代表绩效的不同层面，能够全面、准确地衡量绩效，我们将其引入对教育信息化绩效问题的研究之中。教育信息化是一个多投入多产出的过程，其发展过程中存在着许多隐形的、无法分离的、难以测量的投入与产出。因此，本研究不采用投入产出的关系来表征教育信息化的效率，我们认为教育信息化的效率可以用单位时间内完成的效果和带来的效益来表现，即在时间维度上对效果、效益提升幅度进行衡量。在此基础上，本研究认为农村基础教育信息化绩效的结构包括效果、效率和效益三个维度：效果是教育信息化建设及应用过程中，产出的可观察的、可量化的、合乎目的的结果，是教育信息化绩效的显性部分；效益是教育信息化应用过程中，学生、教师、校长等信息化主体信息素养的提高、信息综合能力的提升而带来的显性经济效益，同时也包括信息化主体发展对社会发展的影响而带来的隐性社会效益；效率是单位时间内教育信息化完成的目标、达到的水平或取得的收益，即单位时间内教育信息化效果、效益发展的程度。教育信息化效果关注教育信息化建设及应用结果，教育信息化效益关注教育信息化主体发展而带来的经济效益和社会效益，教育信息化效率关注教育信息化发展过程的快慢

---

① 萧鸣政：《现代绩效考评技术及应用》，北京大学出版社 2007 年版，第 56—72 页。

程度，"三效"分别代表农村基础教育信息化绩效的不同层面，相辅相成，共同决定着农村基础教育信息化的绩效。

（三）农村基础教育信息化绩效考核的内容

在农村基础教育信息化系统中，包含了信息化基础设施、信息化资源、信息化保障、信息化应用、信息化主体五大要素，农村基础教育信息化的绩效通过这五大要素的绩效体现出来，五个要素的绩效是彼此联系、协调统一的整体，只有系统内每一个要素的绩效都最大化，系统的总体绩效才会实现最大化，某一个要素绩效的低水平，都会影响系统整体的绩效。五大要素的特点决定了并不是每个要素的绩效都包含效果、效率、效益三个层面，信息化基础设施建设和信息化资源建设是农村基础教育信息化建设过程中具体的、可观察的、可量化的要素，其建设的快慢与达标程度可以用效率和效果来衡量，因此信息化基础设施建设和信息化资源建设的绩效主要体现在效果和效率层面。信息化保障建设的程度或水平能够用具体的、可描述的标准来衡量，因此信息化保障的绩效在结构上体现了效果的维度，由于信息化保障持续地作用于农村基础教育信息化发展的始终，间接通过影响信息化主体的发展带来效益，所以信息化保障建设自身的绩效不包含效益层面。信息化应用的绩效主要体现在效果和效率层面，随着农村基础教育信息化的不断发展，信息化应用不断深入，所带来的显性效果将越来越明显，而达到一定效果所用的时间越短则效率越高，信息化应用需要通过作用于信息化主体才会带来效益，信息化应用本身不会产生效益，因此效益不作为其绩效考核的维度。信息化主体发展水平的可观测性和可描述性用效果来衡量，同时信息化主体的发展将带来显性的经济效益和隐性的社会效益，信息化主体发展到一定水平、带来一定效益所用的时间越短则效率越高，因此信息化主体发展的绩效还体现在效率层面。

综上所述，考核农村基础教育信息化的绩效，应该从考核系统五大要素的绩效出发，即考核信息化基础设施建设、信息化资源建设的效果与效率，考核信息化保障建设的效果，考核信息化应用的效果与效率，考核信息化主体发展的效果、效率和效益。如表5-1所示。

表5-1 农村基础教育信息化绩效考核的内容

绩效维度系统要素	效果	效率	效益
信息化基础设施建设	√	√	
信息化资源建设	√	√	
信息化保障建设	√		
信息化应用	√	√	
信息化主体发展	√	√	√

（四）农村基础教育信息化绩效提升的因素分析

按照系统论的优化理论，系统各个要素及其之间的关系越协调，对绩效的贡献作用就越好。要提升系统的整体绩效，就是要优化各个结构要素的功能，协调各个要素的发展，因此本研究需要对影响各结构要素绩效提升的因素进行分析。我们把影响农村基础教育信息化系统各结构要素绩效提升的因素称为"绩效提升的因素"，绩效提升的因素包括内部因素和外部因素，内部因素是指各个结构要素自身所包含的各项内容对该要素绩效的影响，外部因素是指除该结构要素之外的农村基础教育信息化系统中的其他结构要素对该要素绩效的影响。在对农村基础教育信息化系统五大要素绩效提升的因素进行分析时，首先分析该要素包含的内容及该要素的绩效，然后分析影响该要素绩效提升的内部因素和外部因素，因为各要素的绩效是由自身各项内容的绩效水平决定的，同时受到其他要素绩效的制约与影响。

1. 信息化基础设施建设绩效提升的因素

（1）信息化基础设施建设的内容

信息化基础设施建设主要指农村基础教育信息化硬件环境建设和信息化网络建设，建设的具体内容包括计算机装备、计算机教室建设、多媒体教室建设、语音室建设、虚拟实验室建设、校园网建设等。

（2）信息化基础设施建设的绩效

由表5-1可知，信息化基础设施建设的绩效主要体现为效果和效率。良好的基础设施建设效果体现为计算机设备完好，可供师生使用的计算机数量充足，计算机教室、多媒体教室、语音室等信息化教室的数量和功能能够满足学生和教师的需要，校园网能够稳定运行，校园网覆盖区域和带宽能够满足教学、学习和工作需求。

信息化基础设施建设是一个持续的过程，在建设的过程中，涉及设备更新换代、网络升级改造等，这就涉及效率的问题。基础设施建设达成既定目标、达到一定水平所利用的时间越短，单位时间内教育信息化的效率越高。信息化基础设施建设的高效果和高效率，是实现农村基础教育信息化高绩效水平的基础和前提。

（3）影响绩效提升的因素分析

影响信息化基础设施建设绩效提升的内部因素，主要指计算机装备、校园网建设、信息化教室建设等对信息化基础设施建设绩效的影响。计算机教室、多媒体教室、虚拟实验室等信息化教室的建设会带动计算机装备和校园网络的建设，信息化教室的种类及数量决定着配备计算机的数量和相关设备设施的数量，计算机能否正常接入互联网受到校园网覆盖率、校园网稳定性、校园网带宽大小等因素的影响，这些因素相互促进与制约，共同影响着信息化基础设施建设的绩效。

影响信息化基础设施建设绩效提升的外部因素，主要指信息化保障建设与信息化主体对信息化基础设施建设绩效的影响。信息化建设规划、政策、经费投入等信息化保障方面的因素直接影响信息化基础设施建设的水平和速度。校长作为信息化主体之一，其信息化教育理念、信息化规划与管理能力等将影响信息化基础设施建设的效果和效率。

2. 信息化资源建设绩效提升的因素

（1）信息化资源建设的内容

信息化资源建设主要指农村基础教育信息化软件资源建设，具体内容包括数字化教学资源建设、学校网站建设及信息化管理系统建设等。

（2）信息化资源建设的绩效

由表5－1可知，信息化资源建设的绩效主要体现在效果和效率层面。教学课件、电子图书、网络课程等信息化教学资源的种类及数量多少，信息化教学资源的类型和内容是否适合教学需求，教务管理系统、科研管理系统、图书管理系统等信息化管理系统的种类及服务对象是否全面，学校网站的功能和服务对象是否全面，这些方面的建设水平可以用量化的方法来表征与衡量，从而反映信息化资源建设的效果。

信息化资源建设是一个持续的过程，在建设的过程中涉及教学资源的丰富更新、学校网站的升级改版、信息化管理系统的升级换代等，因此信息化资源建设的绩效还表现在效率层面，信息化资源的种类、数量、质量、功能达到一定水平所利用的时间越短，信息化资源建设的效率越高。

（3）影响绩效提升的因素分析

影响信息化资源建设绩效提升的内部因素，主要指学校网站的建设对信息化资源的建设产生影响。学校网站功能的丰富以及信息化管理系统种类和服务对象的增加，会促使教师更加积极主动地使用学校网站，从而促进教学资源的更新和丰富。

影响信息化资源建设绩效提升的外部因素，主要指信息化基础设施建设、信息化保障建设、信息化应用以及信息化主体对信息化资源建设绩效的影响。计算机配备情况、校园网建设情况等信息化基础设施建设是信息化资源建设的基础，将直接影响教学资源建设、学校网站建设和信息化管理系统建设。信息化建设规划、政策、经费投入等信息化保障方面的因素将影响信息化资源建设的水平和更新速度。教学资源的使用程度、学校网站的使用程度、学校与家长及社区的互动程度等信息化应用情况将影响信息化教学资源的丰富更新以及信息化管理系统种类和服务对象的变化。校长和教师作为信息化主体，其信息化教育理念、教育技术能力、教科研能力等将影响信息化资源建设的效果和效率。

3. 信息化保障建设绩效提升的因素

（1）信息化保障建设的内容

信息化保障建设主要指农村基础教育信息化建设及应用的保障体系，具体内容包括信息化人才结构配备、信息化战略规划、信息化组织机构建设、信息化制度建设、信息化培训等。

（2）信息化保障建设的绩效

由表5－1可知，信息化保障建设的绩效主要体现为效果。

信息化保障建设的情况可以用直观、可量化的方法进行表征和评估，例如信息技术教师及信息技术管理人员的学历水平、教师的教育技术能力、信息化资金投入程度、信息化专项部门建设程度、信息化相关管理制度健全程度、信息化培训是否符合教学需求等。因此在考察信息化保障建设的绩效时，主要考察建设的效果。

（3）影响绩效提升的因素分析

影响信息化保障建设绩效提升的内部因素，主要指以信息技术教师和信息化管理人员为主的信息化人才、信息化战略规划、信息化组织机构、信息化制度、信息化培训等方面对绩效的影响。信息化管理人员在信息化战略规划的制定、信息化组织机构的设置、信息化制度的制定和教师参加信息化培训的程度上发挥重要作用，是影响信息化保障建设的主要因素。信息技术教师人才结构的合理化将推动学校的信息化保障建设。完备的信息化规划和制度合理的信息化组织机构以及适切的信息化培训，又将促进信息化人才结构的合理化和人才的发展。因此，信息化保障建设内部的各部分相互制约、相互促进，共同影响信息化保障建设的绩效。

影响信息化保障建设绩效提升的外部因素，主要指信息化主体对信息化保障绩效的影响。校长的信息化教育理念、信息化规划与管理能力将直接影响信息化组织机构的建设情况和信息化制度的建设情况，教师的教育技术能力、教学科研能力将影响教师的人才结构配备和信息化培训的情况，从而直接影响信息化保障建设的效果。

4. 信息化应用绩效提升的因素

（1）信息化应用的内容

信息化应用主要指信息化软硬件设施与资源的应用，具体内容包括信息化基础设施应用、信息化资源应用、信息技术课程、信息技术在教学中的应用、学校与家长及社区互动等。

（2）信息化应用的绩效

由表5-1可知，信息化应用的绩效主要体现为效果和效率。

信息化应用的效果可以通过信息化教室的利用率、信息化教学资源的使用率、信息技术课程的课时数、信息技术应用为教学带来的变化、学校与家长利用信息技术进行沟通的情况等进行考察。

信息化应用的效率可以通过信息技术课程的课时数达到一定数量、信息技术应用为教学带来一定变化所用的时间长短来衡量，达到一定应用效果所用的时间越短，效率越高。

（3）影响绩效提升的因素分析

影响信息化应用绩效提升的内部因素，主要表现为信息技术课程实施与信息技术在各学科教学中的应用是学校教学信息化的主要阵地，是信息化基础设施与信息化资源得以应用的主要渠道。信息化基础设施与资源的应用情况取决于信息技术课程实施的情况和信息技术在教学中应用的情况。良好的信息技术课程实施效果能够带动学生在其他学科中应用信息技术学习的积极性，促进学习兴趣的提升和教学目标的达成。信息技术教师与其他学科教师间的交流会带动其他学科教师在教学中应用信息技术。

影响信息化应用绩效提升的外部因素，主要指信息化基础设施建设、信息化资源建设、信息化保障建设以及信息化主体对信息化应用绩效的影响。信息化基础设施和信息化资源是信息化应用的物质基础。信息化保障建设对信息化应用的影响体现为合理的信息技术教师人才结构配备、完备的信息化管理制度、信息化培训制度等能够促进信息技术课程的有效实施以及信息技术在教学中的合理应用。信息化主体与信息化应用是相互促进的关系，信息化主体的发展能够促进信息化应用水平的提升，同时信息化应用的效果越好，信息化主体的发展水平将越高。

5. 信息化主体发展绩效提升的因素

（1）信息化主体发展的内容

信息化主体发展主要指信息技术应用过程中人的综合发展，包括学生信息素养、学生综合能力的发展、教师综合能力的发展、校长综合能力的发展、农村社区及居民的发展等。

（2）信息化主体发展的绩效

由表5-1可知，信息化主体发展的绩效主要体现为效果、效率和效益。

信息化主体发展的效果主要从学生对信息知识和信息技术的掌握程度、教师的教育技术能力和教科研能力、校长对学校教育信息化的认识程度与管理能力、农村社区及居民对信息技术的重视程度等方面体现出来。

信息化主体发展的效益主要体现为学生、教师、校长及农村社区居民信息素养的提升和信息综合能力的提高所带来显性经济效益和隐性社会效益。

信息化主体发展的效率体现在学生对信息知识和信息技术的掌握达到某种程度，教师的教育技术能力和教科研能力达到某种水平，学生、教师的发展带来某种效益所用的时间长短上，信息化主体发展到一定水平、带来一定效益所用的时间越短则效率越高。

（3）影响绩效提升的因素

影响信息化主体发展绩效提升的内部因素，主要指学生信息素养和综合能力的发展方面，教师的信息技术与课程整合能力、教育技术能力和科研能力等方面的发展，在教学过程中作用于学生，促进学生的发展。校长的信息化管理能力和规划能力，通过其制定的相关信息化规划和培训制度等，直接作用于教师，间接作用于学生，促进教师综合能力的提升，促使学生的发展具有规划性和可实施性。学生的活动范围除了学校还有家庭和社区，因此农村社区和居民的发展也会作用于学生。

影响信息化主体发展绩效提升的外部因素，主要是指信息化保障和信息化应用对信息化主体发展绩效的影响。信息化应用是影响信息化主体发展的最直接因素，信息技术课程的实施、信息技术在教学中的应用、信息化基础设施和资源的应用均直接作用于学生主体，从而影响学生信息素养与能力的发展。学校与家长及社区信息化沟通互动的程度则会影响农村社区及居民对信息技术的重视程度与信息素养水平。信息化保障对信息化主体发展绩效的影响体现在信息技术教师的人才结构、信息化组织机构建设、信息化培训制度、教师教育技术能力考核评比制度等作用于教师和校长，从而影响教师和校长综合能力的发展。

三、基于绩效提升特征的农村基础教育信息化发展阶段

通过前文对农村基础教育信息化绩效基本理论问题的讨论发现，我们可以通过分析绩效提升的特征来认识农村基础教育信息化发展过程的阶段性特

征，同时可据此划分出具体阶段，并描述出不同发展阶段的主要特点。

（一）农村基础教育信息化绩效提升的阶段性特征分析

农村基础教育信息化绩效的提升受系统各个要素绩效提升的影响，各个要素的绩效之间又是相互作用、相互影响的关系。在农村基础教育信息化系统中，五大要素处在不同的层次上，各个要素的绩效对系统整体绩效的影响处于不同的层次，各个层次既有差异，又密切相关。信息化基础设施建设的绩效和信息化资源建设的绩效是农村基础教育信息化系统整体绩效提升的基础和前提。在农村基础教育信息化发展初期，农村基础教育信息化的绩效在行为上主要通过信息化基础设施的建设和信息化资源的建设体现出来，建设的高效果和高效率将带来立竿见影的作用。随着软硬件资源的大量投入，信息化基础设施建设的绩效与信息化资源建设的绩效对系统整体绩效的影响将越来越弱，农村基础教育信息化的绩效在行为上逐渐通过软硬件的应用体现出来，信息化应用的绩效成为系统整体绩效提升的核心动力，没有信息化应用，农村基础教育信息化将永远停留在周而复始的软硬件建设时期。随着信息化软硬件资源应用的不断深入，农村基础教育信息化的绩效在信息化主体的发展层面表现得越来越明显，信息化主体发展的绩效成为系统整体绩效提升的根本，农村基础教育信息化的根本目的和价值追求就是促进信息化主体即人的发展，以人的发展为中心是教育信息化发展的方向。在农村基础教育信息化发展的过程中，信息化保障建设的绩效将始终影响着系统整体绩效的提升，在整个信息化过程中起着保障系统正常运转的作用。

通过对农村基础教育信息化系统五大要素的绩效在影响系统整体绩效提升过程中所处的不同层次进行分析，我们可以发现这种层次性在纵向发展上体现出阶段性的特征。在信息化基础设施建设的绩效与信息化资源建设的绩效对系统整体绩效提升起主要影响的阶段，建设成为这一阶段绩效的主要行为表现，系统整体绩效水平处于初始建设层。在信息化应用的绩效对系统整体绩效提升起主要影响的阶段，当基础设施及资源的应用成为绩效的主要行为表现时，系统整体绩效水平提升到低级运用层。随着信息技术应用的进一步深入，当推动教育与信息技术深度融合成为绩效的主要行为表现时，系统整体绩效水平提升到中级推动层。在信息化主体发展的绩效对系统整体绩效提升起主要影响的阶段，教育信息化服务与应用模式创新成为这一阶段绩效的主要行为表现，系统整体绩效水平达到高级创新层。信息化保障建设的绩效作用于系统整体绩效提升过程的始终，但是相对于各个阶段对系统整体绩效提升起主要影响作用的因素而言，仅发挥着辅助和保障的作用，可以看作是各阶段影响系统整体绩效提升的必要因素。这种系统绩效提升的阶段性是一个由低级向高级，由简单向复杂的发展过程，在这一过程中，各要素的绩效相互作用，对系统整体绩效的贡献不断地变化，其结果影响着农村基础教育信息化的发展。

（二）农村基础教育信息化发展阶段的划分

从上述对农村基础教育信息化绩效提升的阶段性特征分析可以看出，农村基础教育信息化的发展过程具有阶段性特点。结合联合国教科文组织（UNESCO）2005 年提出的信息技术与教育融合发展过程的四阶段（起步、应用、融合、创新）理论，对照分析农村基础教育信息化系统五大要素在不同阶段对系统绩效提升的贡献，本研究将农村基础教育信息化的发展过程划分为四个阶段：即以信息化基础设施建设和信息化资源建设为主要特征的起步阶段、以信息化应用为主要特征的应用阶段、以教育与信息技术双向融合为主要特征的融合阶段、以信息化主体发展为主要特征的变革阶段。

图 5 - 2 为农村基础教育信息化发展阶段与绩效水平关系的示意图。横轴表示农村基础教育信息化的发展阶段，纵轴表示农村基础教育信息化发展的绩效水平，点状区域表示农村基础教育信息化绩效的效果，阴影区域表示农村基础教育信息化绩效的效益，农村基础教育信息化绩效的效率在图中从效果、效益提升幅度的大小上表现出来。例如 E 点所在位置的效率即为 E 点所在直线的斜率，斜率越大则效率越高。随着农村基础教育信息化的发展，系统的绩效水平不断提升，在不同阶段，系统各要素的绩效在效果、效益、效率层面对系统绩效的贡献不同，对系统绩效提升起主要影响的要素引导着农村基础教育信息化发展的方向，我们可以依据对系统绩效起主要贡献的要素来判断农村基础教育信息化的发展处于哪一阶段。在不同的发展阶段，农村

基础教育信息化绩效提升同等幅度所用的时间长短不同，这是由不同发展阶段绩效的主要行为表现决定的，在起步阶段，绩效的主要行为表现是信息化基础设施建设和信息化资源建设，建设的绩效将带来立竿见影的作用；在应用阶段，绩效在行为上通过软硬件的应用体现出来，绩效水平随着应用程度的深入不断提升，相对于起步阶段提升同等幅度的绩效所用的时间将更长；同样，随着不同发展阶段绩效行为表现的变化和复杂程度的提高，融合阶段和变革阶段的绩效提升同等幅度所用的时间将越来越长。

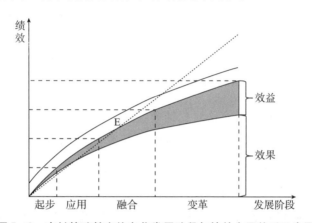

图5－2 农村基础教育信息化发展阶段与绩效水平关系示意图

（三）农村基础教育信息化发展阶段的主要特点

1. 起步阶段

当信息化基础设施建设和信息化资源建设的绩效对系统整体绩效提升起主要影响时，我们称之为农村基础教育信息化发展的起步阶段。

起步阶段的主要特点是：学校领导意识到教育信息化的作用和意义，制定了信息化方面的政策与规划，有信息化专项经费、信息化专项部门和信息化专项负责人等基本的信息化保障建设。这一阶段学校信息化建设以软硬件建设为中心，包括购买计算机以及其他设备，进行校园网建设和信息化教室建设，进行各类信息化教学资源建设、学校网站建设、各类信息化管理系统建设等。在信息化应用方面，信息化基础设施和信息化资源得到初步应用，开设信息技术课程，教师尝试在教学中应用信息技术，将信息技术作为一种辅助工具协助课堂教学，信息技术并没有在学校的教育教学和管理中得以广泛接受和使用。在信息化主体发展方面，学生的信息素养处在对基本信息知识和信息技能的掌握层面，缺乏利用信息技术解决问题、开展自主学习、合作学习等信息化学习的能力。大部分教师没有接受过信息化培训，已有的培训多为帮助教师掌握技术，而不是如何将信息技术应用于教学，因此多数教师不具备良好的教育技术能力和信息技术与课程整合能力。农村社区居民对信息技术的重视程度不高。

2. 应用阶段

当信息化基础设施与信息化资源的应用起主导作用，对系统整体绩效提升起主要影响的时候，我们称之为农村基础教育信息化发展的应用阶段。

应用阶段的主要特点是：信息化基础设施建设已经具备一定规模，信息化资源建设的数量和规模进一步扩大，但缺乏足够的优质资源。信息化基础设施和资源管理制度、信息化培训制度等相关管理制度逐步健全。在信息化应用方面，信息化基础设施和信息化资源得到更为广泛的应用，在教育教学和管理中利用信息技术来提升教学质量和提高管理效率，教师对信息技术与学科教学整合进行了进一步探索，开始注重在引入信息技术的过程中改变教学方法，但技术并没有被充分整合到课程当中。教育主管部门和学校开始利用信息技术来支持教师培训和专业发展。信息化主体发展方面，学生能够利用计算机解决一些学习中遇到的问题。教师对信息技术与课程整合的理念有了进一步认识，意识到信息技术对变革教学方法、改善教学质量的支持作用，但是还不能够实现信息技术与教学的充分融合。校长具备基本的信息化发展理念，鼓励教师开展信息技术的学习与应用。部分农村社区居民开始意识到为学生提供计算机进行学习。

3. 融合阶段

信息化应用的绩效依然对系统整体绩效提升起主要影响，以推动教育教学与信息技术深度融合为主导的阶段，我们称之为农村基础教育信息化发展的融合阶段。

融合阶段的主要特点是：信息化基础设备设施完备，信息化教室的种类、数量和联网率均能够满足学生、教师和管理人员使用的需求。信息化教学资源的种类、数量及质量能够适合教学需要并不断更新。学校已经把信息技术的应用纳入到制度层面，建立评比及奖励机制促进教师教育技术能力的发展。信息技术在教学中更多成为一种手段和工具，而不仅仅是一门课程，大多数教师在教学中习惯并乐于使用信息技术，能够将信息技术充分整合进课堂，组织开展"以学生为主体"的学习活动，同时利用信息化教学及管理平台，开展基于互联网的教学和教研工作。学生在课堂上和课后均能够利用多种信息技术解决问题，进行自主学习和探究学习。教师与学生之间、学校与农村社区居民之间能够利用信息技术进行沟通互动。在主体发展方面，学生的信息素养和综合能力有了较大提升，将信息技术视为能够帮助自身学习的工具，教师能够依托信息技术开展教学改革和教师专业发展，多数农村社区居民开始认识到信息技术的重要性，并能够通过信息技术与学校进行沟通互动。

4. 变革阶段

当信息化主体发展的绩效对系统整体绩效提升起主要影响的时候，我们称之为农村基础教育信息化发展的变革阶段。

变革阶段的主要特点是：信息技术在学校的教学、科研、管理等方方面面都被广泛使用，信息技术已经成为必不可少的一部分，而且被有效地应用于教学、科研、管理、交流和合作中。这一阶段的信息化基础设施建设已趋完善，教师和学生可以获取丰富的信息化教学资源并参与资源的建设与更新。各方面的信息化制度完善、健全，学校可以为教师提供及时的技术支持和持续的专业培训。在信息化应用方面，教师能够利用信息技术搭建新的学习环境，课程内容覆盖多个主题，信息技术开始改变教学模式，学生成为学习活动的中心，学习活动和学习内容的组织都是围绕着促进学生的学而进行。学生完全掌握各种信息技术的使用，能够更好地利用信息技术进行个性化学习、跨学科学习。教师、学生、社区居民之间能够利用信息技术相互沟通，并且能够和全国各地的学生、家长、教师和专家进行交流互动。信息化主体方面，学生的信息素养和综合能力发展到较高水平，学生养成了良好的利用信息技术学习的习惯，问题解决能力、批判性思维、创造性思维等得到不同程度的提高。教师的教育技术能力、信息技术与课程整合能力、教科研能力均达到较高水平，具备利用技术进行教学改革和创新的能力。农村社区居民重视信息技术，注重促进学生利用计算机和互联网进行学习，乐于利用信息技术与教师、学校进行沟通互动。

四、农村基础教育信息化发展阶段跃迁分析

农村基础教育信息化系统是一个多投入多产出的复杂的开放系统，当系统中各要素在一定时期内不发生变化，与前一个时期相比是无差异、均匀时，系统处于平衡态。系统长时间处于一个稳定平衡态后，整个系统变得无活力。任何事物都有其保持自身的规定性或稳定性的临界度，即保持自身特质并可以与他质相区别的"阈值"，农村基础教育信息化系统也不例外。同样任何系统内部都存在偏离于某个变量或行为平均值的"涨落"。在农村基础教育信息化系统的发展过程中，系统各要素的状态和相互作用的强度、效果将发生很大变化，对其他要素的影响以及对整个系统功能的贡献会有所不同。其中影响最大的就是让该系统从无序转向有序的关键影响因素或主导因素。农村基础教育信息化系统的涨落主要指主导因素的影响作用。

农村基础教育信息化系统中的涨落运动所引起的随机扰动和振荡使农村基础教育信息化系统的状态从平衡态发展到近平衡态，从近平衡态再发展到远离平衡态。这种远离平衡态的农村基础教育信息化系统为出现新的有序结构提供可能。处于远离平衡态的农村基础教育信息化系统需要不断地与外界进行物质和能量的交换才能维持，并保持一定的稳定性，且不因外界的微小扰动而消失。

当系统达到远离平衡态非线性区时，一旦系统的某个参数的变化且达到一定的阈值，通过涨落，农村基础教育信息化系统就可能发生突变，由原来的无序混乱状态转变为一种时间、空间或功能上有序的新状态，即农村基础教育信息化系统形成一个新的耗散结构。这个过程就是农村基础教育信息化系统从一个发展阶段跃迁到另一个发展阶段的过程。

在农村基础教育信息化系统的发展过程中，需要经历三次跃迁。在起步阶段，信息化基础设施建设与信息化资源建设是该阶段的主导因素，通过主导因素的影响作用，系统绩效快速提升，当主导因素的影响作用达到一定的

阈值时，农村基础教育信息化系统从一种无序状态向另一种有序的新状态转变，农村基础教育信息化系统将发生阶段性转变，由起步阶段跃迁到应用阶段。起步阶段成为应用阶段的发展基础，应用阶段成为起步阶段的升华，其他阶段的跃迁亦如此。不同的是在应用阶段主导因素为信息化基础设施与资源应用，在融合阶段主导因素为教育与信息技术深度融合，在变革阶段主导因素为信息化主体发展。

第六章　农村基础教育信息化
绩效评估模型研究

绩效评估模型研究是开展评估研究的重要环节，是将复杂抽象的绩效评估理论转化为具体可操作的绩效评估工具的重要过程。这个过程的核心任务是针对具体的评估对象，构建出合理的绩效评估模型，这需要遵循模型构建的理论与方法。本章依据第六章有关农村基础教育信息化绩效结构论、影响因素说和绩效发展阶段论等研究结果，对绩效评估模型构建的理论假设、遵循的原则、模型的属性、模型属性与绩效结构的关系等基本问题进行分析和阐述，同时，基于解释结构模型法建立起农村基础教育信息化系统绩效的层级结构模型，在此基础上，构建出三维度的绩效评估模型并进行验证。该模型是农村基础教育信息化系统的理论模型，为农村基础教育信息化绩效评估体系的建立提供科学有效的理论依据。

一、构建绩效评估模型遵循的理论假设与原则

（一）遵循的理论假设

1. 教育信息化绩效可以被结构化表征

管理学和经济学中的绩效可以被结构化表征。在管理学中，绩效是组织期望的结果，是组织为实现其目标而关注不同方面的有效输入输出。企业整体绩效不仅取决于职工个人绩效水平的高低，而且还取决于组织绩效水平的高低。个人绩效管理仅能通过改变企业现有生产力的发挥程度来改变职工个

人绩效水平，而组织绩效管理则可以通过整合来提高企业整体生产力水平。在职工个人绩效水平一定的情况下，组织绩效水平越高，企业整体绩效水平也越高，二者之间相互关联与制约。因此，在管理学中，绩效结构上分为个人绩效和组织绩效两个方面。在经济学中，绩效是企业高效地实现工作目标，实现利益最大化的手段，是企业为追求实际利益而体现在不同层面上的绩效。通常使用效果来衡量企业实现工作目标的程度，职工实践活动的客观结果；使用效率来衡量企业单位时间内完成的工作量；使用效益来衡量企业实现的利益，包括经济效益和社会效益等。为实现企业整体绩效水平，三者需均衡协调发展。因此，在经济学领域，绩效结构上可分为效果、效率和效益三个层面。

借鉴管理学及经济学的结构化表征方法，教育信息化绩效在结构上可以分为个人绩效和组织绩效，亦可划分为效果、效率和效益三个层面。由第六章可知，教育信息化效果是教育信息化建设及应用过程中，产出的可观察的、可量化的、合乎目的的结果，是教育信息化绩效的显性部分；教育信息化效益是教育信息化应用过程中，学生、教师、校长等信息化主体信息素养的提高、信息综合能力的提升而带来的显性经济效益，同时也包括信息化主体发展对社会发展的影响而带来的隐性社会效益；教育信息化效率是单位时间内教育信息化效果、效益发展的程度。因此，本研究认为教育信息化绩效可以结构化表征为教育信息化效果、效率和效益。

2. 教育信息化影响因素是绩效评估的可观测属性

由第五章可知，系统是由相互联系、相互作用的要素构成的具有特定功能的整体。为了推动系统发展，人们需要对系统进行研究和改造，发挥其最优的功能。对系统的改造需要通过调整系统各要素完成。调整要素的过程是系统优化的过程，是影响系统发展的过程。这些调整要素将成为系统发展的影响因素。人们习惯使用属性特征来描述事物。属性是事物必然的、基本的、不可分离的特性，又是事物某个方面质的表现。一定质的事物常表现出多种属性。有的可以被观测，有的不可以。对于可观测的属性通常是人们评估事物的依据。对于教育信息化系统，教育信息化影响因素是教育信息化发展的驱动力，其作用程度及因素间的相互作用程度决定了教育信息化系统的整体状态，教育信息化影响因素是评估教育信息化系统的重要依据。因此，本研究认为教育信息化影响因素是绩效评估的可观测属性。

（二）遵循的原则

在评估模型的研究中，人们基本按照系统性、结构性、简单性和可验证性等原则进行模型的构建。本研究是针对农村基础教育信息化系统并按照推动其有效健康发展的目标需求进行评估模型的构建研究，因此，也应遵循相应的模型构建原则。

1. 系统性原则

系统论认为，系统是由相互联系、相互作用的要素组成的，是具有特定结构和功能的有机整体，是事物存在的一种普遍形式。农村基础教育信息化作为一个整体系统，由硬件设施、教学资源、信息化主体等若干要素构成，且各要素之间是相互联系、相互依存，一个要素的变化，会引起另一个要素的变化，并引起系统的整体变化。因此，构建农村基础教育信息化绩效评估模型时，需要遵循系统性原则。

2. 结构性原则

一般来讲，结构化就是面对复杂事物，通过多元视角、多维度进行科学分析，将复杂事物分解成多个互相关联的组成部分，各组成部分间有着明确的层级结构，便于人们加深理解和高度认识。农村基础教育信息化系统的复杂性决定了其绩效的复杂性，为了更好地理解农村基础教育信息化绩效，需要按照结构性原则，将农村基础教育信息化绩效分解成多个绩效维度，从不同绩效层面来分析、考评农村基础教育信息化绩效。因此，构建农村基础教育信息化绩效评估模型需要遵循结构性原则。

3. 简单性原则

从简单性来说，就是要化繁为简、化难为易，使复杂事物有可能通过比较简单的模型来进行研究。在教育领域，农村基础教育信息化系统作为教育的子系统有其特殊的复杂性。教育信息化不仅是一个动态发展的过程，而且还是一个多投入多产出的过程。其发展过程中存在着许多隐形的、无法分离的、难以测量的绩效。为了能够更好地实现对其评估，需要对农村基础教育信息化系统进行科学抽象分析，在保证模型的精确性前提下，尽量追求建模简单化。

4. 可验证原则

一般说来，只要模型具有可操作性，就有具体的操作过程，并能取得具体的研究结果，这结果是可以与实际进行对照和比较的，因而就是可验证的。按照这一原则构建农村基础教育信息化绩效评估模型时，必须保证农村基础教育信息化绩效评估模型具有可操作性，利用该模型及其转化的研究成果可以对农村基础教育信息化进行绩效评估，绩效水平值可以与学校实际信息化现状进行对照，并可以进一步修改完善原有模型。

二、绩效评估模型构建的过程

模型是人们按照科学研究的特定目的，在一定的假设条件下，用物质形式或思维形式再现原型客体的某种本质特征，诸如属性、结构等，用以推知客体的某种性质或规律。[①] 农村基础教育信息化绩效评估模型是用思维形式再现农村基础教育信息化发展的影响因素、绩效结构，以揭示农村基础教育信息化系统的运行状态、运行过程和运行结果的理论模型。

构建农村基础教育信息化绩效评估模型主要有三项工作：一是确定评估模型的属性，二是确定评估模型属性与绩效结构的关系，三是在此基础上建立起农村基础教育信息化的绩效评估模型。

（一）评估模型的属性分析与确定

属性即事物本身所固有的性质，是事物必然的、基本的、不可分离的特性，又是事物某方面质的表现。模型的属性是模型本质的、必然的、不可分离的、用以区别不同模型的特征。评估模型具有一般模型的基本属性特征，

---

① 孙小礼：《模型——现代科学的核心方法》，《哲学研究》1993 年第 2 期。

其属性特征是区分评估对象的高度抽象描述或定义。① 评估模型属性的确定是评估模型构建的基础。农村基础教育信息化绩效评估模型属性的确定，是基于影响因素构建的信息化评估模型分析的基础上确定的。

1. 典型评估模型的属性分析

查阅近年来国内外有关信息化评估的成果，部分成果基于影响因素构建评估模型、量表或指标体系。国内外普遍认可的有美国教育技术 CEO 论坛的 STaR 量表、英国教育通讯与技术署的 SRF 指标体系和我国的《国家信息化指标构成方案》等。

为了落实美国政府发布的教育行动计划，美国教育技术 CEO 论坛研发了著名的 STaR 评估量表。每年的论坛报告都会对评估量表做些修正和扩展。到 2001 年，评估量表已经被美国一些州和学校所采纳，成为衡量该地区和学校教育信息化发展水平的标尺。STaR 量表由四个评估维度构成，即：硬件和网络连通性、教师专业发展、数字化资源、学生成就和考核。② 教育技术 CEO 论坛认为，一个教师教育机构的技术准备和应用水平与所有利益相关者的努力都有关系，不仅领导层要重视提供投资和政策支持，而且所有教员、在校生和毕业生都有责任积极参与。因此，STaR 量表提出的评估维度是对整个学校信息化的全面评估。

为了进一步促进信息通信技术的有效应用，英国教育通讯与技术署于 2006 年 3 月发布了学校信息化自我评估指标 SRF，该指标体系用于帮助学校进行 ICT 应用效果的评估，并为学校教学和学生学习的进一步提高做出规划。SRF 指标体系包含了六个评估维度：领导和管理者、规划、学习、通信与信息技术能力、专业发展、资源。③ SRF 在英国具有较大的影响力，为了促进 SRF 的应用，英国教育通讯与技术署专门开发了供学校实施 SRF 评估的网络工具。

《国家信息化指标构成方案》的提出历时八年，借鉴了国际上重要研究成

---

① ［美］斯塔弗尔比姆：《评估模型》，苏锦丽等译，北京大学出版社 2007 年版，第 18 页。

② 美国教育技术 CEO 论坛：*The School Technology and Readiness Report*，January 2000，见 http：// www. ceoforum. org.

③ 英国教育通讯与技术署：*Self - review framework*，March 2006，见 http：// becta. org. uk/ schools/ selfreview.

果，汇集了各部委、省市、院校的诸多专家和大量信息化研究成果，文献累计达 6000 余篇，并进行了省、市、镇各级试点，被业内人士誉为"中国新的现代化标准"。① 该方案提出国家信息化评估指标的六个维度：信息网络，信息资源，信息技术应用，信息技术和产业，信息化人才，信息化政策、法规和标准。该标准涵盖了信息化评估的各个方面，具有很高的权威性和科学性，成为许多领域信息化评估的依赖标准。

STaR 量表的四个评估维度中，硬件与网络连通性维度和数字化资源维度是对信息化环境建设进行的评估，教师专业发展维度和学生成就考核维度是对信息化主体发展进行的评估，而对于信息化应用及信息化保障缺少了相应关注。SRF 指标体系的六个评估维度中，通信与信息技术能力维度和资源维度共同评估了信息化环境建设，学生学习维度、教师专业发展维度以及领导和管理者维度共同评估了信息化主体发展，而余下的规划维度仅仅对信息化保障进行了评估。因此，SRF 指标体系缺少了对信息化应用的评估。国家信息化指标构成方案的六个评估维度中，信息网络维度和信息资源维度关注了信息化环境建设的评估，信息化人才维度关注了信息化主体的发展，信息技术应用维度关注了信息化环境应用的评估，信息化政策、法规和标准维度关注了信息化保障建设的评估，而余下的信息技术和产业维度关注了信息化外延的发展。相比较而言，国家信息化指标构成方案对信息化的影响因素分析更为深入，评估维度更加全面（见表 6 – 1）。

表 6 – 1　信息化典型研究影响因素分析

因素 评估维度 典型研究	信息化环境 建设因素	信息化主体 发展因素	信息化 环境 应用因素	信息化 保障 建设因素	信息化 外延 发展因素
STaR 量表	硬件与网络连通性；数字化资源	教师专业发展；学生成就考核	＼	＼	＼

---

① 人民网：《信息产业部公布国家信息化指标构成方案》，2001 年 7 月 29 日，见 http：//www. people. com. cn/GB/shizheng/252/17/1851/20010729/522993. html。

典型研究 \ 评估维度 \ 因素	信息化环境建设因素	信息化主体发展因素	信息化环境应用因素	信息化保障建设因素	信息化外延发展因素
SRF 指标体系	通信与信息技术能力；资源	学生学习；教师专业发展；领导和管理者	＼	规划	＼
国家信息化指标构成方案	信息网络；信息资源	信息化人才	信息技术应用	信息化政策、法规和标准	信息技术和产业

国家信息网络是信息资源开发利用和信息技术应用的基础，也是信息传输、交换和资源共享的必要手段。只有建设先进的国家信息网络，才能充分发挥信息化的整体效益。信息资源是国民经济和社会发展的战略资源，它的开发利用是国家信息化的核心任务，是国家信息化建设取得实效的关键。信息资源开发利用程度是衡量国家信息化水平的一个重要标志。信息技术应用是国家信息化环境建设的跟进步骤，是国家信息化效益体现的必由之路。信息技术应用工作量大，涉及面广。信息技术应用的深度与融合度是评测国家信息化水平的重要属性。信息产业是国家信息化的支柱，它是指从事信息的生产、交换、消费、利用、咨询服务的产业群，体现了国家信息化经济效益发展程度。信息化人才既是国家信息化建设的执行者，又是国家信息化评估的对象，其发展程度决定着国家信息化效益的发展水平，是衡量国家信息化水平的又一重要属性。信息化政策、法规和标准是指由行政机关、立法机关和其他机构制定颁布的旨在调整信息化过程中的各种关系，促进信息化发展的各种政策、法规、规章的总和。它是信息化快速有序、健康发展的有力保障。

STaR 量表、SRF 指标体系及国家信息化指标构成方案研究成果是信息化评估研究中的典范，三个研究成果均对信息化的影响因素进行了分析，在此基础上构建了相应的评估模型。这些评估模型包含的可观测属性包括：信息化环境、信息化主体、信息化应用、信息化保障及信息化外延。

2. 农村基础教育信息化评估模型的属性

依据前文的研究可知，信息化建设与发展的影响因素是评估其建设与发展成效的维度，对评估模型来说是可以观测的属性。由此，可以这样结论，可以通过分析农村基础教育信息化影响因素的方法来确定绩效评估模型的可观测属性，也即是评估农村基础教育信息化其绩效发展的评估维度。

农村基础教育信息化系统作为国家信息化系统的子系统，其影响因素一定是国家信息化系统影响因素的子集。表6-1中给出了国家信息化建设的影响因素，包括信息网络建设与信息资源建设，信息技术应用，信息化人才，信息化政策、法规和标准，信息技术和产业。分析国家信息化这些影响因素的具体内容发现，信息化建设的推进可以带动信息技术和产业，尤其是由于大量信息化资源的需求会带来软件产业的兴起和繁荣，这是国家信息化发展的外延因素，从模型的角度说，是国家信息化模型的重要属性。但是，从本研究第五章所给出的农村基础教育信息化系统模型（见图5-1）来看，基本不涉及信息技术和产业方面的内容。因而，就评估模型而言，除了信息技术与产业这一外延属性外，国家信息化模型的其他属性，在农村基础教育信息化系统模型中都有充分的体现。

因此，借鉴国家信息化指标方案研究对影响因素的描述方式，结合本研究第六章中关于农村基础教育信息化绩效考核内容及其影响绩效提升的因素分析，得出农村基础教育信息化评估模型的五个可观测属性，具体包括信息化基础设施、信息化资源、信息化应用、信息化主体和信息化保障（见图6-1）。

信息化基础设施主要指信息化装备和信息化网络等；信息化资源

图6-1　农村基础教育信息化评估模型属性

主要指数字教学资源库及信息系统等；信息化应用可分为信息化基础设施应用、信息化资源应用、信息技术在教学中应用和信息技术课程实施等；信息化主体主要指教师、学生和校长等；信息化保障主要指国家信息化政策、信息化战略规划、信息化经费投入、信息化管理制度、信息化培训机制、信息化考核评价等。

（二）评估模型属性与绩效结构关系的确定

确定评估模型属性与绩效结构之间的关系，是农村基础教育信息化绩效评估模型建立的关键。根据第五章的理论分析可以看出，农村基础教育信息化评估模型的属性实际上就是农村基础教育信息化系统的结构要素（见图5-1和图6-1）。因此，确定评估模型属性与绩效结构之间的关系可以通过分析系统各要素间的关联结构与绩效结构的关系来完成。

解释结构模型法是用于分析系统要素间关联结构的一种专门研究方法。本研究基于农村基础教育信息化建设与应用的过程和规律，通过采用解释结构模型法分析农村基础教育信息化系统各构成要素之间的绩效关系，进而确定了农村基础教育信息化评估模型属性与绩效结构之间的关系。

1. 解释结构模型法原理

解释结构模型法是用于分析教育技术研究中复杂要素间关联结构的一种专门研究方法，作用是能够利用系统要素之间已知的零乱关系，揭示出系统的内部结构。解释结构模型法的具体操作是用图形和矩阵描述出各种已知的关系，通过矩阵做进一步运算，并推导出结论来解释系统结构的关系。其特点是利用人们的实践经验和理论知识，构造层次清晰的多级递阶结构方式来表达错综复杂的要素关系。其基本方法是先建立系统要素关系表，根据系统要素关系表，绘制相应的有向图形，并建立邻接矩阵，用图形和矩阵描述各种已知的关系；然后通过矩阵运算求出该系统的可达矩阵，对可达矩阵进行区域分解和层级分解，进而解释系统的结构特点。

2. 农村基础教育信息化评估模型属性与绩效结构关系的确定

利用解释结构模型法确定农村基础教育信息化评估模型属性与绩效结构的关系，其过程主要包括三个步骤，首先需要寻找系统要素之间的绩效关系，并用图形和邻接矩阵描述各种已知绩效关系。然后需要通过矩阵运算求出农村基础教育信息化系统构成要素的可达矩阵。最后通过对可达矩阵区域分解和层级分解，来解释农村基础教育信息化系统各要素的关联结构和绩效关系，进而确定出农村基础教育信息化评估模型属性与绩效结构之间的关系。

（1）系统要素之间的绩效关系分析

系统要素之间的绩效关系主要指要素之间的绩效影响关系，根据农村基础教育信息化建设与发展的过程和规律发现，其系统各要素的绩效影响关系可有强弱之分，为了便于解释系统各要素之间的绩效关系，在此我们只讨论强相关的影响关系。

由第六章可知，农村基础教育信息化系统的构成要素包括：信息化保障、信息化基础设施、信息化资源、信息化应用和信息化主体，在此，我们将系统各要素顺次命名为 S_i（$i=1$，2，$\cdots$，5）。农村基础教育信息化系统的各要素之间相互作用，相互影响。信息化保障绩效影响信息化基础设施绩效、信息化资源绩效、信息化应用绩效及信息化主体绩效。信息化基础设施、信息化资源和信息化应用的绩效主要体现在建设及应用的快慢和达标程度，可以用信息化效率和效果来衡量。信息化主体绩效主要体现在信息化主体发展而带来的经济效益和社会效益及效益提升快慢程度，可以用教育信息化效益和效率来衡量（见表6-2）。信息化基础设施与信息化资源之间存在互为影响关系，但二者之间的影响关系多体现在计算机软硬件之间的匹配关系，硬件推动软件发展，软件拉动硬件提升。而其他基础设施与资源间的绩效关系并不明显。但信息化基础设施与信息化资源绩效共同影响信息化应用及信息化主体绩效。信息化应用绩效又影响信息化主体绩效。

表6-2　农村基础教育信息化系统的构成要素之间的绩效关系

	信息化保障（S_1）	信息化基础设施（S_2）	信息化资源（S_3）	信息化应用（S_4）	信息化主体（S_5）
信息化保障（S_1）		影响信息化效果、效率	影响信息化效果、效率	影响信息化效果、效率	影响信息化效益、效率
信息化基础设施（S_2）				影响信息化效果、效率	影响信息化效益、效率
信息化资源（S_3）				影响信息化效果、效率	影响信息化效益、效率
信息化应用（S_4）					影响信息化效益、效率
信息化主体（S_5）					

（2）建立基于绩效关系的系统要素有向图

有向图形是系统中各要素之间的联系情况的一种模型化描述方法。它由节点和边两部分组成。节点指利用一个圆圈代表系统中的一个要素，圆圈标有该要素的符号；边指用带有箭头的线段表示要素之间的影响，箭头代表影响的方向。这样，根据表6-2分析出的农村基础教育信息化系统构成要素之间的绩效关系，画出系统要素的绩效关系有向图（见图6-2）。

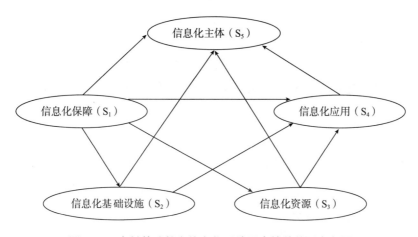

图6-2　农村基础教育信息化系统要素绩效关系有向图

（3）根据有向图建立邻接矩阵

对于一个有向图，我们可以用一个 m×m 方形矩阵来表示。m 为系统要素的个数。矩阵的每一行和每一列对应图中一个节点（系统要素）。规定：要素 S_i 对 S_j 有影响时，矩阵元素 a_{ij} 为 1；要素 S_i 对 S_j 无影响时，矩阵元素 a_{ij} 为 0。根据农村基础教育信息化系统的构成要素的绩效关系有向图（见图 6 – 2）建立邻接矩阵 A 如下。

$$A = \begin{bmatrix} 0 & 1 & 1 & 1 & 1 \\ 0 & 0 & 0 & 1 & 1 \\ 0 & 0 & 0 & 1 & 1 \\ 0 & 0 & 0 & 0 & 1 \\ 0 & 0 & 0 & 0 & 0 \end{bmatrix}$$

（4）通过矩阵运算求出该系统的可达矩阵 M

可达矩阵表示从一个要素到另一个要素是否存在连接的路径。如果一个矩阵，仅其对角线元素为 1，其他元素均为 0，这样的矩阵称为单位矩阵，用 I 表示。根据布尔矩阵运算法则，可以证明：$(A + I)^2 = I + A + A^2$，同理可以证明：$(A + I)^k = I + A + A^2 + \cdots + A^k$。如果系统 A 满足条件：$(A + I)^{k-1} \neq (A + I)^k = (A + I)^{k+1} = M$，则称 M 为系统 A 的可达矩阵。

$$M = \begin{bmatrix} 1 & 1 & 1 & 1 & 1 \\ 0 & 1 & 0 & 1 & 1 \\ 0 & 0 & 1 & 1 & 1 \\ 0 & 0 & 0 & 1 & 1 \\ 0 & 0 & 0 & 0 & 1 \end{bmatrix}$$

（5）对可达矩阵 M 进行区域分解和层级分解

可达矩阵中要素 S_i 对应的行中，包含有 1 的矩阵元素所对应的列要素的集合称为可达集合 R（S_i）。可达矩阵中要素 S_i 对应的列中，包含有 1 的矩阵元素所对应的行要素的集合称为先行集合 Q（S_i）。为了对可达矩阵 M 进行区域分解，我们先把可达集合 R（S_i）、先行集合 Q（S_i）及其交集 R（S_i）∩Q（S_i）列于在表上（见表 6 – 3）。

表6-3　可达集合与先行集合及其交集表

i	R (S_i)	Q (S_i)	R (S_i) ∩ Q (S_i)
1	1, 2, 3, 4, 5	1	1
2	2, 4, 5	1, 2	2
3	3, 4, 5	1, 3	3
4	4, 5	1, 2, 3, 4	4
5	5	1, 2, 3, 4, 5	5

为了更清晰地了解系统中各要素之间的层级关系，我们对可达矩阵 M 进行层级分解。最顶层表示系统的最终目标，往下各层分别表示是上一层的原因。层级分解的方法是根据 R (S_i) ∩Q (S_i) ＝R (S_i) 条件来进行层级的抽取。

3. 评估模型属性与绩效关系的层级结构模型

利用上述方法进行层级的抽取。表6-3 中对于 i＝5 满足条件 R (S_5) ∩ Q (S_5) ＝R (S_5)，表示 S_5 为该系统的最顶层，也就是系统的最终目标。然后，把表6-3 中有关5 的要素都抽取掉，接着继续抽取。得出 S_4 为第二层，并是 S_5 的原因。如此重复，最后确立了系统绩效的层级结构模型，即农村基础教育信息化评估模型属性与绩效关系的层级结构模型（见图6-3）。

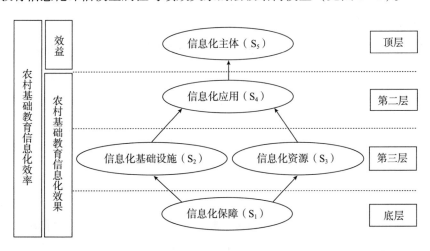

图6-3　农村基础教育信息化评估模型属性与绩效关系的层级结构模型

基于解释结构模型法将农村基础教育信息化绩效评估模型的五大属性划分为四层。信息化主体为顶层，信息化保障为底层。信息化应用位于第二层，信息化基础设施及信息化资源位于第三层。作为底层的信息化保障绩效影响着信息化基础设施、信息化资源、信息化应用及信息化主体绩效，信息化基础设施及信息化资源绩效影响着信息化应用及信息化主体绩效，而信息化应用绩效又影响着信息化主体绩效。

由农村基础教育信息化评估模型属性与绩效结构的关系分析可知，农村基础教育信息化系统的五大要素并非绝对地影响着教育信息化效果、效率或效益维度。信息化基础设施和信息化资源建设是农村基础教育信息化显性投入与产出的衡量对象，其建设的快慢与达标程度决定着教育信息化的效率和效果。信息化保障建设影响着教育信息化的目标达成情况，决定着教育信息化的效果。信息化应用即信息化主体接受的快慢程度及使用好坏程度是教育信息化的隐性投入和产出衡量对象，决定着教育信息化的效率和效果。信息化主体是教育信息化隐性产出的重要观测对象，其发展快慢程度及因发展而带来的经济效益及社会效益决定着教育信息化的效率和效益。由此可见，信息化主体发展是农村基础教育信息化效益的可观测属性；信息化保障建设、信息化基础设施建设、信息化资源建设及信息化应用是农村基础教育信息化效果的可观测属性。既然农村基础教育信息化效率是指单位时间内教育信息化效果和效益发展程度，那么信息化保障建设、信息化基础设施建设、信息化资源建设、信息化应用及信息化主体发展均是农村基础教育信息化效率的可观测属性。四层结构中，下面三层主要体现的是农村基础教育信息化绩效中的效果，顶层体现的是农村基础教育信息化绩效中的效益，而效率在四层中均有体现（见图 6 - 3）。

（三）绩效评估模型的表达与解析

通过上述的过程与方法，我们得到了农村基础教育信息化评估模型的属性，以及评估模型属性与绩效结构的关系，最终得出了如图 6 - 3 所示的农村基础教育信息化评估模型属性与绩效关系的层级结构模型。该图告诉我们，农村基础教育信息化绩效评估模型的五大属性分属于四个层级。在四个层级中，绩效结构中的效果、效率和效益有不同程度的体现。其中，顶层主要体现的是农村基础教育信息化绩效中的效率和效益，而对效果体现相对较弱。第二层、第三层和底层三个层级，主要体现的是农村基础教育信息化绩效中的效果和效率，而效益的体现相对较弱。这恰好符合农村基础教育信息化建设与发展过程中所体现的规律，也符合本研究只关注强相关的"影响关系"的研究思路。

一个有效模型的呈现与表征，应该符合系统性、直观性、简单性和结构性原则。为了更好地描述农村基础教育信息化绩效评估模型，更科学地反映系统的绩效结构、绩效评估的属性与绩效关系的层级结构，在本研究中，将图6-3所示的绩效评估模型的平面表征，转换为三维立体的球形表征。其中，绩效的四个层级表达为四个不同半径的球形（如图6-4所示），代表绩效发展的不同水平。

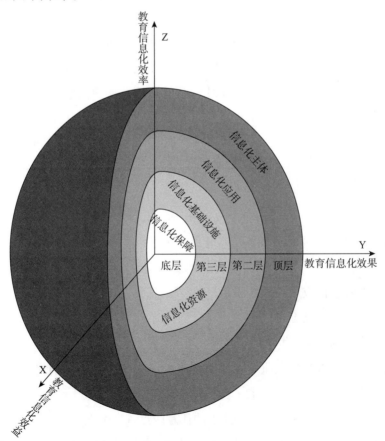

图6-4 农村基础教育信息化绩效评估模型

必须要说明的是，在图6-4中呈现出的沿着"三效"坐标轴均衡扩展的球形，表示着系统整体绩效提升与发展的理想状态，或最佳状态。但在实际中，农村基础教育信息化系统的运行并非三效同时均衡发展，如图6-3所示，在某层级上存在效益或效果很弱甚至缺失的现象。

另外需要说明的是，绩效的三维结构并非真实存在空间直角坐标系的关系，目前我们的研究表明，第一象限具有实际意义，绩效水平由三效的发展状态决定，其他象限则不具有解释意义。

农村基础教育信息化绩效评估模型能否评测农村基础教育信息化的绩效水平、揭示农村基础教育信息化三效均衡发展的需求，以及体现农村基础教育信息化发展阶段性的规律，我们从农村基础教育信息化绩效评估模型属性构成、模型球形结构及模型层级结构等三方面进行解析。

1. 模型属性构成解析

模型属性是农村基础教育信息化绩效评估的可观测属性，农村基础教育信息化绩效评估模型属性包括信息化保障、信息化基础设施、信息化资源、信息化应用及信息化主体。五个属性的绩效取值共同决定农村基础教育信息化系统的绩效水平。农村基础教育信息化系统的绩效水平用 S 表示，五个属性的绩效水平用 M、N、P、Q、R 表示。那么有序实数组（m，n，p，q，r）共同决定绩效水平 S，即绩效水平值 s 与 m，n，p，q，r 之间存在着函数关系。

$$s = f \ (m, n, p, q, r)$$

其中 s 代表农村基础教育信息化绩效水平值，m，n，p，q，r 分别代表"信息化保障绩效水平值""信息化基础设施绩效水平值""信息化资源绩效水平值""信息化应用绩效水平值"和"信息化主体绩效水平值"，要求 m，n，p，q，r 均大于等于 0。

2. 模型球形结构解析

在农村基础教育信息化绩效评估模型中，X、Y、Z 轴分别代表农村基础教育信息化效益、效果和效率。农村基础教育信息化绩效水平可分别从效益、效果和效率三个维度来考量。空间上的任意两点 A、B，若 A 和 B 到坐标原点的距离相等，则说明两点所代表的农村基础教育信息化的绩效水平值相同。

同理，空间上将存在若干点到坐标原点的距离等同于 A 点，且这些若干点构成等半径的球面。若 A 接近 X 轴，远离 Y 轴和 Z 轴，则代表绩效中的效益发展好，效果和效率发展差。若 B 距离 X、Y、Z 轴均等，则代表三效发展均衡。若 A、B 三效发展程度相同，则绩效水平值一定相同。反之，绩效水平值相同，三效发展程度未必相同。三效发展程度低的是绩效水平值提升的重要突破口。通过优化影响该维度提高的主导因素，达到三效和谐、均衡发展，即可有效提升农村基础教育信息化的绩效水平。

3. 模型层级结构解析

在利用解释结构模型法建立的系统层级结构中，上层是下层的目标或结果，下层是上层的基础或原因。农村基础教育信息化绩效评估模型的四层分别是信息化保障层、信息化基础设施及资源层、信息化应用层和信息化主体层。信息化主体层是农村基础教育信息化系统发展的最终目标，对应着系统发展的最高阶段，处于此阶段的农村基础教育信息化系统具有最高的绩效水平。信息化保障层是系统最优先发展的基础层，处于最底层，对应着系统发展的低级阶段，系统具有最低的绩效水平。其他两层介于顶层和底层之间，即四个层级是农村基础教育信息化系统绩效水平发展的层级，具有不同的绩效水平区间，对应不同的绩效发展阶段。在空间上任取两点 C、D，若 C、D 在同一层级则位于同一绩效水平区间，处于相同的发展阶段，反之处于不同的发展阶段。

三、绩效评估模型验证

（一）绩效评估模型的验证方法

模型验证是检验模型描述真实世界中复杂系统的准确程度的重要过程，是考察模型代表实际系统的精确程度的重要方法。模型验证方法通常分为专家评审法、折中分析法和形式化验证方法等。专家评审法是目前广泛使用的模型验证方法，该方法的主要过程是专家依据自己的知识和经验，按照评审标准进行评审。本研究使用该方法进行模型验证。

（二）绩效评估模型的验证过程

1. 建立评审标准

评审标准包括准确性、完备性、适用性和一致性。准确性是指模型在其作用域内代表实际系统的准确程度，完备性是指模型完成自身功能的充分程度，适用性是指模型的作用域与有效适用范围的吻合程度，一致性是指模型整体及其内部结构的一致程度。每个标准设定 1（最差）、2（差）、3（适中）、4（好）、5（最好）五个等级。各个标准的分值由专家根据模型应用后的评估结果与自己主观认定情况的吻合度确定。

2. 确定领域专家

课题组采用非概率主观抽样的方法，选取国内教育技术领域的 10 位著名专家组成专家组。专家主要来国内著名高校和科研院所的知名学者，教育技术学学科带头人。各位专家在教育信息化及其绩效评估方面具有专门的研究和独到见解，在教育技术领域具有一定的影响力。

3. 制定评估工具

依据农村基础教育信息化绩效评估模型的五种属性，确定农村基础教育信息化的评估维度，进而建立农村基础教育信息化绩效评估指标体系。接着将指标项转换为相应题目，制定调查问卷及访谈提纲。对我国 S、L、J、H、G 五个省市的 5 所农村学校的学生、学科教师、信息技术教师和信息化管理者进行问卷调查，并对校长进行访谈。

4. 收集样本数据

常用的样本数据有截面数据、时间序列数据和虚变量数据。由于本课题仅对上述 5 所学校进行了一次评估，所以我们仅有同一时间截面上的调查数据。为此，本书使用的仅是课题组收集的截面数据。为了保证模型验证的有效性，我们保持选取的样本数据与母体数据一致，即收集的样本数据是农村基础教育信息化绩效评估数据。

5. 制定征询方案

对收集的样本数据进行整理后，将评估结果及相关评估资料制定成《农村基础教育信息化绩效评估模型征询方案》，使用德尔菲法对专家组进行两轮咨询。之后，将10位专家的评审结果分类统计，求均值并取整（见表6-4），表中数值代表专家组意见集中程度。

表6-4　专家意见集中程度统计表

省份学校名称	评价标准			
	准确性	完备性	适用性	一致性
S省A学校	5	4	5	5
L省B学校	5	5	5	4
J省C学校	4	3	4	5
H省D学校	5	5	4	4
G省E学校	5	4	5	4

6. 专家意见分析

我们对该统计结果使用中位数法进行分析。发现仅有对J省C学校绩效评估后，专家认为完备性一般，其余各项值均大于中位数3，农村基础教育信息化绩效评估模型得到了专家的普遍认可。

（三）结论

经专家评审法验证，农村基础教育信息化绩效评估模型与农村基础教育信息化系统有较高的拟合程度，可以依据该模型建立农村基础教育信息化绩效评估体系，并对农村基础教育信息化发展水平进行绩效评估。

第七章　农村基础教育信息化
绩效评估体系研究

　　评估体系是一个完整表达评估要求的评估系统，是一个实施评估过程的具体可操作工具。评估体系由指标体系、评估标准和评估体系应用方法构成，其完整性、实用性、可操作性如何，关键在于评估指标体系建立和评估标准制定的过程与方法是否科学、合理。本章主要呈现的是，依据第七章构建的三个维度、四个层级和五个属性的农村基础教育信息化绩效评估模型，运用德尔菲法、指标分解法、层次分析法、问卷调查和个别访谈等多种方法相结合，建立的农村基础教育信息化绩效评估体系，特别是包括多维度的应用方法体系——绩效水平测量方法、发展阶段判定方法、综合问题诊断方法和发展策略确定方法。可以实现对不同区域的农村基础教育信息化绩效水平进行客观地测量和评估，为区域或学校教育信息化的发展提供可靠的决策依据。

一、绩效评估体系构建的指导思想与原则

（一）绩效评估体系构建的指导思想

　　构建教育信息化绩效评估体系是为了客观地反映教育信息化的绩效水平和状况，其指导思想主要有以下几个方面。

　　1. 通过教育信息化评估体系所提供的基本数据资料，客观评价教育信息化绩效水平，为制定教育政策和规划提供依据。

　　2. 利用绩效评估体系对不同区域或学校的教育信息化绩效水平进行测度，

为评估和考核区域或学校教育信息化绩效水平提供量化标准。

3. 检查区域教育信息化各项工作的完成情况，了解各区域在教育信息化发展过程中出现的各种问题，比较区域间教育信息化绩效水平的差异和特点，为教育管理部门提供数据信息，以便及时制定相应的管理措施。

4. 反映教育信息化的进程，评估区域或学校一定时期教育信息化绩效目标正在实现和达到的情况，定期得出教育信息化绩效评估报告，加速教育信息化的发展步伐。

（二）绩效评估体系构建的原则

1. 符合国家教育信息化的方针政策。农村基础教育信息化是教育信息化的重要组成部分，其评估体系的制定不仅要考虑国家信息化评估体系及信息化系统构成的要素，而且要考虑教育方针政策，体现农村基础教育信息化活动中的实际和特点，选择最具有代表性的指标，构造出反映我国农村基础教育信息化绩效水平和发展程度的完整的评估体系。

2. 具有时代性和导向性。教育信息化是一个过程，评估体系要能反映出不同的发展阶段性。为了推动教育信息化的发展，其评估体系应从促进信息化基础设施建设、信息化资源开发利用、信息化应用、信息化人才发展方面加以引导，使评估体系建立在科学、可靠和可行的基础之上，建立在促进我国农村基础教育信息化水平快速提高、尽快缩小城乡差距的基础之上。

3. 具有科学性和可操作性。评估体系应围绕评估价值，全面完整地反映农村基础教育信息化的整体情况，指标描述清楚，指标等级清晰。同时，对于评估体系要简便实用、评估方法要科学可操作。

二、绩效评估体系的组成

绩效评估体系是农村基础教育信息化绩效评估的关键部分和重要工具。根据第六章关于农村基础教育信息化绩效考核内容及其影响绩效提升的因素分析，基于第七章提出的农村基础教育信息化评估模型，我们构建了农村基础教育信息化绩效评估体系，总体结构包括评估指标体系和评估标准两个部分。

（一）绩效评估指标体系

指标体系是进行预测或评估研究的基础和前提，它是将抽象的研究对象按照其本质属性进行分解，标识为具有行为化、可操作化的结构，并对指标体系中每一构成指标赋予相应权重的过程。

本研究所构建的农村基础教育信息化绩效评估指标体系，由5个一级指标、21个二级指标和49个三级指标组成。一级指标源于农村基础教育信息化绩效评估模型的5个属性，分别为信息化基础设施、信息化资源、信息化保障、信息化应用、信息化主体。二级指标源于第六章的理论研究成果。具体包括：信息化基础设施建设一级指标下的计算机装备、校园网建设、信息化教室建设3个二级指标；信息化资源建设一级指标下的教学资源建设、学校网站建设、信息化管理系统建设3个二级指标；信息化保障建设一级指标下的信息化人才结构、信息化战略、信息化组织机构建设、信息化制度建设、信息化培训5个二级指标；信息化应用一级指标下的信息化基础设施应用、信息化资源应用、信息技术课程、信息技术在教学中应用、学校与家长和社区互动5个二级指标；信息化主体发展一级指标下的学生信息素养、学生综合能力、教师综合能力的发展、校长综合能力的发展、农村社区及居民的发展5个二级指标。每个二级指标下都有若干三级指标。

（二）绩效评估标准

评估标准是对评估指标进行价值判断的准则和尺度，农村基础教育信息化绩效评估标准包括评估期望标准、评估等级、描述性说明三个部分。评估期望标准是对每个指标完成情况的预期，即指标完成的理想水平。评估等级是每项指标实际达到的水平等级，根据农村基础教育信息化绩效评估模型的四个层级，我们为绩效评估指标体系的各项三级指标划分了4个评估等级：A、B、C、D，其中A为最高等级，它高于或等于评估期望标准，B、C、D的等级依次降低。描述性说明则是对每个等级水平的具体内容的描述。

三、绩效评估指标体系构建过程与方法

农村基础教育信息化绩效评估指标体系的构建过程分为三个步骤：初步建立绩效评估指标体系、优化绩效评估指标体系及完善绩效评估指标体系。

（一）绩效评估指标体系的初步建立

1. 一级指标及其内容分析

由第七章研究结果可知，一级指标即是绩效评估的维度。农村基础教育信息化绩效评估模型的5个属性是农村基础教育信息化绩效评估的主要方面，其发展与建设共同决定着教育信息化系统的绩效。因此，信息化基础设施建设、信息化资源建设、信息化保障建设、信息化应用、信息化主体发展就是农村基础教育信息化绩效评估指标体系的一级指标项。

（1）信息化基础设施建设指标项。主要指农村基础教育信息化硬件环境建设和信息化网络建设，建设的具体内容包括计算机装备、计算机教室建设、多媒体教室建设、语音室建设、虚拟实验室建设、校园网建设等。信息化基础设施建设主要影响农村基础教育信息化绩效的效果、效率维度，由种类、数量、覆盖率、利用率等具体指标刻画。为此，其绩效评估的内容主要指农村基础教育信息化硬件环境建设效果和效率，包括计算机装备、校园网建设、信息化教室装备、设备及信息化教室利用率等。

（2）信息化资源建设指标项。主要指农村基础教育信息化软件资源建设，建设的具体内容包括数字化资源建设、学校网站建设及信息化管理系统建设等。信息化资源建设主要影响农村基础教育信息化绩效的效果和效率维度，由种类、数量、来源、利用率、更新率等具体指标刻画。为此，其绩效评估的内容应主要指向农村基础教育信息化软件环境建设效果和效率，包括教学资源数量、教学资源来源、教学资源的适切性、教学资源利用率、教学资源更新率等。

（3）信息化保障建设指标项。主要指农村基础教育信息化建设及应用的保障体系建设，建设的具体内容包括信息化人才结构配备、信息化战略规划部署、信息化组织机构建设、信息化制度建设和信息化培训等。信息化保障建设主要影响农村基础教育信息化绩效的效果和效率维度，由配比、金额、利用率、满意度等具体指标刻画。为此，其绩效评估的内容应主要指向农村基础教育信息化建设及应用的保障体系建设的效果和效率，包括信息化人才配比、信息化规划满意度、信息化组织合理度、信息化经费利用率、信息化制度完善度、信息化培训满意度等。

（4）信息化应用指标项。主要指信息化软硬件设施与资源的应用，具体内容包括信息化基础设施应用、信息化资源应用、信息技术在教学中应用、学校与家长利用信息技术沟通等。信息化应用主要影响农村基础教育信息化绩效的效果和效率维度，由整合度、水平、满意度具体指标刻画。为此，其绩效评估的内容应主要指向信息化软硬件环境开发利用及信息技术在教学中的应用，包括信息技术课程开设程度、信息技术与课程整合度、学校办公自动化建设水平、信息技术教育研究水平、学校与家长和社区互动满意度等。

（5）信息化主体发展指标项。主要指信息技术应用过程中人的综合发展，具体内容包括学生综合能力发展、教师综合能力发展、校长综合能力发展、农村社区及居民的发展等。信息化主体发展主要影响农村基础教育信息化绩效的效果和效益，由信息素养、发展水平具体指标刻画。为此，其绩效评估的内容应主要指向信息技术应用过程中人的综合发展，包括学生信息素养、教师信息素养、学生综合能力的发展水平、教师综合能力的发展水平、校长综合能力的发展水平、农村社区及居民的发展水平等。

2. 二级、三级指标项的获取

对于二级、三级指标项的获取采用了指标分解法。首先根据第五章农村基础教育信息化现状调查的研究成果和第六章影响系统绩效提升的因素分析成果，获取了与农村基础教育信息化绩效评估一级指标项有关的全部下属指标项。在此基础上，利用指标分解法厘清指标项间的因果关系及相关关系，进而确定各二级指标项。三级指标项获取的方法及步骤同上。

（1）信息化基础设施建设的效果和效率主要体现在计算机装备、校园网建设、信息化教室装备、设备及信息化教室利用率。其中计算机装备指标通过生机比、师机比、计算机配置、设备完好率、联网率及带宽、联网方式来测评。校园网建设主要考察是否有校园网及其是否接入区域网、城域网。设备及信息化教室利用率指学生和教师使用计算机、电视机和信息化教室的频率。信息化基础设施建设维度的二级指标及三级指标具体见表7-1。

表7-1　信息化基础设施建设维度的二级指标及三级指标

二级指标	三级指标
计算机装备	生机比
	师机比
	计算机配置
	设备完好率
	联网率及带宽
	联网方式
校园网建设	有无校园网
	校园网是否接入区域网、城域网
信息化教室装备	拥有 VCD/DVD 机情况
	拥有电视机和卫星接收设备情况
	拥有信息化教室情况
设备及信息化教室利用率	学生计算机周使用时间
	教师计算机周使用时间
	VCD/DVD 机周使用时间
	电视机周使用时间
	信息化教室周使用时间

（2）信息化资源建设的效果和效率主要体现在教学资源数量及来源、教学资源的适切性、教学资源的利用率及更新率。信息化资源建设维度的二级指标及三级指标具体见表7-2。

表7-2 信息化资源建设维度的二级指标及三级指标

二级指标	三级指标
教学资源数量	教学材料数量
	多媒体课件数量
	网络资源数量
	学校网站的建立情况
教学资源来源	教学材料来源
	多媒体课件来源
	网络资源来源
教学资源的适切性	教学材料适切性
	多媒体课件适切性
	网络资源适切性
教学资源利用率	教学材料利用率
	多媒体课件利用率
	网络资源利用率
	实时教育电视节目接收率
	学校网站周访问量
教学资源更新率	教学材料年更新率
	多媒体课件年更新率
	网络资源年更新率

（3）信息化保障建设的效果和效率主要体现在信息化人才配备、信息化规划、信息化组织、信息化经费、信息化制度、信息化培训六个方面。其中信息化人才配备通过教师结构比例、获得相应证书情况来考察。信息化培训效果通过参加培训教师的比例、培训级别及内容、培训时间及方式来测评。

信息化保障建设维度的二级指标及三级指标具体见表 7 - 3。

表 7 - 3 信息化保障建设维度的二级指标及三级指标

二级指标	三级指标
信息化人才配备	信息技术教师的人才结构
	获得相应证书的比例
	专任信息技术教师的比例
	信息化管理人员的人才结构
	获得相应证书的比例
	专任比例
	《中小学教师教育技术能力标准（试行）》达标率
信息化规划	规划目标明确程度、切合性
	规划内容健全程度
信息化组织	教育信息化专项负责人
	教育信息化专项部门
信息化经费	经费来源及资金投入情况
	经费管理机制健全程度
信息化制度	教师信息技术培训制度的建立健全
	网络管理员岗位责任制度的建立健全
	信息化教室管理制度的建立健全
	教育信息资源库及相关配套设施管理制度的建立健全
	教师教育技术能力等相关评比及奖励机制
信息化培训	培训级别及各级别所占比例
	参加培训教师比例
	培训时间
	培训方式
	培训内容的适切度

（4）信息化应用的效果和效率主要体现在信息技术课程开设、信息技术与课程整合、学校办公自动化建设、信息技术教育研究、学校与家长和社区互动。其中，信息技术课程开设通过是否开设信息技术课程、课程实施情况及课程教学目标落实情况考察。信息技术教育研究通过科研成果的级别及数量、科研奖励的级别及数量测评。信息化应用维度的二级指标及三级指标具体见表7-4。

表7-4　信息化应用维度的二级指标及三级指标

二级指标	三级指标
信息技术课程开设	课程开设情况
	课时安排及实施情况
	授课年级及方式
	课程要求的内容能否全讲授
	课程教学目标落实情况
信息技术与课程整合	教师应用资源进行课程整合的层次
	课程整合优秀案例数量
学校办公自动化建设	管理系统的种类及功能
	与上级主管部门交流方式
信息技术教育研究	信息技术教育科研成果级别及数量
	信息技术教育科研奖励级别及数量
学校与家长和社区互动	年互动次数
	互动方式
	互动内容

（5）信息化主体发展体现在学生信息素养及综合能力发展、教师信息素养及综合能力发展、校长综合能力发展、农村社区及居民的发展。其中信息素养可通过信息意识、知识及技能来测量。学生综合能力发展主要考评学生的学习兴趣与态度、学习方法与策略、学科知识的扩充、情感态度价值观。教师综合能力发展主要考评教师的教学设计能力、信息技术与课程整合能力、教研能力。校长综合能力发展主要考察校长的信息化教育理念、信息化规划

及管理能力。信息化主体发展维度的二级指标及三级指标具体见表7－5。

表7－5　信息化主体发展维度的二级指标及三级指标

二级指标	三级指标
学生信息素养	信息意识
	信息知识
	信息技能
教师信息素养	信息意识
	信息知识
	信息技能
学生综合能力的发展	学习兴趣与态度
	学习方法与策略
	学科知识的扩充
	情感态度价值观
教师综合能力的发展	教学设计能力
	信息技术与课程整合能力
	教研能力
校长综合能力的发展	信息化教育理念
	信息化规划、管理能力
农村社区及居民的发展	居民的农业知识与技能
	居民的学习机会、就业机会
	干部及党员的管理能力
	农村地区对信息技术的重视程度
	农村地区信息资源的丰富

3. 绩效评估指标描述

指标的名称称为指标项，一般简洁明了。但为了给使用者提供更好的指标项解释和说明，需要进行指标项的详解，即指标描述（见表7－6）。同时，指标描述也能为绩效评估体系转变为问卷等切实可行的评估工具提供依据。

表7-6　指标描述

指标项	指标描述
生机比	学生数量与可供学生使用的计算机数量的比值
师机比	教师数量与可供教师使用的计算机数量的比值
设备完好率	能正常使用的计算机数量占总计算机数量的比例
联网率	能上互联网的计算机数量占总计算机数量的比例
校园网覆盖率	学校是否已经建成校园网，该网覆盖区域是否包括教师教学、工作区和学生学习、生活区
校园网带宽	校园网所有出口带宽之和，包括电信出口、网通出口、教育网出口等
信息化教室种类及数量	有无信息化教室（多媒体教室、计算机教室、语音实验室等），班级数量与信息化教室数量的比值
信息化教室适切度	信息化教室（多媒体教室、计算机教室、语音实验室等）设施配备适合教学需求程度
教学资源种类及数量	教学资源（教学光盘、音像制品、广播电视、网络资源等）的种类及数量
教学资源适切度	教学资源（教学光盘、音像制品、广播电视、网络资源等）的内容适合教学需求程度
学校网站功能	学校是否已经建立网站，网站提供的功能是否包括学校概况、新闻发布、资源共享、在线交流等
学校网站服务对象	学校网站服务对象包括教师、学生、家长及社区等
信息化管理系统种类	信息化管理系统（教务管理信息系统、学生管理信息系统、财物管理信息系统、教师管理信息系统、资产管理信息系统、科研管理系统、图书馆管理系统、家校通管理系统等）的种类
信息化管理系统服务对象	信息化管理系统服务对象包括教师、学生、家长及社区等
信息技术教师的人才结构	信息技术教师的学历水平；信息技术教师的专业分布；信息技术教师的职称水平
信息化管理人员的人才结构	信息化管理人员的学历水平；信息化管理人员的专业分布；信息化管理人员的职称水平

指标项	指标描述
教师教育技术能力标准考试达标率	《中小学教师教育技术能力标准（试行）》或英特尔未来教育项目培训考核合格率及优秀率
信息化规划目标与内容	学校是否有关于教育信息化方面的规划，规划内容是否包含具体实施步骤、资金预算等方面
信息化经费来源及资金投入程度	教育信息化经费是自筹还是上级拨款，自筹经费占总经费的比例
信息化专项负责人建设程度	学校是否有主抓教育信息化工作的领导，该领导的职务是校长，副校长，教务主任还是其他
信息化专项部门建设程度	学校有无教育信息化工作领导小组；学校有无电教中心或网络中心等专门负责教育信息化工作的部门
信息化相关管理制度健全程度	学校有无教育信息化专项经费管理、教师信息技术培训管理、网络管理员岗位责任管理、信息化教室管理、信息化资源库及相关配套设施管理、校园网运行管理制度、校园网网络系统安全管理制度等相关制度
教育技术能力评比及奖励机制健全程度	学校是否组织教师教育技术能力等相关评比，是否利用各种奖励机制促进教师教育技术能力发展，鼓励教师积极利用信息技术促进学科教学
参加信息化相关培训教师的比例	参加国家、省、市、县、校等各级别及各类别教育信息化相关培训的教师比例
信息化培训适切度	培训的方式是否认同，培训的内容是否适合农村实际教学需求，培训的整体效果如何
校园网稳定性	校园网运行情况、故障率
信息化教室利用率	信息化教室（多媒体教室、计算机教室、语音实验室等）利用程度
教学资源使用率	教学资源（教学光盘、音像制品、广播电视、网络资源等）使用程度
教学资源更新率	教学资源（教学光盘、音像制品、广播电视、网络资源等）更新程度
学校网站更新率	学校网站内容更新频率

续表

指标项	指标描述
信息化管理系统使用率	信息化管理系统（教务管理信息系统、学生管理信息系统、财物管理信息系统、教师管理信息系统、资产管理信息系统、科研管理系统、图书馆管理系统、家校通管理系统等）使用程度
课程实施条件	周课时数；学校对课程的支持程度；学生对课程的学习态度
课程指导纲要落实程度	指导纲要中课程目标与课程内容的落实程度；信息技术教材的使用程度
教师应用信息技术工作	教学中应用信息技术的目的；利用信息技术设计、实施、评价教学活动的情况；解决教学问题、参与信息化教科研活动的情况
信息技术在教学中应用效果	教师应用信息技术的感受；教学活动、学生学习行为、教师教学行为的变化
学校与家长信息化沟通程度	学校与家长是否利用信息技术进行沟通，沟通方式是否认同，沟通内容是否得到家长认可
学校与社区信息化互动程度	学校与社区是否进行关于利用信息技术提高农业知识与技能方面的互动，互动方式是否认同，互动内容是否满足社区居民实际需求
学生信息意识	主动寻求获取信息的途径；对信息来源及发展的好奇心；对网络信息内容的批判性思考；对网络信息共享的认同
学生信息知识	对信息等基本概念的认识；对计算机软硬件基本结构的了解；使用计算机处理信息的基本常识
学生信息技能	使用计算机处理信息的基本操作能力；使用计算机进行表达与交流的能力；利用网络帮促学习和生活的技术使用能力
学生学习方法与策略	"农远工程"教学模式下学生的自主、合作与探究学习行为；计算机及网络在课堂学习、课外知识扩充过程中所扮演的角色；信息化环境下的学习行为习惯
学生情感态度价值观	对信息技术课程的兴趣；对"农远工程"教学模式的兴趣；对信息技术课堂应用的态度；在学习、生活中使用网络而产生的相应态度和感受；对网络特有现象的道德判断
学科教师信息技术与课程整合能力	正确理解课程整合的内涵；利用信息技术进行备课和教学设计；利用信息技术解决教学活动中的问题、辅助教学重难点的完成；选用信息化教学模式授课；参与信息技术与课程整合相关培训

指标项	指标描述
信息技术教师教育技术能力	为其他学科教师的教研活动提供技术支持；能够使用和维护各种硬件设备，建设及维护校园网络；熟悉常用的教学媒体设备；熟悉常用的软件；能够设计信息化教学资源
教师教科研能力	具有一定的教育科研意识；掌握教学资源检索、加工、存储、利用、传播等能力；参与信息化教学研究工作；反思并利用信息技术改善教学现状，改进教学方法，提高教学质量
校长信息化教育理念	认可学校教育信息化，并积极推进学校教育信息化的发展；鼓励学校领导集体与教师一同开展信息技术的学习与应用
校长信息化规划与管理能力	具有信息化时代的发展理念；学校信息化发展定位准确，管理服务意识强；管理队伍结构合理（包括信息技术教师或信息技术管理人员）；管理制度健全，手段和方法先进
居民的农业知识与技能	通过教育信息化促进居民了解农副产品的市场信息和市场前沿、国家的惠农政策及相关法规、科学的耕种与养殖方法、防灾减灾知识
农村地区对信息技术的重视程度	通过教育信息化带来农村地区对信息技术的重视，尤其是注重给学生提供计算机和网络以促进学习

（二）绩效评估指标体系优化

本研究使用德尔菲法对绩效评估指标体系进行优化。德尔菲法，又名专家意见法，是依据系统的程序，采用匿名发表意见的方式，即专家之间不得互相讨论，不发生横向联系，只能与调查人员发生关系，通过多轮调查专家对问卷所提问题的看法，经过反复征询、归纳、修改，最后汇总成专家基本一致的看法，作为预测的结果。德尔菲法以专家作为采集信息的对象，依靠专家的知识和经验，由专家对问题做出判断，得到科学解决方案，是构建评估指标体系的一种科学、有效的方法。具体实施步骤如下：

1. 成立专门工作小组

根据研究需要，本研究在指标体系优化环节，成立了专门的工作小组。小组的主要任务是：选取专家咨询组成员；编制《农村基础教育信息化绩效评估指标筛选咨询方案》；发放回收专家咨询方案；依据每一轮回收的专家咨询方案，对专家评价的结果及提出的意见进行统计、分析和处理等工作。

2. 咨询专家成员选择

德尔菲法中专家的人数建议为10—50人，15人及以上的专家组得出的结果具有足够可信度。根据实际情况和需要，本研究共选择15人组成指标优化专家咨询组，专家组成员均为国内著名高校与科研院所的知名学者，并从事与教育信息化方面相关的研究，在国内教育技术领域具有广泛的影响力。

3. 编制指标筛选咨询方案

根据前面初步形成的评估指标体系，本研究编制的评估指标筛选咨询方案由绩效评估内容、绩效评估指标筛选原则、绩效评估指标筛选表三部分组成。

（1）绩效评估内容

本研究要求利用农村基础教育信息化绩效评估指标体系能够评估以下几个方面的内容：

现有的信息化基础设施及资源的建设水平；

信息化发展的保障机制的建设水平与完善程度；

信息化人才配备的合理度；

信息化综合应用水平；

学生信息素养及综合能力发展水平；

教师信息素养及专业能力发展水平；

校长信息化管理能力发展水平；

农村社区居民信息化综合能力发展水平。

（2）绩效评估指标筛选原则

在完整实现绩效评估内容的前提下，本研究按照经济原则，需要咨询专家对现有指标进行筛选，尽可能减少指标的数量。筛选时遵循的原则如下：

客观性：指标具体可操作，避免主观假设及无法描述；

可测性：指标可量化或行为化，即可以通过观察及其他途径进行测量，且测量只产生一种结果；

重要性：指标不可缺少，与评估内容保持高度相关；

可持续性：指标长期有效，可以应用于多次评估。

（3）绩效评估指标筛选表

根据指标项、指标描述及绩效评估指标筛选原则建立绩效评估指标筛选，见表7-7。

表7-7　绩效评估指标筛选表

原有指标	指标描述	筛选原则			
		客观性	可测性	重要性	可持续性
生机比	学生数量与可供学生使用的计算机数量的比值				
师机比	教师数量与可供教师使用的计算机数量的比值				
计算机配置	按计算机配置（硬盘、CPU、内存、操作系统等）划分为高中低档，各档的数量				
设备完好率	能正常使用的计算机数量占总计算机数量的比例				
联网率及带宽	能上 Internet 的计算机数量占总计算机数量的比例，上网带宽多少				
联网方式	电话拨号上网、宽带还是其他方式				
有无校园网	是否已经建成校园网				
校园网是否接入区域网、城域网	校园网是否已经与所在城区网络相连接				
拥有 VCD/DVD 机情况	班级数量与 VCD/DVD 机数量的比值				
拥有电视机和卫星接收设备情况	班级数量与电视机和卫星接收设备数量的比值				
拥有信息化教室情况	班级数量与信息化教室（多媒体教室、计算机教室、语音实验室、虚拟实验室等）的比值				

续表

原有指标	指标描述	筛选原则			
		客观性	可测性	重要性	可持续性
学生计算机周使用时间	学生平均每周使用计算机多少小时				
教师计算机周使用时间	教师平均每周授课使用计算机多少小时，教师平均每周备课使用计算机多少小时				
VCD/DVD 机周使用时间	各班 VCD/DVD 机平均每周被使用多少课时				
电视机周使用时间	各班电视机平均每周被使用多少课时，包含播放录像带及收看实时电视节目				
信息化教室周使用时间	信息化教室（多媒体教室、计算机教室、语音实验室、虚拟实验室等）平均每周被使用多少课时				
教学材料数量	教学光盘、录像带、录音带等教学材料总共有多少				
多媒体课件数量	多媒体课件数量是多少				
网络资源数量	网络资源数量是多少				
学校网站的建立情况	学校是否已经建立网站，网站主要功能有哪些				
教学材料来源	教学材料中自制、二次开发、配置和购买的数量				
多媒体课件来源	多媒体课件在自制、二次开发、配置和购买的数量				
网络资源来源	网络资源在自制、二次开发、配置和购买的数量				

原有指标	指标描述	筛选原则			
		客观性	可测性	重要性	可持续性
教学材料的适切性	教学材料的内容是否符合教师教学需求				
多媒体课件的适切性	多媒体课件的内容是否符合教师教学需求				
网络资源的适切性	网络资源的内容是否符合教师教学需求				
教学材料利用率	教学材料平均每周使用次数				
多媒体课件利用率	多媒体课件平均每周使用次数				
网络资源利用率	网络资源平均每周使用次数				
实时教育电视节目接收率	平均每周实时教育电视节目接收的次数				
学校网站周访问量	平均每周访问学校网站的人数				
教学材料年更新率	教学材料平均每年新增加资源数量占其总量的比例				
多媒体课件年更新率	多媒体课件平均每年新增加资源数量占其总量的比例				
网络资源年更新率	网络资源平均每年新增加资源数量占其总量的比例				
信息技术教师的人才结构	信息技术教师的学历、年龄和教龄				
获得相应证书的比例	获得计算机等级考试证书及其他信息技术相关证书的教师数量与总体信息技术教师数量的比值				

续表

原有指标	指标描述	筛选原则			
		客观性	可测性	重要性	可持续性
专任信息技术教师的比例	仅负责信息技术课程讲授的信息技术教师数量与总体信息技术教师数量的比值				
信息化管理人员的人才结构	信息化管理人员的学历、年龄、专业、工作经验				
获得相应证书的比例	获得网络工程师证书及其他信息管理相关证书的教师数量与总体信息技术教师数量的比值				
专任比例	专门负责信息化管理工作的人员数量与总体管理人员数量的比值				
《中小学教师教育技术能力标准（试行）》达标率	获得《中小学教师教育技术能力标准（试行）》认证的学科教师数量占总体学科教师数量的比例				
规划目标是否明确、切合实际	主抓教育信息化工作的领导能否明确说出近一年或者五年内的发展目标，该目标与学校当前发展水平差距是否过大				
规划内容是否健全	规划是否包含实施步骤、资金预算等各方面				
教育信息化专项负责人	有无主抓教育信息化工作的领导，该领导是校长，副校长，教务主任还是其他人				
教育信息化专项部门	是否成立教育信息化工作领导小组及电教中心、现代教育技术中心等专门负责教育信息化工作的部门				
经费来源及资金投入情况	自筹还是上级拨款，自筹经费占总经费的比例				

续表

原有指标	指标描述	筛选原则			
		客观性	可测性	重要性	可持续性
经费管理机制是否健全	建立科学的教育信息化专项资金管理制度，保证资金有效的利用				
教师信息技术培训制度的建立健全	是否建立教师培训制度以保障校本培训顺利开展，教师对该制度的好评程度				
网络管理员岗位责任制度的建立健全	是否建立健全网络管理员岗位责任制度				
信息化教室管理制度的建立健全	是否建立信息化教室管理制度以保证教室的正常使用				
教育信息资源库及相关配套设施管理制度的建立健全	是否建立教育信息资源库及相关配套设施管理制度以保障资源及相关设施的正常使用				
教师教育技术能力等相关评比及奖励机制	对教师教育技术能力是否有定期的评比和奖励以鼓励广大教师积极利用信息技术促进教学质量的提升				
培训级别及各级别所占比例	国家、省、市、县、乡等各级培训，参加各级培训所占总受训人数的比例				
参加培训教师比例	参与培训的教师数量与总教师数量的比值				
培训时间	每次培训多长时间，多长时间培训一次				
培训方式	利用什么样的方式培训，专家讲授，还是远程教育，或者其他方式				

续表

原有指标	指标描述	筛选原则			
		客观性	可测性	重要性	可持续性
培训内容的适切度	培训的内容适合农村实际教学需求，对教师有较好的指导作用				
课程是否开设	学校是否开设了信息技术课程				
课时安排及实施情况	每学期开设的节数和实际授课达到的节数				
授课年级及方式	学校对几年级进行授课，在普通教室还是机房				
课程要求的内容能否全讲授	能否把课程标准所要求的教学内容全部讲授				
课程教学目标落实情况	是否达到课程标准目标要求				
教师应用资源进行课程整合的层次	用于简单演示，还是在开展研究性学习等深层次利用资源开展教学				
课程整合优秀案例数量	在各级优质课大赛中获奖教学案例数量				
管理系统的种类及功能	是否具有教务管理系统、人事管理系统、财务管理系统、图书资料管理系统等，其功能是否能够满足需要				
与上级主管部门交流方式	E－mail 等远程办公还是传统方式				
信息技术教育科研成果级别及数量	信息技术促进学校教学质量提升的科研成果（项目、论文等）的级别（国家级、省级、校级）及数量				
信息技术教育科研奖励级别及数量	信息技术促进学校教学质量提升的科研奖励级别及数量				

续表

原有指标	指标描述	筛选原则			
		客观性	可测性	重要性	可持续性
年互动次数	一年中有几次利用学校的信息化设备和资源与家长或社区居民进行交流				
互动方式	学校是通过面授还是利用广播或网络等方式与家长或社区居民进行交流				
互动内容	是否通过传播种植、养殖等技术，为农民提供经济、市场信息等				
信息意识	对自然界和社会的各种现象、行为、理论观点等从信息的角度理解、感受和评价；关注信息技术的发展，有意识学习新技术，并将信息技术作为解决学习生活中问题的手段				
信息知识	了解信息的概念，了解信息与知识产生的过程；关注通过信息技术产生的知识与信息				
信息技能	在现有条件下学会运用各种信息工具；掌握获取和传播信息的方法；掌握信息加工的技能并生成有用信息，并乐意与他人分享有价值的信息				
信息意识	对自然界和社会的各种现象、行为、理论观点等从信息的角度理解，感受和评价；关注信息技术的发展，并有意识学习新技术；在教学过程中有意识并逐渐习惯用信息技术手段解决遇到的教学问题				
信息知识	掌握信息的概念，理解信息加工、传播等基本理论并了解前沿的网络技术、计算机技术、多媒体技术知识；能够将信息知识与所教学科知识联系起来				

续表

原有指标	指标描述	筛选原则			
		客观性	可测性	重要性	可持续性
信息技能	在现有条件下学会运用各种信息工具；掌握获取和传播信息的方法；掌握信息加工的技能并生成有用信息，并乐意与他人分享和学习有价值的信息				
学习兴趣与态度	由于信息技术引入课堂，学习兴趣变得更浓，课上能对教学内容等作及时反馈，积极表达学习感受；由于丰富的信息资源引发了持久的学习热情，能利用信息技术积极主动的学习，有对科学探索的兴趣				
学习方法与策略	基本学习技能更熟练，基于信息技术的自主学习、合作学习、探究学习能力得到加强，善于根据学习内容等调整自己的学习策略，学习效果得到提升				
学科知识的扩充	通过网络检索、资源共享丰富已有学科知识，即用技术学习知识				
情感态度价值观	在用技术学习的过程中树立正确的学习目的，逐渐形成积极的学习态度、健康向上的人生态度，从内心确立起对真善美的价值追求				
教学设计能力	利用信息技术进行备课和教学设计；在教学设计中融入信息化教学方法、模式、资源等教学要素；利用计算机设计与课程相关的教学资源和活动				
信息技术与课程整合能力	注重在课程重难点处借助信息技术手段；具有利用信息技术及信息化资源组织与管理课堂教学活动的能力				

原有指标	指标描述	筛选原则			
		客观性	可测性	重要性	可持续性
教研能力	利用信息技术手段获取及丰富学科知识，并捕捉专业知识的发展动向；掌握教学资源检索、加工、存储、利用、传播等能力；在信息技术的作用下改善教学现状，改进教学方法，提高教学质量				
信息化教育理念	认可学校教育信息化，并积极推进学校教育信息化的发展；鼓励学校领导集体与教师一同开展信息技术的学习与应用				
信息化规划、管理能力	具有信息化时代的发展理念；学校信息化发展定位准确，管理服务意识强；管理队伍结构合理（包括信息技术教师或信息技术管理人员）；管理制度健全，手段和方法先进，过程规范，保障学校信息化教育教学的有序开展				
居民的农业知识与技能	通过信息技术手段了解农副产品的市场信息和市场前沿、国家的惠农政策及相关法规、科学的耕种与养殖方法、防灾减灾知识和农副产品的市场信息等，科学利用土地，提高农产品产量，开拓农产品销售渠道				
居民的学习机会、就业机会	学习机会更加多元化，教育受益面更广，终身教育体制逐步推进；对于农村居民的就业机会增多，就业渠道拓宽				
干部及党员的管理能力	利用信息技术手段组织、管理、规划农村地区的工作；展开农村地区教育、卫生、法制、计划生育等工作的渠道拓宽				

原有指标	指标描述	筛选原则			
		客观性	可测性	重要性	可持续性
农村地区对信息技术的重视程度	通过教育信息化带来农村地区对信息技术的重视，尤其是注重给学生提供计算机和网络以促进学习				
农村地区信息资源的丰富	农村地区帮农助农（农业生产、农产品销售）的致富信息、就业就学渠道得到不断扩充				

4. 咨询过程

经典的德尔菲法一般需要经过四轮咨询。当然，只要专家的意见已经趋向一致，就可以结束咨询，而不必一律采用四轮的模式。本研究的咨询过程经历了两轮咨询。

第一轮：发放第一轮专家咨询表，征询对相关指标的客观性、可测性、重要性和可持续性的评价及其意见，专家根据自己的知识经验和对评价对象的了解填写问卷，收回后对结果进行统计分析，修改相关指标，准备第二轮咨询。

第二轮：发放第二轮专家咨询表，征询对相关指标的客观性、可测性、重要性和可持续性的评价及熟悉程度。收回后，运用相关统计指标得出咨询结果。

5. 相关统计分析

专家积极系数是指专家对本项研究关心合作的程度，用专家咨询表的回收率表示。专家积极系数越高，说明专家对本项研究关心合作的程度越高，本项研究结果的可信度越高。

专家积极系数 = 回收咨询表的分数/发放咨询表的分数×100%

专家意见集中程度是专家意见集中度的观察指标，两轮咨询中均采用了等级（S_i）和加权平均数（M_i）进行评价，等级和加权平均数的分值越大，则提示该指标在评价指标体系的地位越重要，专家的意见越集中。

将专家咨询表的结果划分等级，一般在第一轮中统计时划分三级，第二轮统计时划分五级。具体划分等级标准如下：

划分三级：重要（满足三项及以上筛选条件）、一般重要（满足二项筛选条件）和不重要（没有满足筛选条件），分别赋值为 2、1、0；划分五级：非常重要（满足四项筛选条件）、比较重要（满足三项筛选条件）、一般重要（满足两项筛选条件）、不太重要（满足一项筛选条件）和不重要（没有满足筛选条件），分别赋值为 5、4、3、2、1。

等级和（S_i）代表专家对某指标评价的总得分。

$$S_i = \sum_{i=1}^{n} R_{ij}$$

其中 S_i 表示 i 指标的评价等级和，n 表示专家总数，本研究取值 15，R_{ij} 表示 j 专家对 i 指标的评价等级。

第一轮咨询指标中，当 $S_i \leqslant 15/2$ 时，表示指标在体系中不需要，予以删除。第二轮咨询指标中，当 $S_i \leqslant 2 \times 15$ 时，表示指标在体系中不需要，予以删除。

加权平均数（M_i）在第二轮专家咨询统计分析中运用，值越大，表示该指标的重要性越大。第二轮咨询指标中，将专家对指标的熟悉程度：不熟悉、不太熟悉、一般熟悉、比较熟悉、非常熟悉分别赋值为 0.2、0.4、0.6、0.8、1.0。

$$M_i = \frac{1}{n} \sum_{i=1}^{n} R_{ij} \cdot D_{ij}$$

其中 R_{ij} 表示 j 专家对 i 指标的评价等级，D_{ij} 表示 j 专家对 i 指标的熟悉程度。

在第二轮咨询表的分析中，运用加权平均数 M_i 对指标的重要性进行判别。当 $M_i \geqslant 4$ 时，表示该指标在体系中的作用至关重要；当 $3.5 \leqslant M_i < 4$ 时，表示该指标在体系中比较较重；当 $M_i < 3.5$ 时，表示该指标在体系中的重要程度较小。

专家意见协调程度可以用来判断专家对指标是否存在较大分歧采用变异系数 CV 进行检验。变异系数说明专家对 i 指标评价的相对重要性的波动程度，或者说是协调程度，其值越小，说明专家之间的协调程度越高。

$$\sigma_i = \sqrt{\frac{n}{n-1} \sum_{i=1}^{n} (R_{ij} \cdot D_{ij} - M_i)^2}$$

$$CV_i = \frac{\sigma_i}{M_i}$$

其中 σ_i 表示 i 指标的标准差，M_i 表示 i 指标的加权平均数。

依据《农村基础教育信息化绩效评估指标筛选咨询方案》，对原有指标体系进行了修改及完善。确定一级指标为 5 个，二级指标由 26 个减少为 21 个，三级指标由 91 个减少为 49 个。

（三）绩效评估指标体系完善

1. 绩效评估指标正向化

在多指标综合评价中，有些是指标值越大代表评价越好，称为正向指标；有些是指标值越小代表评价越好，称为逆向指标；还有些是指标值越接近某个值代表评价越好，称为适度指标。在综合评价时，首先必须将指标同趋势化，一般是将逆向指标和适度指标转化为正向指标，即指标的正向化。

对于指标的正向化，在实际应用中许多学者常使用将指标取倒数的方法。

例如："生机比"指学生数量与可供学生使用的计算机数量的比值。该值越小则对农村基础教育信息化绩的贡献越高，很明显该指标为逆向指标。故采用取倒数的方法将其正向化，指标项可定义为"机生比"。

2. 绩效评估指标权重赋值

指标权重即各个指标在整个体系中相对重要性的数量表示。权重确定合理与否对综合评价结果和评价质量有决定性影响。传统确定权重的方法多依据经验进行定性分析，由于受主观因素的局限，直接同时分析判断多个指标的权重不但非常困难，而且难以准确。本研究采用改进的层次分析法（AHP）来确定各指标的权重。具体步骤如下：

（1）经专家根据经验定性分析判断，确定各因素间相对重要性比值，建立比较判断矩阵。采用层次分析法构造比较矩阵的过程是：比较第 i 个元素与第 j 个元素相对上一层某个因素的重要性时，使用数量化的相对权重 a_{ij} 来描述。设共有 n 个元素参与比较，则 A ＝（a_{ij}）n×n 称为成对比较矩阵。

成对比较矩阵中 a_{ij} 的取值按下述标度进行赋值。a_{ij} 在 1—9 及其倒数中间取值。

$a_{ij}=1$，元素 i 与元素 j 对上一层次因素的重要性相同；

$a_{ij}=3$，元素 i 比元素 j 略重要；

$a_{ij}=5$，元素 i 比元素 j 重要；

$a_{ij}=7$，元素 i 比元素 j 重要得多；

$a_{ij}=9$，元素 i 比元素 j 极其重要；

$a_{ij}=2n$，$n=1$，2，3，4，元素 i 与 j 的重要性介于 $a_{ij}=2n-1$ 与 $a_{ij}=2n+1$ 之间；

$a_{ij}=1/n$，$n=1$，2，…，9，当且仅当 $a_{ij}=n$，表示相应两因素交换次序比较的重要性。

例如，计算机装备下属的三级指标，经专家根据经验定性分析判断，建立成对比较矩阵 B，这里运用表格形式进行描述（见表 7-8）。

表 7-8　计算机装备下属三级指标的成对比较结果表

计算机装备	生机比	师机比	设备完好率	联网率
生机比	1.0000	1.0000	0.3333	0.2000
师机比	1.0000	1.0000	0.3333	0.2000
设备完好率	3.0000	3.0000	1.0000	0.3333
联网率	5.0000	5.0000	3.0000	1.0000

（2）通过矩阵运算和一致性检验，得到各个因素相对于上一层次对应因素相对重要性的权值，即层次单排序。具体来讲，如果成对比较矩阵一致性比例小于 0.1，说明判断矩阵的一致性是可以接受的。对于符合一致性检验的比较矩阵，取其对应于特征根 n 的、归一化的特征向量（即分量之和为 1）为权向量，表示各因素相对于上一层次对应因素的权重。例如，对于成对比较矩阵 B，首先计算出 B 的一致性比例为 0.0162 < 0.1，说明 B 的一致性是可以接受的。接下来取成对比较矩阵 B 的特征向量为权重，分别表示生机比因素相对于上一层计算机装备因素的相对重要性为 0.0963，师机比因素相对于上一层计算机装备因素的相对重要性为 0.0963，设备完好率因素相对于上一

层计算机装备因素的相对重要性为 0.2495，联网率因素相对于上一层计算机装备因素的相对重要性为 0.5579。

（3）计算出各指标单排序权值后，按层次结构自上而下逐层与所对应的上层因素权值进行加权。

（4）计算出各要素相对于总目标的权重，即层次总排序，进而确定出各指标的权重（见表 7-9）。

表 7-9 农村基础教育信息化绩效评估指标体系

一级指标		二级指标		三级指标		指标描述
0.1038	信息化基础设施建设（B01）	0.0109	计算机装备（C01）	0.0010	生机比（D01）	学生数量与可供学生使用的计算机数量的比值
				0.0010	师机比（D02）	教师数量与可供教师使用的计算机数量的比值
				0.0027	设备完好率（D03）	能正常使用的计算机数量占总计算机数量的比例
				0.0061	联网率（D04）	能上 Internet 的计算机数量占总计算机数量的比例
		0.0661	校园网建设（C02）	0.0330	校园网覆盖率（D05）	学校是否已经建成校园网，该网覆盖区域是否包括教师教学、工作区和学生学习、生活区
				0.0330	校园网带宽（D06）	校园网所有出口带宽之和，包括电信出口、网通出口、教育网出口等
		0.0268	信息化教室建设（C03）	0.0134	信息化教室种类及数量（D07）	有无信息化教室（多媒体教室、计算机教室、语音实验室等），班级数量与信息化教室数量的比值
				0.0134	信息化教室适切度（D08）	信息化教室（多媒体教室、计算机教室、语音实验室等）设施配备适合教学需求程度

续表

一级指标		二级指标		三级指标		指标描述
0.1038	信息化资源建设（B02）	0.0109	教学资源建设（C04）	0.0054	教学资源种类及数量（D09）	教学资源（教学光盘、音像制品、广播电视、网络资源等）的种类及数量
				0.0054	教学资源适切度（D10）	教学资源（教学光盘、音像制品、广播电视、网络资源等）的内容适合教学需求程度
		0.0268	学校网站建设（C05）	0.0134	学校网站功能（D11）	学校是否已经建立网站，网站提供的功能是否包括学校概况、新闻发布、资源共享、在线交流等
				0.0134	学校网站服务对象（D12）	学校网站服务对象包括教师、学生、家长及社区等
		0.0661	信息化管理系统建设（C06）	0.0330	信息化管理系统种类（D13）	信息化管理系统（教务管理信息系统、学生管理信息系统、财物管理信息系统、教师管理信息系统、资产管理信息系统、科研管理系统、图书馆管理系统、家校通管理系统等）的种类
				0.0330	信息化管理系统服务对象（D14）	信息化管理系统服务对象包括教师、学生、家长及社区等
0.0453	信息化保障建设（B03）	0.0232	信息化人才结构（C07）	0.0099	信息技术教师的人才结构（D15）	信息技术教师的学历水平；信息技术教师的专业分布；信息技术教师的职称水平
				0.0099	信息化管理人员的人才结构（D16）	信息化管理人员的学历水平；信息化管理人员的专业分布；信息化管理人员的职称水平
				0.0033	教师教育技术能力标准考试达标率（D17）	《中小学教师教育技术能力标准（试行）》或英特尔未来教育项目培训考核合格率及优秀率

续表

一级指标		二级指标		三级指标		指标描述
0.0453	信息化保障建设（B03）	0.0029	信息化战略（C08）	0.0007	信息化规划目标与内容（D18）	学校是否有关于教育信息化方面的规划，规划内容是否包含具体实施步骤、资金预算等方面
				0.0022	信息化经费来源及资金投入程度（D19）	教育信息化经费是自筹还是上级拨款，自筹经费占总经费的比例
		0.0120	信息化组织机构建设（C09）	0.0060	信息化专项负责人建设程度（D20）	学校是否有主抓教育信息化工作的领导，该领导的职务是校长，副校长，教务主任还是其他
				0.0060	信息化专项部门建设程度（D21）	学校有无教育信息化工作领导小组；学校有无电教中心或网络中心等专门负责教育信息化工作的部门
		0.0016	信息化制度建设（C10）	0.0008	信息化相关管理制度健全程度（D22）	学校有无教育信息化专项经费管理、教师信息技术培训管理、网络管理员岗位责任管理、信息化教室管理、信息化资源库及相关配套设施管理、校园网运行管理制度、校园网网络系统安全管理制度等相关制度
				0.0008	教育技术能力评比及奖励机制健全程度（D23）	学校是否组织教师教育技术能力等相关评比，是否利用各种奖励机制促进教师教育技术能力发展，鼓励教师积极利用信息技术促进学科教学
		0.0056	信息化培训（C11）	0.0028	参加信息化相关培训教师的比例（D24）	参加国家、省、市、县、校等各级别及各类别教育信息化相关培训的教师比例
				0.0028	信息化培训适切度（D25）	培训的方式是否认同，培训的内容是否适合农村实际教学需求，培训的整体效果如何

续表

一级指标		二级指标		三级指标		指标描述
信息化应用（B04）	信息化应用（B04）	信息化基础设施应用（C12）	0.0255	0.0128	校园网稳定性（D26）	校园网运行情况、故障率
0.2461				0.0128	信息化教室利用率（D27）	信息化教室（多媒体教室、计算机教室、语音实验室等）利用程度
		信息化资源应用（C13）	0.0255	0.0064	教学资源使用率（D28）	教学资源（教学光盘、音像制品、广播电视、网络资源等）使用程度
				0.0064	教学资源更新率（D29）	教学资源（教学光盘、音像制品、广播电视、网络资源等）更新程度
				0.0064	学校网站更新率（D30）	学校网站内容更新频率
				0.0064	信息化管理系统使用率（D31）	信息化管理系统（教务管理信息系统、学生管理信息系统、财物管理信息系统、教师管理信息系统、资产管理信息系统、科研管理系统、图书馆管理系统、家校通管理系统等）使用程度
		信息技术课程（C14）	0.1233	0.0617	课程实施条件（D32）	周课时数；学校对课程的支持程度；学生对课程的学习态度
				0.0617	课程指导纲要落实程度（D33）	指导纲要中课程目标与课程内容的落实程度；信息技术教材的使用程度
		信息技术在教学中应用（C15）	0.0606	0.0303	教师应用信息技术工作（D34）	教学中应用信息技术的目的；利用信息技术设计、实施、评价教学活动的情况；解决教学问题、参与信息化教科研活动的情况
				0.0303	信息技术在教学中应用效果（D35）	教师应用信息技术的感受；教学活动、学生学习行为、教师教学行为的变化

续表

一级指标	二级指标		三级指标		指标描述
0.2461	信息化应用（B04）	0.0112	学校与家长及社区互动（C16）	0.0056	学校与家长信息化沟通程度（D36）	学校与家长是否利用信息技术进行沟通，沟通方式是否认同，沟通内容是否得到家长认可
				0.0056	学校与社区信息化互动程度（D37）	学校与社区是否进行关于利用信息技术提高农业知识与技能方面的互动，互动方式是否认同，互动内容是否满足社区居民实际需求
0.5011	信息化主体发展（B05）	0.1823	学生信息素养（C17）	0.0608	学生信息意识（D38）	主动寻求获取信息的途径；对信息来源及发展的好奇心；对网络信息内容的批判性思考；对网络信息共享的认同
				0.0608	学生信息知识（D39）	对信息等基本概念的认识；对计算机软硬件基本结构的了解；使用计算机处理信息的基本常识
				0.0608	学生信息技能（D40）	使用计算机处理信息的基本操作能力；使用计算机进行表达与交流的能力；利用网络帮促学习和生活的技术使用能力
		01823	学生综合能力（C18）	0.0911	学生学习方法与策略（D41）	"农远工程"教学模式下学生的自主、合作与探究学习行为；计算机及网络在课堂学习、课外知识扩充过程中所扮演的角色；信息化环境下的学习行为习惯
				0.0911	学生情感态度价值观（D42）	对信息技术课程的兴趣；对"农远工程"教学模式的兴趣；对信息技术课堂应用的态度；在学习、生活中使用网络而产生的相应态度和感受；对网络特有现象的道德判断

续表

一级指标		二级指标		三级指标		指标描述
0.5011	信息化主体发展（B05）	0.0796	教师综合能力（C19）	0.0159	学科教师信息技术与课程整合能力（D43）	正确理解课程整合的内涵；利用信息技术进行备课和教学设计；利用信息技术解决教学活动中的问题、辅助教学重难点的完成；选用信息化教学模式授课；参与信息技术与课程整合相关培训
				0.0159	信息技术教师教育技术能力（D44）	为其他学科教师的教研活动提供技术支持；能够使用和维护各种硬件设备，建设及维护校园网络；熟悉常用的教学媒体设备；熟悉常用的软件；能够设计信息化教学资源
				0.0478	教师教科研能力（D45）	具有一定的教育科研意识；掌握教学资源检索、加工、存储、利用、传播等能力；参与信息化教学研究工作；反思并利用信息技术改善教学现状，改进教学方法，提高教学质量
		0.0377	校长综合能力（C20）	0.0189	校长信息化教育理念（D46）	认可学校教育信息化，并积极推进学校教育信息化的发展；鼓励学校领导集体与教师一同开展信息技术的学习与应用
				0.0189	校长信息化规划与管理能力（D47）	具有信息化时代的发展理念；学校信息化发展定位准确，管理服务意识强；管理队伍结构合理（包括信息技术教师或信息技术管理人员）；管理制度健全，手段和方法先进
		0.0192	农村社区及居民（C21）	0.0096	居民的农业知识与技能（D48）	通过教育信息化促进居民了解农副产品的市场信息和市场前沿、国家的惠农政策及相关法规、科学的耕种与养殖方法、防灾减灾知识
				0.0096	农村地区对信息技术的重视程度（D49）	通过教育信息化带来农村地区对信息技术的重视，尤其是注重给学生提供计算机和网络以促进学习

四、绩效评估标准的建立

绩效评估标准是对评估对象进行价值判断的准则和尺度。农村基础教育信息化绩效评估标准包括评估期望标准、评估等级、描述性说明三个部分。本研究中，评估期望标准是农村基础教育信息化绩效发展达到的最高理想水平。评估等级是农村基础教育信息化绩效发展达到的不同等级水平。描述性说明是各等级水平的具体内容描述。

（一）绩效评估等级划分

依据第六章农村基础教育信息化绩效发展过程阶段划分的研究结果，我们为农村基础教育信息化绩效评估指标体系的各项三级指标设定了 4 个评估等级：A、B、C、D，其中 A 为最高等级，它等于评估期望标准，B、C、D 的等级依次降低。

（二）绩效评估标准制定

本研究在绩效评估标准制定过程中使用标杆法，并根据目前我国基础教育信息化发展的实际状况（参照第五章的现状调查），假定经济最发达地区的中小学校信息化发展水平达到了教育信息化融合阶段的绩效水平。这样，对绩效评估标准的制定过程如下：

首先，选取国内最发达地区中（上海）的××区的 2 所小学为标杆，对其教育信息化发展水平进行调查，在对调查结果进行分析和评价的基础上，形成相应的绩效水平状况的描述说明，并将该水平设为绩效评估等级 B。其次，将本研究有关农村基础教育信息化发展现状调查结果与标杆进行比较，把信息化发展水平最低区域的绩效水平设为评估等级 D，介于评估等级 B 和 D 之间的评估等级为 C。评估等级 A 是本研究假定的农村基础教育信息化绩效发展达到的最高理想水平，即评估期望标准（见表 7 - 10）。

表7-10　农村基础教育信息化绩效评估标准

三级指标	评估期望标准	评估等级			
		A	B	C	D
生机比（D01）	学生数量与可供学生使用的计算机数量的比值达到10以内	1≤生机比<10	10≤生机比<20	20≤生机比<30	生机比≥30
师机比（D02）	教师数量与可供教师使用的计算机数量的比值达到1	师机比≤1	1<师机比≤5	5≤师机比≤10	师机比>10
设备完好率（D03）	能正常使用的计算机数量与计算机总量的比值达到100%	完好率=100%	90%≤完好率<100%	80%≤完好率<90%	完好率<80%
联网率（D04）	能上Internet的计算机数量占总计算机数量的比例达到100%	75%<联网率≤100%	50%<联网率≤75%	25%<联网率≤50%	联网率≤25%
校园网覆盖率（D05）	学校已经建成校园网，该网覆盖率达到100%	已经建成运行稳定的覆盖全校的校园网	校园网仅覆盖教师教学区和教师工作区	校园网仅覆盖教师教学区	校园网正在筹建中或没有建设校园网
校园网带宽（D06）	校园网所有出口带宽之和达到千兆，包括电信出口、网通出口、教育网出口等	达到千兆	达到百兆	达到十兆	十兆以下
信息化教室种类及数量（D07）	学校已经拥有并且数量能够完全满足教学需要的多媒体教室、计算机教室、语音实验室等信息化教室	拥有各类信息化教室，并且数量能够完全满足教学需要	拥有各类信息化教室，但数量基本满足教学需要	仅拥有多媒体教室、计算机教室，且数量远不能满足教学需要	信息化教室正在筹建中或没有信息化教室
信息化教室适切度（D08）	学校信息化教室设施配备先进程度完全适合教学需求	非常适合教学需求	适合教学需求	不适合教学需求	远不适合教学需求

三级指标	评估期望标准	评估等级			
		A	B	C	D
教学资源种类及数量（D09）	学校已经拥有并且数量能够完全满足教学需要的教学光盘、音像制品、广播电视、网络资源等各种信息化教学资源	拥有各种信息化教学资源，并且数量能够完全满足教学需要	拥有各种信息化教学资源，但数量基本满足教学需要	仅拥有教学光盘、音像制品，且数量远不能满足教学需要	信息化教学资源正在筹建中或没有信息化教学资源
教学资源适切度（D10）	学校各种信息化教学资源内容能够完全适合教学需求	非常适合教学需求	适合教学需求	不适合教学需求	远不适合教学需求
学校网站功能（D11）	学校已经建立网站，该网站提供学校概况、新闻发布、资源共享、在线交流等各种功能	已经建立功能全面的网站	网站仅具有学校概况、新闻发布、资源共享功能	网站仅具有学校概况、新闻发布简单功能	网站正在筹建中或没有建立网站
学校网站服务对象（D12）	学校网站服务对象包括教师、学生、家长及社区等	网站服务对象全面	网站服务对象包括教师、学生及家长	网站服务对象仅包括教师和学生	网站仅服务于教师
信息化管理系统种类（D13）	学校已经建立并能满足教学工作需要的教务、财物、图书馆、学生、教师、资产、科研、家校通等各类先进的信息化管理系统	已经建立，且能完全满足教学工作需要	已经建立，但基本满足教学工作需要	已经建立，但远不能满足教学工作需要	信息化管理系统正在筹建中或没有建立信息化管理系统
信息化管理系统服务对象（D14）	信息化管理系统服务对象包括教师、学生、家长及社区等	信息化管理系统服务对象全面	信息化管理系统服务对象包括教师、学生及家长	信息化管理系统服务对象仅包括教师和学生	信息化管理系统仅服务于教师

续表

三级指标	评估期望标准	评估等级			
		A	B	C	D
信息技术教师的人才结构（D15）	本科占80%以上	本科占80%及以上	70%≤本科占<80%	60%≤本科占<70%	60%以下
	计算机或信息技术相关专业占80%以上	专业占80%及以上	70%≤专业占<80%	60%≤专业占<70%	60%以下
	中级及以上职称占80%以上	职称占80%及以上	70%≤职称占<80%	60%≤职称占<70%	60%以下
信息化管理人员的人才结构（D16）	本科占80%以上	本科占80%及以上	70%≤本科占<80%	60%≤本科占<70%	60%以下
	计算机或信息技术相关专业占80%以上	专业占80%及以上	70%≤专业占<80%	60%≤专业占<70%	60%以下
	中级及以上职称占80%以上	职称占80%及以上	70%≤职称占<80%	60%≤职称占<70%	60%以下
教师教育技术能力标准考试达标率（D17）	《中小学教师教育技术能力标准（试行）》或英特尔未来教育项目培训考试通过率100%、优秀率90%以上	通过率100%、优秀率90%以上	通过率100%、优秀率不低于60%	通过率不低于90%、优秀率不低于30%	标准通过率低于90%、优秀率低于30%
信息化规划目标与内容（D18）	学校有信息化方面的规划，规划内容涉及信息化工作的所有方面，并且目标明确具体，有利于信息化工作的开展	规划内容涉及信息化工作的所有方面，并且目标明确具体，有利于信息化工作的开展	建设目标比较明确、建设内容比较具体、保障措施比较到位	规划没有清晰具体地描述出建设目标、建设内容以及保障措施等	没有信息化方面的规划

三级指标	评估期望标准	评估等级			
		A	B	C	D
信息化经费来源及资金投入程度（D19）	学校具有来自上级部门拨款的教育信息化专项经费，并且学校还能采取多种措施自筹经费	有专项经费，并且学校还能采取多种措施自筹经费	没有专项经费，但是学校采取多种措施自筹经费	专项经费全部来自上级拨款	没有教育信息化专项经费
信息化专项负责人建设程度（D20）	学校有信息化方面的领导，领导是副校长以上级别，并且领导重视信息化工作，积极促进学校信息化发展	领导是副校长以上级别，并且领导重视信息化工作，积极促进学校信息化发展	领导是副校长或副校长以上级别	领导是教务主任级别或以下	学校没有信息化方面的领导
信息化专项部门建设程度（D21）	学校有教育信息化工作领导小组，并且学校有电教中心或网络中心等专门负责教育信息化工作的部门	有工作领导小组，并且有专门部门	仅有专门部门	仅有工作领导小组	没有工作领导小组，并且没有专门部门
信息化相关管理制度健全程度（D22）	学校有教育信息化专项经费管理、教师信息技术培训管理、网络管理员岗位责任管理、信息化教室管理、信息化资源库及相关配套设施管理、校园网运行管理制度、校园网网络系统安全管理制度等相关制度	有制度，且非常健全	有制度，但不是很健全	仅有网络管理员岗位责任管理及信息化教室管理制度	没有制度
教育技术能力评比及奖励机制健全程度（D23）	学校有健全的教育技术能力评比及奖励机制	有机制，且非常健全	有机制，但不是很健全	仅有教育技术能力评比机制	没有机制

三级指标	评估期望标准	评估等级			
		A	B	C	D
参加信息化相关培训教师的比例（D24）	学科教师中，参加过国家级培训比例超过50%；参加过省级培训比例超过60%；参加过县市级培训比例100%；参加过校本培训比例100%	国家级超过50%；省级超过60%；县市级100%；校本100%	国家级超过30%；省级超过30%；县市级超过80%；校本超过90%	国家级超过10%；省级超过20%；县市级超过60%；校本超过70%	国家级不足10%；省级不足20%；县市级不足60%；校本培训不足70%
	信息技术教师中，参加过国家级培训比例超过50%；参加过省级培训比例超过60%；参加过县市级培训比例100%；参加过校本培训比例100%	国家级超过50%；省级超过60%；县市级100%；校本100%	国家级超过30%；省级超过30%；县市级超过80%；校本超过90%	国家级超过10%；省级超过20%；县市级超过60%；校本超过70%	国家级不足10%；省级不足20%；县市级不足60%；校本培训不足70%
	信息技术管理者中，参加过国家级培训比例超过50%；参加过省级培训比例超过60%；参加过县市级培训比例100%；参加过校本培训比例100%	国家级超过50%；省级超过60%；县市级100%；校本100%	国家级超过30%；省级超过30%；县市级超过80%；校本超过90%	国家级超过10%；省级超过20%；县市级超过60%；校本超过70%	国家级不足10%；省级不足20%；县市级不足60%；校本培训不足70%
信息化培训适切度（D25）	参加过教育信息化相关培训，培训方式适切，培训内容适合农村实际教学4需求，培训整体效果好	培训方式适切，培训内容适合，培训整体效果好	培训内容适合，但培训整体效果一般	培训内容不适合，且培训整体效果不好	没有参加过教育信息化相关培训

三级指标	评估期望标准	评估等级			
		A	B	C	D
校园网稳定性（D26）	校园网运行情况非常好，从不出现故障	运行情况非常好，从不出现故障	运行情况好，很少出现故障	运行情况一般，偶尔出现故障	运行情况不好，经常出现故障
信息化教室利用率（D27）	学校多媒体教室、计算机教室、语音实验室等各类信息化教室充分被利用	每天都在被利用	每周被利用1—3次	每月被利用1—3次	每年被利用1—3次
教学资源使用率（D28）	学校教学光盘、音像制品、广播电视、网络资源等各种信息化教学资源充分被使用	每天都在被使用	每周被使用1—3次	每月被使用1—3次	每年被使用1—3次
教学资源更新率（D29）	学校教学光盘、音像制品、广播电视、网络资源等各种信息化教学资源中，部分资源每天都在被更新	每天都在被更新	每周被更新1—3次	每月被更新1—3次	每年被更新1—3次
学校网站更新率（D30）	学校网站内容每天都在被更新	每天都在被更新	每周被更新1—3次	每月被更新1—3次	每年被更新1—3次
信息化管理系统使用率（D31）	学校教务、财物、图书馆、学生、教师、资产、科研、家校通等各类先进的信息化管理系统充分被使用	每天都在被使用	每周被使用1—3次	每月被使用1—3次	每年被使用1—3次
课程实施条件（D32）	周课时数>2	周课时数>2	周课时数=2	周课时数=1	周课时数=0
	学校非常支持信息技术课程的开展	非常支持	很支持	支持	不支持
	学生对信息技术课程的学习热情非常高	非常高	很高	高	不高

续表

三级指标	评估期望标准	评估等级			
		A	B	C	D
课程指导纲要落实程度（D33）	讲授指导纲要要求的所有课程内容	至少讲授7个模块	至少讲授5个模块	至少讲授3个模块	至少讲授2个模块
	灵活使用信息技术教材	开发校本教材	拓展教学内容	依照教材进行教学	没有教材
教师应用信息技术工作（D34）	利用信息技术目的为提升教学技能，满足学生需要；认为信息技术教学能够发展自身专业素养；每天开展信息化教学活动（设计、实施、评价）	利用信息技术目的为提升教学技能，满足学生需要；认为信息技术教学能够发展自身专业素养；每天开展信息化教学活动（设计、实施、评价）	利用信息技术目的为提升教学技能，满足学生需要；认为信息技术教学能够发展自身专业素养；至少每周3次开展信息化教学活动	学校为满足学生要求、提升教学技能为目的，要求教师选择多媒体和网络进行教学设计、实施教学活动，且至少每月1次	认为信息技术可以满足学生要求，提升教学技能，发展自身专业素质，但仅利用计算机或网络存储资料，很少进行教学设计、实施教学活动
	随时利用计算机和网络解决教学问题	随时利用	至少每周1次	至少每两周1次	几乎不利用
	每月至少参与2次信息化教科研活动，并交流分享体会	每月至少参与2次	每月参与1次	每学期参与两次	没有参与
信息技术在教学中应用效果（D35）	提高授课效率，扩展教学资源；有90%以上的教师应用信息技术后，教学方法更多样；教师由讲授式教学行为转向指导行为、倾听行为	90%及以上	70%≤教师<90%	50%≤教师<70%	低于50%
	信息技术促进学生学习兴趣提升、教学目标达成；有80%以上的学生转向自主、协作、探究的学习，问题解决能力、分析综合能力提高	80%及以上	60%≤学生<80%	40%≤学生<60%	40%以下

三级指标	评估期望标准	评估等级			
		A	B	C	D
学校与家长信息化沟通程度（D36）	学校与家长利用信息技术进行沟通，沟通方式完全认同，沟通内容完全得到家长认可	沟通方式完全认同，沟通内容完全得到家长认可	沟通方式完全认同，沟通内容得不到家长认可	沟通方式不认同，沟通内容得不到家长认可	学校与家长不沟通
学校与社区信息化互动程度（D37）	学校与社区进行关于利用信息技术提高农业知识与技能方面的互动，互动方式完全认同，互动内容完全满足社区居民实际需求	互动方式完全认同，互动内容完全满足社区居民实际需求	互动方式完全认同，互动内容满足不了社区居民实际需求	互动方式不认同，互动内容满足不了社区居民实际需求	学校与社区不互动
学生信息意识（D38）	当遇到不懂问题时，75%及以上学生第一时间想到的是借助网络等技术手段独立解决	75%及以上	60%≤学生<75%	45%≤学生<60%	45%以下
	所有学生对网络信息内容真实性和可信性的认识相对客观，不盲目全相信，也不认为都不可信	100%	80%及以上	60%≤学生<80%	60%以下
	90%及以上学生上网看到自己感兴趣的话题时，乐意追本溯源，把其弄清楚	90%及以上	70%≤学生<90%	50%≤学生<70%	50%以下
	90%及以上学生乐意将自己感兴趣的东西发布到网上与其他人分享	90%及以上	70%≤学生<90%	50%≤学生<70%	50%以下
学生信息知识（D39）	90%及以上学生掌握了以下5类信息知识： 1. 多媒体信息的常见形式； 2. 计算机的基本结构； 3. 数据在计算机中的表示形式； 4. 操作系统的基本概念及发展； 5. 计算机安全（病毒）相关知识	90%及以上	70%≤学生<90%	50%≤学生<70%	50%以下

续表

三级指标	评估期望标准	评估等级			
		A	B	C	D
学生信息技能（D40）	90%及以上学生掌握了以下6项信息技能： 1. 键盘和鼠标的基本操作及汉字输入； 2. 文件和文件夹（目录）的基本操作； 3. Word、Excel的基本操作； 4. 制作和展示PowerPoint多媒体课件； 5. 电子邮件、QQ等现代远程交流手段的使用； 6. 因特网上信息的搜索、浏览及下载	90%及以上	70%≤学生<90%	50%≤学生<70%	50%以下
学生学习方法与策略（D41）	90%及以上学生有过基于网络开展自主、合作与探究学习的经历，创造性思维、批判性思维、问题解决能力等得到不同程度提高	90%及以上	70%≤学生<90%	50%≤学生<70%	50%以下
	相对传统纸质媒介，90%及以上学生选择网络等现代电子媒介作为课上解疑释惑、课外扩充知识的主要途径	90%及以上	70%≤学生<90%	50%≤学生<70%	50%以下
	75%及以上学生养成了良好的数字化学习习惯，会使用专门的文件夹、邮箱、博客等适合自身的形式来管理学习资料	75%及以上	60%≤学生<75%	45%≤学生<60%	45%以下

续表

三级指标	评估期望标准	评估等级			
		A	B	C	D
学生情感态度价值观（D42）	90%及以上学生喜欢上信息技术课	90%及以上	70%≤学生<90%	50%≤学生<70%	50%以下
	90%及以上学生喜欢学科老师开展信息化教学	90%及以上	70%≤学生<90%	50%≤学生<70%	50%以下
	75%及以上学生认为信息技术引入课堂教学，让其变得更加喜欢学习，学习效率得到较大提高	75%及以上	60%≤学生<75%	45%≤学生<60%	45%以下
	90%及以上学生将信息技术视为能帮助其习得知识与技能、开阔视野、陶冶情操和完善人格的好伙伴	90%及以上	70%≤学生<90%	50%≤学生<70%	50%以下
	90%及以上学生对黑客、人肉搜索等网络特有现象都有着清醒的道德判断	90%及以上	70%≤学生<90%	50%≤学生<70%	50%以下
学科教师信息技术与课程整合能力（D43）	认为信息技术与课程整合是新教育理念，有助于学生综合能力的提高和教师专业素质的发展；每次课都利用信息技术进行教学设计	认为信息技术与课程整合是新教育理念，有助于学生综合能力的提高和教师专业素质的发展；每次课利用信息技术进行教学设计	认为信息技术与课程整合是新教育理念，有助于学生综合能力的提高和教师专业素质的发展；每周3次课利用信息技术进行教学设计	认为信息技术与课程整合是新教育理念，有助于学生综合能力的提高和教师专业素质的发展；每周2次课利用信息技术进行教学设计	认为信息技术与课程整合是新教育理念，有助于学生综合能力的提高和教师专业素质的发展；很少利用信息技术进行教学设计

续表

三级指标	评估期望标准	评估等级			
		A	B	C	D
学科教师信息技术与课程整合能力（D43）	每次课在教学重点环节使用信息技术，合理选择教学资源	每次课	每周2次课	每周1次课	很少
	每次课都实施有技术支持的教学活动	每次课	每周3次课	每周2次课	不实施
	每学期参与信息技术与课程整合培训或学习活动3次以上	3次以上	至少每学期2次	至少每学期1次	不参与
信息技术教师教育技术能力（D44）	积极主动地为他学科的教研活动提供技术支持	积极支持	支持	学科教师需要时	不支持
	主动向校长及信息化管理者提供信息化发展建议，并做完整的信息化发展报告	主动提供发展建议，并做完整发展报告	主动提供建议	领导督促下提建议	不提建议
	熟悉计算机的组成、诊断和排除所有的计算机故障	熟悉计算机的组成、诊断和排除所有的计算机故障	熟悉计算机的组成、诊断和排除常见的计算机故障	熟悉计算机的组成	会使用，不会维护
	建设及维护校园网络的软硬件设施	建设及维护校园网络的软硬件设施	校园网软件的建设与维护	能够使用校园网，不能维护	不会使用，不会建设与维护
	熟练使用6种以上教学媒体设备	熟练使用6种以上教学媒体设备	熟练使用5种教学媒体设备	熟练使用4种教学媒体设备	熟练使用3种以下教学媒体设备
	熟悉各类软件	熟悉各类软件	熟悉3类软件	熟悉2类软件	熟悉1类软件
	设计3种以上信息化教学资源	3种及以上	2种≤教学资源＜3种	1种≤教学资源＜2种	没有

续表

三级指标	评估期望标准	评估等级			
		A	B	C	D
教师教科研能力（D45）	自身的专业知识可以很好完成教学活动；熟练掌握教学资源检索、加工、存储、利用、传播等能力；将教科研作为教师的重要工作内容；每学期参与一项信息化教学研究工作，课后书写教学反思记录；利用科学研究方法对信息技术教学应用进行过研究	自身的专业知识可以很好完成教学活动；熟练掌握教学资源检索、加工、存储、利用、传播等能力；将教科研作为教师的重要工作内容；每学期参与一项信息化教学研究工作课后书写教学反思；利用科学研究方法对信息技术教学应用进行过研究	基本能完成教学活动；基本掌握教学资源检索、加工、存储、利用、传播等能力；认为教科研是教师工作的一部分，每学年参与1次研究工作；每周1次记录教学反思；利用科学研究方法对信息技术教学应用进行过研究	专业知识略有缺乏；对于教学资源检索、加工、存储、利用、传播等进行简单操作；将教科研作为教师的重要工作内容；每两年参与1次教科研工作，每两周1次记录教学反思；没有对信息技术教学应用进行过研究	专业知识不足；不具备教学资源检索、加工、存储、利用、传播能力；没有参与过教科研工作

三级指标	评估期望标准	评估等级			
		A	B	C	D
校长信息化教育理念（D46）	鼓励教师开展信息技术的学习与应用，定期聘请专家进行教育信息化方面的培训，定期举办类似于信息技术与课程整合大赛之类的活动，并且频率不低于一季度一次，教育信息化经费专款专用	鼓励教师开展信息技术的学习与应用，定期聘请专家进行教育信息化方面的培训，定期举办类似于信息技术与课程整合大赛之类的活动，并且频率不低于一季度一次，教育信息化经费专款专用	鼓励教师开展信息技术的学习与应用，聘请专家进行教育信息化方面的培训，定期举办类似于信息技术与课程整合大赛之类的活动，并且频率不低于一学期一次，教育信息化经费专款专用	鼓励教师开展信息技术的学习与应用	从不进行有关教育信息化方面的工作与活动

续表

三级指标	评估期望标准	评估等级			
		A	B	C	D
校长信息化规划与管理能力（D47）	具备信息化发展理念；学校信息化发展定位准确，管理服务意识强；管理队伍结构合理（包括信息技术教师或信息技术管理人员）；管理制度健全，手段和方法先进	具备信息化发展理念；学校信息化发展定位准确，管理服务意识强；管理队伍结构合理（包括信息技术教师或信息技术管理人员）；管理制度健全，手段和方法先进	具备信息化发展理念；学校信息化发展定位比较准确，管理服务意识比较强；管理队伍结构比较合理（包括信息技术教师或信息技术管理人员）；管理制度健全，手段和方法先进	具备一定的信息化发展的理念，具备信息化管理的能力	不具备信息化发展理念
居民的农业知识与技能（D48）	通过教育信息化完全促进居民了解农副产品的市场信息和市场前沿、国家的惠农政策及相关法规、科学的耕种与养殖方法、防灾减灾知识	完全促进	部分促进	很少促进	没有促进
农村地区对信息技术的重视程度（D49）	通过教育信息化使农村地区非常重视信息技术，尤其是注重给学生提供计算机和网络以促进学习	非常重视	重视	不重视	非常不重视

五、绩效评估体系的应用方法

本绩效评估体系如何应用，取决于本研究所确定的研究价值定位。在第二章中所讨论的农村基础教育信息化绩效评估的价值取向中，提出了四方面的应用价值：一是能够实现对区域或学校信息化进行绩效水平测量，二是能够根据测量结果判定教育信息化发展所处的阶段，三是能够诊断出处于该阶段的区域或学校信息化发展中存在的问题，四是能够给出应对问题的具体解决策略。

为此，本研究对所提出的绩效评估指标体系进行了应用方法的实证研究。选取了甘肃省、辽宁省、吉林省、黑龙江省欠发达区域农村的 11 所小学和 14 所初中，于 2011 年 11—12 月间，对 25 所学校进行了教育信息化绩效水平的评估。通过对学科教师、信息技术教师、学生、校长、信息化具体管理者的问卷调查，教师、校长和信息技术教师的个别访谈等方法，获取了大量一手数据。根据数据获取的目的进行分析，得到了 25 所学校信息化绩效发展水平的测量、判定了所处的发展阶段和可能存在的问题，通过与访谈数据等的三方验证表明，多数学校的评估结果基本符合实际情况。由此，形成了本研究关于绩效水平测量的方法、发展阶段判定的方法、综合问题诊断的方法、发展策略确立的方法。

下面以 J 省为例，详细介绍问卷的设计与调查、问卷的数据统计、指标项评估等级的确定、绩效水平的表征及绩效评估分值的计算方法和步骤。同时介绍依据绩效评估结果判断农村基础教育信息化发展阶段的方法，诊断农村基础教育信息化发展过程中存在问题的方法，以及根据这些结果确立相应发展策略的一系列完整方法及操作步骤。

（一）绩效水平测量方法

1. 绩效评估指标项定值

采用问卷调查法和统计分析法确定各指标项所达到的评估等级，通过数值转换法为绩效评估指标项定值。依据农村基础教育信息化绩效评估指标体系和绩效评估标准，设计校长、信息化管理者、学科教师、信息技术教师、学生五类问卷，问卷中的问题将与三级指标的评估期望标准相对应，问题作答则以农村基础教育信息化绩效评估标准中的评估等级为参考。依托上述的五类问卷对 J 省的 DL 学校进行了问卷调查，调查发放校长问卷 1 份，信息化管理者问卷 1 份，学科教师问卷 15 份，信息技术教师问卷 1 份，学生问卷 47 份，均为有效问卷。利用 SPSS 软件对各类问卷进行数据统计，将问卷中问题答案的统计结果与绩效评估标准进行对照，即可得到三级指标的评估等级。

如学科教师问卷中,与"学科教师信息技术与课程整合能力"相关的某一个问题,统计得出的数据有 50% 以上的教师的回答都集中在某一个评估等级上,则在"评估等级表"的相应等级上画"√"。

绩效评估的关键在于量化,将多种不同性质的定性指标进行量化以及规范化处理是绩效评估的基础性问题,也是确定绩效水平和发展阶段的基石。因此,问卷得来的"绩效评估表"不能直接用于绩效水平的测定,需要对其进行数值转换,并用计算后的结果来表征农村基础教育信息化绩效水平,绩效水平可以用测评分值来表示,测评分值越大,则绩效水平越高。各三级指标的评估等级转换为具体的分值,即 A = 4、B = 3、C = 2、D = 1,对于有多个评估期望标准的三级指标,将其对应的评估等级分值求平均值,即为该三级指标的分值。

2. 绩效水平值确定

依据各三级指标的分值,利用加权法对被评估对象进行绩效水平的确定。测量绩效水平所用的公式为:$y \sum\limits_{i=1}^{mn}\sum\limits_{j=1} \omega_{ij} x_{ij}$,其中,$x_{ij}$ 为第 i 级第 j 个指标的等级分值,ω_{ij} 为第 i 级第 j 个指标的权重,y 为评估对象的测评分值。例如,根据问卷调研获得的评估等级与农村基础教育信息化绩效评估标准体系的权重,可以得到 J 省 DL 学校的绩效测评分值为 $y = 1.6541$。为了进一步了解农村基础教育信息化的发展水平,可以继续利用加权法计算一级指标的分值,J 省 DL 学校在各一级指标上的测评结果见图 7 - 1。

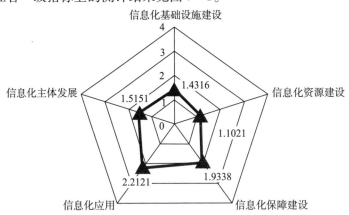

图 7 - 1　J 省 DL 学校一级指标分值

（二）发展阶段判定方法

1. 绩效水平区间划分

农村基础教育信息化绩效水平值是一个量化的评估结果，无法直接用于判断信息化发展处于哪个阶段，需要对发展阶段进行量化表征。本研究发现，农村基础教育信息化发展过程的每个发展阶段内，都存在一个绩效水平区间，能够将发展阶段与绩效水平区间之间建立关联，实现对发展阶段的量化表征。这样，可以将绩效水平的最低值设定为 1，最大值设定为 4，数字 2、3、4 分别是起步、应用、融合和变革四个阶段之间的临界值。起步阶段到应用阶段的临界值是 2，应用阶段到融合阶段的临界值是 3，融合阶段到变革阶段的临界值是 4。绩效水平区间与发展阶段之间对应关系见表 7-11。

同时，研究也发现，各阶段内部的绩效水平区间能够划分为三个区域，中间区域为常模，低于常模处于低绩效水平区间，高于常模处于高绩效水平区间。

表 7-11 绩效水平区间与发展阶段对应关系

发展阶段	绩效水平区间
起步阶段	$1 \leqslant y < 2$
应用阶段	$2 \leqslant y < 3$
融合阶段	$3 \leqslant y < 4$
变革阶段	$y = 4$

2. 发展阶段确立

将绩效水平值与绩效发展区间做比对，即可得到信息化发展水平所处阶段。例如，J 省 DL 学校的绩效测评分值 $y = 1.6541$，$1 \leqslant y < 2$，查看表 7-11 即能够确定该校的信息化发展目前正处于起步阶段，且处在起步阶段的高绩效水平区间。

（三）综合问题诊断方法

1. 现存问题诊断

（1）通过一级指标绩效水平诊断三效发展均衡性

第六章及第七章的研究结果表明，教育信息化绩效水平的理想状态是效果、效率和效益三个维度均衡发展。农村基础教育信息化绩效评估模型揭示了绩效三维度与五个基本属性的密切关系：信息化主体发展是农村基础教育信息化效益的可观测属性；信息化保障建设、信息化基础设施建设、信息化资源建设及信息化应用是农村基础教育信息化效果的可观测属性；信息化保障建设、信息化基础设施建设、信息化资源建设、信息化应用及信息化主体发展均是农村基础教育信息化效率的可观测属性。各基本属性的自身特点及发展状况决定了其在农村基础教育信息化发展中所取得的效果、效率、效益各不相同。例如，J 省 DL 学校各一级指标的绩效水平分别为 1.4316、1.1021、1.9338、2.2121、1.5151，可见其农村基础教育信息化的各基本属性发展是不均衡的，相应的效果与效益二个维度也是不均衡的，而二者的失衡则必将导致三维结构发展失衡。

（2）通过各级指标达标程度诊断现存具体问题

以三级指标为例，农村基础教育信息化绩效评估标准中为每个三级指标都设置了评估期望标准，这里的"达标"就是指评估后某一项三级指标的评估等级是否达到了评估期望标准的要求。因为现实中各种主客观因素的影响，并不是所有的三级指标都能够达到评估期望标准这样的理想水平，评估者可以通过评估结果了解各指标的完成情况，从而诊断现存问题，明确下一步应着重在哪些方面进行改进。例如，J 省 DL 学校的评估结果中，"信息化主体发展"一级指标下有校长、教师和学生三个要素，其中与校长相关的 2 个三级指标评估等级均是 B，学生相关的 5 个三级指标评估等级均是 D，学科教师的"信息技术与学科整合能力"指标评估等级为 D，信息技术教师的"教育技术能力"评估等级为 D，显然主体发展部分学生和教师的发展都明显落后，因此学生和教师的发展是该学校下一步信息化主体发展方面应主要解决的问题。

2. 阶段跃迁问题诊断

依据第五章的研究成果，农村基础教育信息化的不同发展阶段存在不同的主导因素，作为农村基础教育信息化系统的"涨落"，不但决定着农村基础教育信息化的绩效水平，而且决定着农村基础教育信息化系统的走向。根据被评估对象的绩效水平和所处阶段就可以明确相关的主导因素是否发挥了其系统"涨落"的作用，明确农村基础教育信息化跃迁到下一个阶段要在哪些方面加强建设。例如，对于正处于起步阶段的 J 省 DL 学校来说，信息化基础设施建设（$y = 1.4316$）与信息化资源建设（$y = 1.1021$）两个方面分值较低，而这两个方面正是起步阶段的主导因素，因此这两个方面的低水平分值将严重影响该校跃迁到应用阶段的速度，下一步的发展应该重点放到基础设施建设与资源建设上，以驱动绩效水平的提升，从而加快向应用阶段跃迁的速度。

（四）发展策略确立方法

1. 发展策略体系建立

当诊断出农村基础教育信息化系统发展中存在的问题时，更需要具体可行的策略引导。形成农村基础教育信息化发展策略的关键在于确立策略的指向性及策略本身的可行性，这样才能使学校和行政部门明确各自的发展目标。为此，我们需要根据农村基础教育信息化系统三维结构发展的均衡性，综合提升三效的均衡程度；根据农村基础教育信息化系统所处的阶段，最大化提高主导因素的贡献度；根据农村基础教育信息化的绩效水平，全面促进各项指标达标程度的提升。

（1）以系统发展为导向，促进农村基础教育信息化内驱力的形成

农村基础教育信息化内驱力一方面是主导因素作用于农村基础教育信息化系统产生的一种动力；另一方面，内驱力的形成往往源于系统自身的需要。农村基础教育信息化系统自身的需要就是走向更高级的发展阶段，而且主导因素对农村基础教育信息化的阶段性发展起到"涨落"作用。因此，教育行政部门要在农村基础教育信息化发展的大前提下，制定与主导因素相关的，有助于形成内驱力的相关政策，这些政策应该是系统的、宏观的。例如，目前处于起步阶段的 J 省 DL 学校，考虑到要向应用阶段发展，那么针对 J 省的

下一步信息化发展策略将是与教育信息化资源的建设水平相关的政策或机制，如整体协调、注重统筹规划，形成长效的投资机制，资金的合理分配等几方面。

（2）以绩效水平提高为目标，发挥农村基础教育信息化影响因素的积极作用

农村基础教育信息化的绩效依赖于三维绩效结构的均衡发展和各影响因素的直接贡献。在农村基础教育信息化发展过程中，影响因素能够正向影响绩效水平，同时亦能负向影响绩效水平。为实现绩效水平提升，需要降低各影响因素对农村基础教育信息化的负面影响，调整失衡的三维绩效结构，缩小系统内耗，使影响因素向着促进绩效水平提高的方向发挥积极的作用。因此，如果从农村基础教育信息化绩效评估的结果中发现三维结构失衡，那么在制定农村基础教育信息化发展策略时，就要针对影响因素制约下的三维结构失衡现象，制定相关的策略。例如，根据 J 省 DL 学校的评估结果，行政部门可以从完善基础设施建设，优质资源开发和持续推广等几大方面入手制定信息化策略。另外，向发展薄弱学校实施政策倾斜，实现学校间的教育信息化均衡发展，也是提高农村地区基础教育信息化整体绩效水平的关键。

（3）以评估体系为依据，制定细化的学校教育信息化发展方案

发展阶段和绩效水平可以作为教育行政部门制定策略的依据，而学校层面一些具体的、有针对性的策略则需要结合农村基础教育信息化绩效评估体系中具体指标的完成情况，再制定出农村基础教育信息化发展方案。对于处在某个发展阶段的学校来说，有很多指标都没有达到评估期望标准，但是学校的教育信息化发展方案不能是一套大而全的、泛泛的策略，必须要有一定的目标指向性，即对于更高发展阶段来说，学校需要在哪些方面重点建设，其他方面可以与之相呼应，建立一套长效持续的发展机制。例如，对于处在起步阶段的 J 省 DL 学校，除了资源建设水平没有达标外，教师、学生的相关评估指标也没有达到标准。因此，该校的发展方案则是以完善资源建设为核心，在鼓励信息技术与课程整合深入常态课堂的同时，提高教师教育技术能力和学生的信息素养。

依据上述方法，可以生成一个具有阶段性的农村基础教育信息化发展策

略体系见表7－12。

表7－12　农村基础教育信息化阶段性发展策略体系

发展阶段	关键影响因素	宏观政策措施	学校配套方案
起步	信息化基础设施建设与资源建设	整体协调教育信息化相关职能部门； 与其他行业信息化统筹规划； 面向发展薄弱学校的政策倾斜； 建设信息化支撑服务体系； 建设教育管理信息系统	从本校的实际情况出发选购经济实惠、适用够用的设备； 建立与相关企业的合作关系； 建立完善的校园网和信息化教室的维护、维修等技术保障机制； 整合、开发、引进各级各类教育资源； 加强学校资源库的建设
应用	信息化保障建设	形成稳定、长效的投资机制； 合理分配信息化专项资金； 建立分层次的师资培训体系	建设学校教育信息化服务队伍； 提高校长技术领导能力； 形成校长、行政人员到技术人员的三层管理结构； 设立教育信息化专项资金； 建立信息化培训激励机制； 校本培训和远程培训相结合
融合	信息化应用	建设区域化云资源平台； 形成城乡资源共享机制； 建立网络优质教育资源应用与交流社区	开足开好国家规定的信息技术课程； 保证校园内部网络资源共享； 提高信息化资源使用率和使用效果； 鼓励信息技术与课程整合深入常态课堂； 建立以学习者为中心的教学新模式； 发挥学校信息化的辐射作用，带动当地群众信息素质的提升
变革	信息化主体发展	推行网络校际合作； 以网络教研促进教师专业发展； 采取多样化教师培训方式	提高校长、信息化管理者和学科教师的教育技术能力； 培养信息技术骨干教师； 鼓励学生利用信息手段主动学习、自主学习、合作学习； 培养学生利用信息技术学习的良好习惯，提高学习质量； 增强学生在网络环境下提出问题、分析问题和解决问题的能力 加强对中小学生的网络信息安全和道德教育

2. 发展策略体系应用

农村基础教育信息化发展策略体系是针对农村基础教育信息化发展过程中存在的问题，根据农村基础教育信息化发展规律，由教育行政部门和学校共同制定的、包含宏观政策措施和学校配套方案的阶段性策略体系。目前随着手机、平板电脑（PAD）等移动学习终端在欠发达地区的介入及普及，教育信息化的基础设施及资源建设重心将会发生转移，信息化应用方式、信息化教学模式将会发展转变。为了适应这些变化，现已制定的具体策略方案需要局部调整。教育行政部门和学校可以根据农村基础教育信息化所处的阶段，以本课题中的策略体系为核心，制定符合本地实际情况、具有本地特色的农村基础教育信息化发展策略。

第八章 农村基础教育信息化绩效评估实施与结果分析

本章主要是利用本研究所构建的农村基础教育信息化绩效评估体系，根据调查目标选择具体调查对象，开展具体绩效评估并且对评估结果进行分析，主要有两个目的：第一，验证本研究所建构的评估体系是否能够实现其评估功能，并且在使用过程中是否方便合理，所得数据是否真实准确；第二，了解所选学校的教育信息化绩效具体状况，为农村基础教育信息化评估体系的应用提供范例，有利于研究结果的推广与普及。

一、指标体系与调查问卷编制

本研究建立了农村基础教育信息化绩效评估指标体系，该指标体系共5个一级指标、21个二级指标、49个三级指标，其中一级指标分为信息化基础设施建设、信息化保障建设、信息化资源建设、信息化应用和信息化主体发展五个维度。为了评估的准确，本研究对每个三级指标都进行了指标描述，并在此基础上针对不同的调查对象、不同的调查目标编制了学生问卷、学科教师问卷、信息技术教师问卷、信息化管理者问卷和校长问卷。学生问卷旨在调查学生的信息素养、学生的综合能力发展情况；学科教师问卷旨在调查教师的信息技术与课程整合能力、教师的信息化教学设计能力以及信息技术在课堂教学中的应用情况等；信息技术教师问卷旨在调查信息技术课的开课情况等；信息化管理者问卷旨在调查信息化基础设施建设状况和信息化资源建设情况；校长问卷旨在调查校长的信息化管理理念和能力以及学校的信息化保障建设情况。

二、个案的选择与调查的实施

我国农村经济发展不平衡，教育信息化发展不均衡，农村学校之间信息化水平差异显著。在挑选评估对象进行绩效评估时，为了使所选案例具有代表性，实施过程具有普遍性，选取了经济水平既不滞后也不超前的 H 省，并且避免了教育信息化发展水平过高和过低的学校，案例选择为 H 省 D 学校，此学校信息化发展水平能够代表目前我国农村教育信息化发展状况，具有一般意义。发放了校长问卷 1 份，教育信息化管理者问卷 1 份，信息技术教师问卷 1 份，学科教师问卷 68 份，学生问卷 80 份；回收校长问卷 1 份，教育信息化管理者问卷 1 份，信息技术教师问卷 1 份，学科教师问卷 68 份，学生问卷 80 份。校长的教育信息化理念和信息化水平直接决定校长是否重视学校信息化建设工作以及开展的是否科学有效，考虑到校长在教育信息化建设中的重要地位，根据指标体系设计了访谈提纲，对校长进行了一对一的访谈，主要是为了了解校长的信息化理念以及信息化领导力。

三、个案学校教育信息化绩效水平测定

研究人员依照从选取的个案（H 省 D 学校）中获得的有效数据进行该校教育信息化绩效水平的测评。测评的过程主要包含以下几个步骤：

（一）调查数据的统计与分析

处理调查问卷和相关访谈数据，此项内容比较烦琐，工作量巨大，可借助相关统计分析软件，例如 SPSS 进行，统计出所有问卷，包括校长、信息化管理者、信息技术教师、学科教师和学生问卷的每一道题目中的每一个选项的百分比。

例如，学科教师问卷中的第 6 题：您是否参加过信息技术的相关培训？

A. 是　　　　　　　　　　B. 否

统计结果如下：

		频率	百分比（%）	有效百分比（%）	累积百分比（%）
有效	是	56	82.4	82.4	82.4
	否	12	17.6	17.6	100.0
	合计	68	100.0	100.0	

即选择 A 选项，参加过培训的教师比例为 82.4%，选择 B 选项，没有参加过培训的教师比例为 17.6%。

（二）指标体系三级指标等级的确立

在本研究中，调查问卷是根据指标体系设计得来的，在设计调查问卷时，为了后续研究的方便，设计者对于每一个三级指标，就标记出了哪类问卷的哪些问题是服务于这一指标的。例如，三级指标 D25：信息化培训的适切度，在设计调查问卷时，我们就标记出了此指标项所对应的是学科教师问卷的第6—9 题。根据第一步调查数据的统计与分析，我们得出：

第 6 题：您是否参加过信息技术的相关培训？

A. 是　　　　　　　　B. 否

82.4% 的教师参加过信息技术的相关培训，17.6% 的教师没有参加过信息技术培训。

第 7 题：您接受信息技术相关培训的最主要原因是？

A. 经济　　　B. 专业发展　　　C. 个人发展

D. 培训是被要求的　　　　　　E. 其他

选择经济原因的比例为 2.4%，选择专业发展的比例为 53.7%，选择个人发展的比例为 36.6%，选择培训是被要求的比例为 4.9%，其他的比例为 2.4%。

第 8 题：培训中学习到的内容在实际教学中运用的程度：

A. 较少　　　B. 一般　　　C. 较多　　　　D. 很多

选择较少的比例为 20.6%，选择一般的比例为 44.4%，选择较多的比例为 15.9%，选择很多的比例为 19.1%。

第 9 题：您希望参加培训或再次参加培训时，下列哪部分内容需要重点培训：

A. 计算机及计算机网络基本知识

B. 文本、图片、视音频等处理软件的使用方法

C. 多媒体课件制作的基本方法

D. 教学网站、平台的设计与使用

E. 信息技术与课程整合的方法

F. 其他（请具体）_____

选择计算机及计算机网络基本知识的比例为3.6%；文本、图片、视音频等处理软件的使用方法的比例为14.3%；多媒体课件制作的基本方法的比例为35.7%；教学网站、平台的设计与使用的比例为7.1%；信息技术与课程整合的方法的比例为39.3%。

根据本研究给出的教育信息化绩效评估标准，三级指标 D25 的标准描述如表8-1所示。

表8-1　农村基础教育信息化绩效评估标准（节选）

三级指标	评估期望标准	评估等级			
		A	B	C	D
信息化培训适切度（D25）	参加过教育信息化相关培训，培训方式适切，培训内容适合农村实际教学需求，培训整体效果好	培训方式适切，培训内容适合，培训整体效果好	培训内容适合，但培训整体效果一般	培训内容不适合，且培训整体效果不好	没有参加过教育信息化相关培训

由问卷统计结果可知，82.4%的教师参加了信息技术的相关培训，44.4%的教师认为培训内容在实际教学中运用的一般，20.6%的教师认为培训内容在教学中运用的较少。所以，D25 指标项等级定位 C。以此类推，研究者按此类方法对其他指标项都划分等级，D 学校所有指标项等级结果见附录。

（三）学校的信息化绩效测评总分值的确定

农村基础教育信息化绩效水平的测定依赖于有效的数据统计方法，此研究中利用加权法对被评估对象的绩效水平进行测定。

学校信息化绩效评分总值确定方法如下：在得到 D 学校各三级指标的测评分值的基础上，利用加权法继续测定 D 学校最终的绩效测评总分值。

在得到三级指标评估等级之后，问卷统计结果中体现的各类三级指标评估等级不能直接用于确定该校绩效水平的测定，更不能直接确定个案所处的基础教育信息化发展阶段，需将评估等级转换为具体的分值。在本研究中，赋值 A＝4、B＝3、C＝2、D＝1，再用最终的等级分值乘以三级指标的权重，最终得到三级指标的分值。

加权法将各级指标项的测评分值与该指标项的权重系数相乘再累加，最终得到五个一级指标（五个不同属性）的测评分值。因此权重在确定绩效水平过程中格外重要。本研究根据科学的计算和严谨的推论对各级各项指标都给出了权重，根据本研究成果，D25 指标项的权重是 0.0028，三级指标 D25等级为 C，等级分值为 2.00，因此，测评分值为 0.0056（见表 8－2）。

表 8－2　指标 D25 权重与测评分值

三级指标	权重	等级分值	测评分值
D25	0.0028	2.00	0.0056

以此类推，可得出，H 省 D 学校的信息化基础设施建设一级指标的测评分值为 1.8206，信息化保障建设一级指标的测评分值为 1.4468，信息化资源建设一级指标的测评分值为 1.1691，信息化应用一级指标的测评分值为 1.5500，信息化主体发展一级指标的测评分值为 2.0192。在各一级指标上的测评结果如图 8－1 所示。

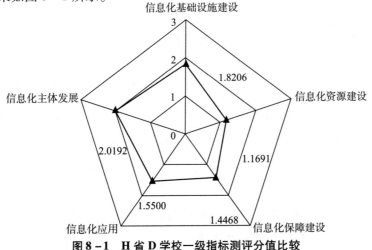

图 8－1　H 省 D 学校一级指标测评分值比较

为进一步了解农村基础教育信息化的整体发展水平，在继续利用加权法计算一级指标的测评分值后，可以得到个案的最终结果（即最终绩效水平测定分值）。H 省 D 学校的绩效测评分值为 1.7854。

利用农村基础教育信息化绩效评估标准进行测评时的几点说明：

1. 对于问卷当中客观事实类问题或带有实际数字数值类问题的统计可直接按照问题答案在评估标准中划分等级。如表 8－3 所示，三级指标 D11 学校网站功能一项，如在问卷当中回答"建立"，同时选择了相应的建立情况，则可根据答案直接划分等级。在 H 省 D 学校的信息化管理者问卷当中，答题者选择"没有建立"，则该指标等级为 D。需要注意的是，相关连带指标（如 D11 和 D12 为一对相关连带指标）的评估等级应考虑相关指标的实际情况。如上例中该校没有建立学校网站，则不涉及三级指标 D12"学校网站服务对象"一项的评估，该三级指标的测评分值即为 0。

表 8－3　农村基础教育信息化绩效评估标准（节选）

三级指标	评估期望标准	评估等级			
		A	B	C	D
学校网站功能（D11）	学校已经建立网站，该网站提供学校概况、新闻发布、资源共享、在线交流等各种功能	已经建立功能全面的网站	网站仅具有学校概况、新闻发布、资源共享功能	网站仅具有学校概况、新闻发布简单功能	网站正在筹建中或没有建立网站
学校网站服务对象（D12）	学校网站服务对象包括教师、学生、家长及社区等	网站服务对象全面	网站服务对象包括教师、学生及家长	网站服务对象仅包括教师和学生	网站仅服务于教师

2. 对于问卷当中没有固定答案的主观问题，如果 SPSS 软件统计出的某一问题答案选择率超过 50%，表明这一问题相应答案的指向集中在了某一评估等级上，那么此时就可以在农村基础教育信息化三级指标评估等级表的对应位置画"√"。例如：在 H 省 D 学校学科教师问卷中，对与"学科教师信息技术与课程整合能力"相关的某一问题答案进行统计，观测是否达到"每次课实施有技术支持的教学活动和方式"这一评估期望标准，得出的数据中有

70%以上的教师都将相关问题的答案集中在"每周两次课"这一等级上。因此可以得出 H 省 D 学校学科教师问卷中"学科教师信息技术与课程整合能力"这一三级指标中，"每次课实施有技术支持的教学活动和方式"这一评估期望标准的评估等级为 C。

3. 对于问卷当中需要进行二次判断或进一步分析推断的选项，除了参照问题答案的选择率以外，还要参考主观题的回答情况，必要时还要结合访谈的内容进行等级的确定。

四、个案信息化发展阶段的确定

本课题中，评估模型根据农村基础教育信息化绩效发展的特征将农村基础教育信息化发展阶段分为起步、应用、融合和变革四个阶段，在每一个阶段内部存在一个绩效水平区间，而在同一个发展阶段，又划分为三个区间，中间区域为常模，低于常模区域属于低绩效水平区间，高于常模区域属于高绩效水平区间。因此，需要将绩效水平与发展阶段之间的关系作进一步的表征，其对应关系如表 8 - 4 所示。将个案中的绩效水平测定分值与发展阶段相对应，得到每一个个案信息化发展水平目前所处的发展阶段。

表 8 - 4　绩效分值与发展阶段对应关系

发展阶段	绩效水平测评分值
起步阶段	
应用阶段	
融合阶段	
变革阶段	

在本案中，H 省 D 学校的最终绩效水平测评分值为 1.7854，与表 8 - 4 中的发展阶段相对应，可知道该学校的信息化发展水平目前正处于起步阶段，且处于起步阶段的高绩效水平区间。

五、个案信息化发展问题的分析与诊断

通过对 H 省 D 学校基础教育信息化绩效水平的评估，研究人员获得了该学校各项三级指标的评估等级，确定了各一级指标的测评分值，最终得到了绩效水平的测评结果，同时判断出该校教育信息化目前所处的发展阶段。这些评估结果为研究人员带来了丰富的信息，进而可以从以下几个方面对 H 省 D 学校的教育信息化发展过程中存在的问题进行诊断。

（一）绩效三维结构发展失衡

在农村基础教育信息化绩效评估模型中，农村基础教育信息化的绩效包括了效果、效率和效益三个维度，构成三维结构关系，信息化绩效水平的理想状态是效果、效率和效益三个维度均衡发展。从图 8-1 H 省 D 学校各一级指标测评分值比较可以看出，该学校农村基础教育信息化的各个基本属性发展是不均衡的。在三维结构中，效益维度的得分明显高于其他两个维度。效益维度关注的是人的发展，即教育信息化主体校长、教师和学生信息素养的提高。通过对调查问卷的分析，我们发现 H 省 D 学校效益的分值主要来源于信息化主体的信息化意识、态度等方面，主体的信息化能力方面得分并不理想。信息化效益主要表现为主体信息化理念或认识上的发展与进步，究其原因，信息化资源和信息化保障建设还有待于加强，信息化资源的相对匮乏和信息化保障建设的不到位将影响这些先进的信息化理念无法付诸于教学活动当中，学生也无法从中获得更大的收益。因此，该校信息化绩效的三维结构目前仍处于失衡的状态，应有意识地对不均衡属性进行强化，这其中主要是效果维度中所包含的信息化设施、资源及保障的建设与完善。

（二）个别指标亟须加强

从图 8-1 H 省 D 学校各一级指标测评分值比较可以看出，该学校"信息化资源建设""信息化保障建设"以及"信息化应用"这三个一级指标的分值相对较低，主要原因是这些指标下的三级指标评估结果并没有达到理想的水平。例如在本案例中，"信息化资源建设"一级指标下设有"教学资源建设""学校网站建设""信息化管理系统建设"三个二级指标，其中"教学资源建设"二级指标下的"教学资源种类及数量"以及"教学资源适切度"的评估等级为 B，"学校网站功能"和"信息化管理系统种类"的评估等级均为 D，而正因为 H 省 D 学校没有建设学校网站和信息化管理系统，因此更无法谈及二者的服务对象，致使"学校网站服务对象"和"信息化管理系统服务对象"无法划分等级，相应的得分为 0。最终得出的三级指标等级分值均处于一个较低水平。由此，研究人员可以做出诊断，除该校的教学资源建设可进一步加强以外，下一步信息化发展中亟待解决的关键问题仍是建立功能完备的学校网站和信息化管理系统并投入使用。

又如："信息化保障建设"一级指标下设"信息化培训"指标，其中"参加信息化相关培训教师的比例"评估等级有两项为 D，同时"信息化培训适切度"的评估等级也为 D。这说明该校对于教师参加国家、省、市、县、校等各级别及各类别教育信息化相关培训的力度还不够，可在今后的发展中加大参与培训的教师比例，择优或鼓励教师参加省级和国家级的信息化培训。

（三）驱动力薄弱

农村基础教育信息化不同发展阶段存在不同的驱动力。起步阶段的驱动力是"建设"，应用阶段的驱动力是"应用"，这些驱动力是提升农村基础教育信息化绩效的核心动力，也是农村基础教育信息化阶段跃迁的关键因素。就 H 省 D 学校的信息化绩效水平而言，该校处于起步阶段的高绩效水平区间，驱动力应是对信息化基础设施、资源和各项保障措施的建设。而该校恰好在这三个方面的测评分值较低，说明"建设"没有发挥到应有的驱动作用。例如，分值最低的"信息化资源建设"一项，要想提升该学校教育信息化水平跃迁到下一个发展阶段，就必须将建设重点放在"信息化资源建设"上，该校下一步的发展重点应聚焦到把握教师与学生对教学资源的需求程度上，同时拓宽教学资源的种类，并努力建设学校网站和信息化管理系统，尽快使其投入使用，使其科学有效地帮助学生进行学习、辅助教师完成教学。

六、个案的绩效水平提升策略

依据已经得到的 D 学校绩效分值及所处发展阶段，参照对其信息化发展问题的分析与诊断，研究人员可以客观地提出该学校绩效水平提升的策略。主要包含以下三个方面的内容：

（一）进一步完善基础设施和资源建设，加大教师队伍的信息化培训力度

H 省 D 学校下一步的信息化工作重点应继续加大资金投入力度，上级拨款和自筹经费相结合，保障信息化基础设施的完备和信息化资源的建设，这样，既能使教育信息化绩效三维结构均衡发展，又能为教育信息化主体信息技能的提高提供条件和可能，从而提高该校教育信息化绩效。并且，H 省 D 学校应该在保障资源建设的基础上着力建设学校网站及校园网络中心，力图构建符合该校发展特色的学校网站，同时建立经济实用、内涵丰富的校园网络，使主要教学场所都能接入网络，实现教学资源的网络共享；配备信息化管理平台和教学资源管理平台，使信息技术管理人员、学科教师、信息化领导者参与到教育教学资源动态建设中。

与此同时，学校应按教学需要对教师队伍进行信息化培训。本着"全员参与、分层培训、整体推进"的原则，逐步扩大信息化培训的队伍和层次，尤其要建立和充实能够掌握现代教育理论和信息技术的信息化管理者及信息技术教师的师资队伍。

（二）信息化应用的重点兼顾教学和科研

从 H 省 D 学校的评估结果可以看出，该校由于信息化资源的匮乏导致教师信息化应用方面的薄弱，影响了教师和学生信息素养的提升。完善信息化基础设施和信息化资源建设的基础之后，为了确保信息化资源在教学中的有效应用，我们提出了兼顾信息化教学与科研，以科研带动教师信息素养的发展策略，进行信息化方面的科研，一方面可以提高教师进行信息技术与课程

整合的兴趣与能力，另一方面还可以促进其自身的专业发展。这就要求信息化应用的重点不应仅在于信息技术课程教学和各学科教师的教学设计中，还应兼顾课堂教学的各个环节，同时注重在科研活动中充分利用信息化资源。在该校的日常教学科研工作中还需要进一步改进的是使信息技术与常态课程相整合，使其成为促进教师完成教育教学科研活动的助手，也进一步将其转变为教师科研的对象和内容。通过拓宽信息技术应用的视角进一步提升信息化应用的效果。

（三）加强对学生信息知识和技能的培养

本案的学生主体发展评估结果中，仅信息意识评估水平较高，信息知识和技能的得分偏低，说明该学校在此方面缺乏对学生的培养。该校应在丰富信息技术教学资源的基础上将资源开放共享，注重信息技术课程中学生的实践能力的培养，使学生有目的地学习、有知识可学、活学活用。同时在信息技术课堂外积极展开利于学生掌握信息知识的各项活动，使学生从做中学，提高解决问题的能力，进一步提高信息技能。以提高学生信息素养为基石，进一步促进信息化主体发展中学生学习能力的发展是该校进一步提升信息化主体发展绩效水平的前提。

七、评估体系结果分析

应用本研究构建的农村基础教育信息化绩效评估体系，我们测评出了所选案例 H 省 D 学校的信息化绩效水平，并且确定了其信息化发展阶段；应用评估体系中的问题诊断策略，诊断出了 H 省 D 学校教育信息化发展过程中存在的问题，并且根据问题，应用评估体系中的问题解决策略提出了案例学校教育信息化绩效水平提升策略。农村基础教育信息化绩效评估体系不仅可以实现评估功能，并且在使用过程中方便合理，所获取数据能够真实反映评估对象的教育信息化发展水平。参照本研究给出的评估体系使用方法，评估主体可以自主进行教育信息化绩效水平评估。在评估时，要注意以下几点：①如果学校进行自评，评估主体对学校教育信息化基本情况比较了解，且对评估结果要求不是过分精确的话，可以应用体系中的评估标准直接进行评估，省略利用问卷收集数据这一步骤。②调查问卷是依据评估指标体系编制的，在编写调查问卷的时候，为了方便后续数据的分析与处理，评估指标体系中的三级指标与各类问卷中的哪些问题相对应要做好标记。③发放问卷的时候，最好有研究人员在场，这样调查对象有疑问的地方研究人员可以当场作答，以提高问卷的回收率。

下　篇

农村基础教育信息化可持续发展：
绩效提升策略与战略选择

第九章 绩效导向的农村基础教育信息化发展整体推进策略

农村基础教育信息化是一项复杂的系统工程。在其发展过程中，受到多种内外部条件的影响和制约，外部条件如国家政策、地方经济、教育导向、区域文化、资金投入等；内部因素如校长观念、学校师资队伍状况、设备资源及规章制度情况等。① 正是这些方方面面，形成了农村基础教育信息化发展进程中的种种矛盾与问题。而农村基础教育信息化健康、持续的发展，既关系到农村基础教育的改革，更关系到农村社会信息化的发展。因此，需要人们不断深入地认识矛盾，不断探索问题解决的途径与策略。

本研究表明，就目前我国农村基础教育信息化发展阶段来说，必须面对和深入解决的问题，是如何提升绩效水平问题。因此，需要在坚持可持续发展理念的前提下，强调整体协调性、公平性和人本性来构建整体推进策略。即应以有效提升绩效水平为目标；以绩效评估为手段和机制；加强优质资源整合与共享；优化现有资源的利用；充分关注和尊重区域的差异特性制定教育信息化政策，特别是尊重信息化参与主体的真实需求，这是保证农村基础教育信息化推进策略指向绩效水平提升、服务人的发展这一终极目标的基础与前提，也是农村基础教育信息化发展的起点和终点。具体绩效导向的农村基础教育信息化整体推进策略体系如图 9-1 所示。

---

① 尹睿:《区域基础教育信息资源共建共享机制的研究》,《中国电化教育》2009 年第 9 期。

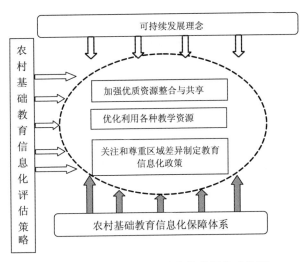

图 9 - 1　农村基础教育信息化发展策略体系

图 9 - 1 中表明，可持续发展是整体推进策略构建的上位的理念，圆圈中的三项是直接面向绩效水平提升目标的核心工作的策略。绩效评估既是整体推进策略体系的组成，也是实施整体策略推动发展的机制，同时也是一种手段，对农村基础教育信息化的绩效提升与可持续发展起到引导、规范和激励作用。农村基础教育信息化保障体系是整体策略的基础，同时对整体策略体系的有效实施起到保证作用。

一、关注和尊重区域差异制定教育信息化政策

进入信息时代以来，各国针对教育信息化推进，陆续制定了相关的政策和法规，在这些政策和法规的支持下，世界范围的教育信息化得到长足发展。2000 年以来，我国在教育信息化方面出台了一系列政策，颁布了一系列的文件。如在 2000 年全国中小学信息技术教育工作会议上，教育部颁布了《教育部关于在中小学实施"校校通"工程的通知》《教育部关于在中小学普及信息技术教育的通知》《关于加快中小学信息技术课程建设的指导意见》三个文件。[1] 其后又

---

　　[1]　赵天书：《农村教育信息化的策略——专访东北师范大学农村教育研究所解月光教授》，《信息技术教育》2000 年第 5 期。

发布了《关于推进教师教育信息化建设的意见》《中国中小学教师教育技术能力标准（试行）》等文件。在教育信息化政策制定上，对区域特性关注也早有体现，如2005年8月国务院下发的《国务院关于进一步加强农村教育工作的决定》，提出实施农村中小学现代远程教育工程，促进城乡优质教育资源共享，提高农村教育质量和效益。[1] 正是这种政策的区域特征关怀——"农远工程"的政策推动下，我国农村基础教育信息化得到了飞速的发展。这告诉我们，只有制订了符合实际状况、面向未来发展的农村基础教育信息化政策，才能够引导和推动农村基础教育信息化可持续健康发展。由于农村教育与基础教育的双重复杂性，以及存在的城乡差异性和社会服务性，政策制定的区域关怀策略，对农村基础教育信息化的绩效提升、阶段跃迁就更为重要。

本研究中的政策制定关怀策略，主要指对区域差异特征的关注与尊重，以及基于差异的特殊性或特色，关怀主体需求，制定援助性和保障性政策。

（一）政策关怀：尊重农村教育的差异性

从本书第二章城乡差异化分析可知，城乡教育信息化差异的根源主要是社会经济基础。由此衍生了教育投入的差异、环境的差异、资源的差异、信息文化的差异、主体需求与发展的差异等。因此，农村基础教育信息化的政策制定，要以区域的既定状况为出发点，尊重其在经济、文化、资源和个人等方面的差异，通过对人、财、物等的差异性分析，制定出针对农村区域特色、符合绩效提升规律援助性政策和保障措施。这样来说，尊重农村教育差异性的农村基础教育信息化政策内容可以包括如下两个方面：一是农村基础教育信息化发展的目标。以目标引领教育信息化的发展在国际上有成效良好的案例。例如，美国曾经以"电子化学习"为目标来引领国家的教育信息化发展。[2] 二是农村教育信息化发展的保障措施。有了目标，需要制订实现此目标的保障措施，以便确保目标的顺利实现。保障措施包括经费来源、教师培

---

① 郭向远：《大力推进教育信息化 实现教育跨越式发展——在2008中国教育信息化创新与发展论坛开幕式上的讲话》，《中国教育信息化》2008年第20期。

② 解月光、孙艳、刘向永：《可持续发展：农村中小学教育信息化的战略选择》，《东北师大学报（哲学社会科学版）》2008年第1期。

训等方面，同时也包括保障措施责任的明确，以此督促地方行政部门对教育信息化项目建设应有所作为。此外，尊重农村教育差异的政策制定，还要充分考虑信息技术在缩小城乡教育差异上的特有优势，以建立农村基础教育信息化发展的差异性规划，这对于我国目前农村基础教育信息化的发展阶段来说，无疑具有十分重要的现实价值和意义。

（二）政策关怀：推动农村学校和社区联动的特色性

早在20世纪50年代，美国学者奥森提出，学校不应是游离于社区的文化孤岛，应主动与社区架设各种桥梁，致力于解决社区的问题。20世纪60年代以来，增进学校与社区的合作与交流，已成为世界性的潮流。20世纪80年代以来，美国在教育改革方案和校长资格条例中将加强学校与社区的沟通合作作为重要内容，确定学校对社区承担更多的义务；确定社区对学校拥有更多的控制力。① 国外的教育实践经验显示，农村学校与社区互动对农村教育的发展有着良好的促进效果。一方面有助于实现农村学习型社区。另一方面有助于建立学校与农村社区的互动，使家长更加了解学校的教育教学活动，进而更好地配合学校以及教师的活动，使得家庭教育成为农村教育的有益补充。第三方面是推动农村社区的经济和社会发展。学校根据农民的致富需求和发展需要，有针对性提供相关信息或者培训，带动农村社区的经济发展。

体现关怀策略的政策制定，应该能够很好地援助农村区域这种特色性优势的发挥。通过基础教育信息化助推农村学习型社区的建设，使社区成为一个"人人是学习之人、处处是学习之所、时时是学习之时"的学习型社区。重庆市渝北区沙地完小作为农村学校与社区互动的一个实证个案实践，通过地方的政策和措施，充分利用学校现有条件，因地制宜，利用卫星接收电视节目，尝试在学校周围农村建立有线闭路收视网络，构建了"空中课堂"网络平台，从而开始了农村学校与社区互动的实践尝试。一方面，学校的通知、文件、宣传册、调查表可直接通过有线网络播放到农村家庭中，实现了家校

---

① 李松林：《社区课程资源开发对学校课程的支持研究》，西南师范大学硕士论文，2003年4月1日。

互动、及时反馈。另一方面，依靠农村学校在当地的文化中心地位，让学校植根社会开展教育，通过了解农民的致富需求和发展需要，有针对性地提供诸如共性问题集中培训、典型农户个别培训等，帮助他们解决问题。①

制定关注区域差异和发挥特色优势的基础教育信息化政策，推动农村学校与社区的联动，将提供信息化参与主体更多的发展渠道与发展机会，必定有助于农村基础教育信息化绩效水平的提升。

（三）政策关怀：尊重信息化主体的需求性

人是教育信息化绩效提升和可持续发展的核心要素。尊重主体的需求性既是考虑主体发展的现实需要和长远需要，同时又充分关照实际差异和现实条件。农村基础教育信息化的政策制定和措施保障，必须能够充分调动信息化参与主体——校长和教师的主观能动性，才可能务实有效地推动基础教育信息化的可持续发展。

1. 助推农村信息技术教师专业化发展

信息技术教师作为农村教育信息化发展的关键因素，其发展应该走专业发展道路。本研究表明，如何为信息技术教师提供专业发展机会，提高信息技术教师的专业素质，是目前制约农村基础教育信息化绩效水平提升的关键因素之一。信息技术教师的专业能力直接影响到学生信息素养发展和信息技术课程教学的效果。

政策关怀策略，应该针对农村信息技术教师的真实需求，为其提供更多的专业发展机会，与适合他们需要的专业发展形式和内容。一方面，立足当下，为农村在职信息技术教师开发网络培训课程，通过适合需求的网络教育提升他们的专业水平，搭建区域教研平台，使优秀的教学经验与教育资源共享，带动引领他们尝试课题为载体的行动研究模式。另一方面，应放眼未来，加快建设信息技术教育专业，系统培养优质教师队伍。对此，首先，要确定信息技术教师知识与能力体系框架；其次，要构建信息技术教育专业课程体系；再次，进行信息技术教育专业建设试验，先在条件和基础较好的师范院

---

① 玲梅：《农村中学信息化教学资源建设策略研究》，东北师范大学硕士论文，2004年6月。

校进行，探索恰当的专业目标定位、课程体系结构和人才培养模式，进而规范和指导专业建设的广泛开展。[①]

2. 促进农村学科教师信息素养培养

农村中小学学科教师是教育信息化的参与主体之一，更是实施的重要主体之一，在农村基础教育信息化的绩效提升与可持续发展过程中占据了关键地位。本研究表明，学科教师信息素养对教育信息化整体绩效水平的提升至关重要。已有研究指出，学科教师信息素养的发展受到科学进步、社会发展、文化变迁等外部因素的影响，同时，内在结构之间是互相制约、互相影响的有机整体，如图9-2所示。[②]

图9-2 学科教师信息素养发展结构及其影响因素

农村基础教育信息化政策制定要体现关怀策略，就要针对农村学科教师的信息素养现状，特别是学科教师专业发展的真实需求，以及现有的信息化条件，建构适合他们的、规范的研修、培训体系，包括内容、方式、途径和机制等，让他们有更多的机会和途径发展信息素养专业能力。具体地说，基于关怀策略的农村学科教师信息素养发展的政策制定应该包括如下过程：一是了解农村中小学学科教师的信息素养发展需要；二是制订灵活的教师培训

---

① 曾水兵、解月光、孙艳：《一种基于参与主体真实需求视角的探究》，《教育发展研究》2007年第5期。

② 满海峰、姜玉莲、解月光：《行动学习法在农村教师信息素养发展中的应用策略探讨》，《教育理论与实践》2005年第11期。

内容和方式；三是开发针对农村区域特色的教师研修教材与信息化资源；四是提供多样的研修、培训方式方法；五是制定有效的评价体系。不仅需要进行终结性评价，还需要侧重进行过程性评价。对于学科教师专业素养的提升也可以采用行动研究的模式，即在学校内部或者校际之间组成行动学习小组，通过教育信息化政策援助和信息化手段支持，构建"行动学习与专业支持"相结合的多元发展模式，以有效促进学科教师信息素养的提升。

3. 着重校长信息化领导力提升

教育信息化具体到学校层面，就是学校的信息化。校长作为学校的最高领导者，对于学校的教育信息化发展起着至关重要的作用。一方面，校长即是上级教育政策的执行者，又是学校内各项政策的决定者；另一方面，校长决策决定了学校教育信息化的发展目标和方向，决策的成功与否直接决定了学校教育信息化发展状态。因此，信息化政策必须关注校长信息化领导力，构建与之相适应的提升策略体系，以增强农村校长的信息化领导与决策能力。换言之，提高农村校长领导力与信息化决策能力是提升农村基础教育信息化绩效水平和可持续发展的重要保证。[①]

总之，具有良好的信息化决策能力的校长是学校信息化发展内部驱动力形成的引擎，而信息技术和学科教师作为信息化教育的实施者，其信息素养、信息化教学能力、教育理念等，直接影响着农村基础教育信息化的绩效水平。

二、优化、整合与共享信息化资源

信息化资源是农村基础教育信息化系统绩效提升的关键因素，其丰富、优劣与否，直接决定着农村基础教育信息化的绩效水平与可持续发展。依据本研究结果，就目前农村基础教育信息化所处的发展阶段来看，加强对信息化资源的优化与有效利用，加快建立信息化资源整合与共享机制的步伐，是提升农村基础教育信息化绩效水平的重要策略。

---

① 曾水兵、解月光、孙艳：《一种基于参与主体真实需求视角的探究》，《教育发展研究》2007年第5期。

（一）加强信息化资源的优化和有效利用

农村教育资源优化与利用是一个动态的过程，是指在我国农村教育资源总量有限的前提下，对教育资源进行系统分配、充分利用的过程。这一过程中包括对财力、物力、人力资源的优化以及利用现代信息技术手段对教育资源的优化等。① 财力资源优化的核心在于规划与合理使用现有资金，物力资源优化的核心在于共享，人力资源优化主要是对农村教师队伍加强培训和师资共享。对于农村教师培训，可以借鉴英特尔未来教育等模式的先进经验，加强城乡教师的相互交流，逐步带动农村教育师资水平的提高。

强调资源优化和有效利用，不仅对农村基础教育信息化可持续发展至关重要，而且对于消解城乡差异所带来的教育分配的不公平、教育发展的不均衡也是重要和关键的。由于城乡二元结构的制约与束缚，必须寻求一种更加有效、节约的农村教育资源优化建设与有效利用的途径。教育信息化的大力建设与发展无疑使之成为可能，将信息资源网络化传输，实现我国东部优质教学资源向中西部的传播，使农村中小学可以充分利用全国的优秀教学资源。同时，农村学校也可尝试将地方特色与信息化教学资源进行整合，并开发符合当地实际的本土化的信息化教学资源。这样，在共享优质教学资源、开发特色教学资源、整合应用各类资源的过程中，提升农村教师的信息素养和整合应用的信息化专业能力，使人力、物力教育资源得到整体性优化。

（二）加强信息化资源的整合与共享

通过网格计算技术实现对全国各地的优质基础教育资源的集成和共享，提供开放的远程协同教学的基础支撑，为中小学的学生、家长提供高质量的网格服务，是教育信息化发展的大趋势。② 而通过符合实际与发展需求的科学合理的资源整合与共享，对农村基础教育信息化的绩效提升与可持续发展尤

---

① 孙艳、解月光、曾水兵：《农村中小学信息技术教育目标的反思与重构——基于城乡差异视角的分析》，《中国教育信息化》2007 年第 10 期。

② 《国家基础教育资源共建共享联盟成立》，见 http：／／www.yourblog.org／data／20067／471859.html。

为重要。一方面可以实现农村基础教育信息化资源的合理配置、标准化建设和规范化管理，避免重复开发和人力、物力、财力的浪费；另一方面，可以提高农村基础教育信息化资源的有效整合和广泛应用，促进农村学校主体的协同发展，并能更好地营造农村学习型社区教育环境。

1. 整合与共享的原则

本研究认为，符合农村基础教育信息化当前实际和可持续发展需求的信息化资源整合与共享原则，可包括如下两方面：

（1）统一开发与个别开发相结合原则。农村基础教育信息化资源建设应该采取统一开发与个别开发相结合。国家方面，应集中优势人力资源，统一进行设计和制作，充分利用信息技术特点和优势，紧密结合农村基础教育目标，建设优质教学资源。这需要国家组织高水平的专家设计队伍和制作技术队伍。对于非统一开发的教学资源，国家要制定统一的教学资源标准，达到标准的收入资源库，统一管理和资源共享。当地教育机构和学校要建立相应的教学资源认定机制，比如资源认定专家组，依据国家标准，定期对各中小学的教学资源进行筛选，提出整合建议。

（2）共建共用原则。发挥国家和地方政府宏观调控作用，建立全国性和区域性帮扶对口支援组织，东部支援西部，城市支援农村，企业支援学校，优势学校支援弱势学校，形成资金流、设备流、师资流，并建立长效流动机制。其中资金流是指资金的直接支援；设备流是指购买设备或将发达地区学校更新后的但仍能继续使用的旧设备支援给欠发达地区和学校；师资流是指发达地区、学校的优秀信息技术师资，定期轮换帮扶欠发达地区与学校。①

2. 整合与共享的机制

实现农村基础教育信息化资源有效的整合与共享，必须有科学合理整合、共享机制作保障。鉴于本研究的结果，这里提出如下整合与共享机制：

（1）建立农村基础教育信息化资源整合与共享的调控机制。即充分利用政策、法规、行政手段等，解决和协调农村教育信息化资源整合过程中遇到的问题，从人文和环境上调节和控制影响教育资源共建共享的主要因素，建

---

① 尹睿：《区域基础教育信息资源共建共享机制的研究》，《中国电化教育》2009年第9期。

立和谐稳定的资源共建共享关系。①

（2）建立农村基础教育信息化资源整合与共享的管理机制。长期以来，我国教育资源的管理机制是"中央统一的政府行为"，这很大程度上成为教育资源分配不均的本源。为了保障农村基础教育信息化资源的整合与共享，必须打破"行政唯一"机制，建构创新的资源管理机制。如可以把学校作为农村基础教育信息化资源建设与应用的主体，成立具有决策、组织、监督等职能的管理机构，建构起"基于学校"的"教育行政—学术机构—学校"的合作机制，这样可以运用"行政权力"组织学校共同参与农村基础教育信息化的建设与应用，并扩大社会参与渠道。

（3）加强农村基础教育资源整合与共享的规范机制。农村基础教育信息化资源的整合与共享的关键，在于如何处理好资源的分布式建设与存储，以及资源的集中管理与应用之间的关系。解决二者之间关系的前提是制定统一的教育资源标准。2002 年，教育部教育信息化技术标准委员会正式发布《基础教育教学资源元数据规范》（以下简称《规范》）（CELTS – 42CD1.6）②，实现对各种教育教学资源的元数据描述，为我国基础教育教学资源的网上共享奠定了基础。在农村基础教育信息化资源整合与共享的建设中，必须着力构建规范机制，从而为最大范围内实现资源共享提供保障。首先，加强学校技术开发人员对《规范》的认识与了解，建立资源规范化建设的意识；其次，学校以教育信息资源建设的技术规范为依据，实现对建立基础农村教育信息化资源的标准化描述；最后，以区域教育行政部门为主导，开发基于元数据技术的基础性服务平台或资源库，实现不同学校之间的教学资源检索、互换和互访。

（4）建立农村基础教育信息化资源整合与共享的评价机制。即指运用教育教学资源的评估标准对农村基础教育信息化资源的建设质量进行认证、审核和评价，以有效地保证资源建设质量，提高资源建设水平。在农村基础教育信息化资源整合与共享的建设中，有效的评价机制与一份科学合理的评估

① 罗明东、李舜、李志平：《区域教育可持续发展研究》，科学出版社 2005 年版，第40 页。
② 蒋鸣和：《基础教育教学资源的标准化与网上共享》，《中小学信息技术教育》2002 年第 12 期。

标准体系同等重要。

（5）建立农村基础教育信息化资源整合与共享的创新机制。所谓创新机制，是指在农村基础教育信息化资源整合与共享的建设中，不断吸收、形成、创造有利于自身不断发展的观念及其模式，实现发展的可持续性。[1] 农村基础教育信息化资源整合与共享的建设中，应善于从新课程理念、优秀教育思想和理论，指导资源的设计与开发，实现资源建设理念的自我更新。同时应引入"以资源应用带动资源共建共享"的双向互动机制，促使资源建设最大限度地满足教学应用的需求。

三、建立和完善农村基础教育信息化保障体系

农村基础教育信息化作为公益性事业，其可持续发展与不同区域的经济、文化、政治以及制度具有很大的关系。因此，需要根据农村区域和基础教育信息化发展的规律，重点在政策保障、法制保障、经济保障以及社会保障上建立起完善的保障体系。

（一）建立一套向农村薄弱学校倾斜的扶持机制

农村薄弱学校的薄弱，不只是在教育发展上的"薄弱"，其所处社会环境也薄弱：包括服务群体处于弱势地位，社会经济发展处于落后水平，文化发展处于滞后状态，等等。以信息化建设为突破口，加强薄弱学校信息化建设，对于改善信息环境、优化教育资源、普及信息技术、提高当地劳动力素质、缩小发展差距、体现社会公平、促进农村社会和谐发展具有重要的意义。教育行政部门应把薄弱学校教育信息化作为推进农村教育现代化重要内容，努力建立一套向农村薄弱学校倾斜的扶持机制，如按照农村学校信息化现状水平分成不同的等级，分别依据其等级水平确定有差别的专项拨款制度，打破平均主义方式，有重点地扶持薄弱学校信息技术教育的开展。同时，加强发达地区与欠发达地区之间的合作互动，促进城乡优质教育资源共享，缩小学

---

[1]　罗明东、李舜、李志平：《区域教育可持续发展研究》，科学出版社 2005 年版，第 35 页。

校之间发展差距。①

（二）建立针对可持续发展的法制保障

基础教育信息化的实现是基础教育现代化的前提。只有实现农村基础教育信息化，并实现农村基础教育的现代化，才能最终实现中国教育的现代化。这一点必须通过教育立法和教育政策达成全社会的共识。只有达成全社会的共识，才能赢得全社会的支持。因此，农村基础教育信息化应有充分的法制保障，通过立法确立农村基础教育信息化的地位与目标：第一，建立健全和完善规章制度和法规，国家立法和地方法规互相补充；第二，政策法规应由政府统筹和统领；第三，要有严格的监控体系和监控制度。

（三）建立有效的经费保障机制

信息技术教育是高投入的教育。农村教育信息化先期资金主要来源于国家投入，设施设备的后期维护和管理经费主要依靠当地政府和学校。由于农村税费改革和中小学"一费制"的施行，使农村教育经费大幅度下降，很多学校因为缺少维持经费，使得设备不能完全使用甚至闲置不用，严重影响到信息技术教育课程的有效实施，进而制约着农村基础教育信息化的绩效提升和可持续发展。有学者建议建立专款专用制度，加大对欠发达地区中小学教育信息化的支持，同时建立相应的监督制度，避免资金的流失和浪费。此外，探索发挥地方积极性和主动性有效机制，拓宽资金来源渠道，发挥地方的"造血"功能。可以借鉴市场运作方式，积极吸纳企业投资和社会赞助。例如采用"分期付款"方式，建立企业和教育的合作关系，实现双赢。②

（四）建立一个良性互动的社会支援系统

农村中小学是农村社区信息资源、人才资源汇聚的中心。农村中小学不

---

① 陈文韬、杨晓宏：《农村教育信息化资源整合的新途径——基于约束理论的分析》，《信息化教学》2011 年第 5 期。

② 陈文韬、杨晓宏：《农村教育信息化资源整合的新途径——基于约束理论的分析》，《信息化教学》2011 年第 5 期。

仅能够提高当地学生信息化水平，而且能为当地社会信息化提供人才和技术支持。农村教育还起着反向传递功能，学生能够借助自身的知识对其父母进行潜移默化的影响。因此，农村基础教育信息化在提升农村教育信息化水平和促进农村社会信息化发展中起着先导性和基础性的作用。当地政府在制定社会发展规划时，应将基础教育信息化纳入社会信息化发展的中心地位，增强责任意识，强化支持力度，进行统筹规划。因此，农村基础教育信息化绝不是孤立地发展，而是与当地社会发展相协调。在发展定位上，要树立为当地社区服务的理念，政府依托当地学校信息化资源，开展农民信息技术培训和提供一些社会应用性服务，反过来又为学校提供一定的物质回报或资金支持。在发展模式上，要在普及化和本地化之间寻找一种合理的平衡，即要促进先进教育技术思想的传播，改变当地落后信息思维方式和习惯，同时又要适应本地情景，包含原有情景意义。如果简单地套用城市教育信息化发展模式，按照整体划一强势推进的简单思路，往往脱离了当地发展实情，带来资源的巨大浪费。在发展速度上，本着适度超前、量力而行的原则，既要有发展的紧迫感，又要与当地经济发展相适应，形成教育信息化与当地社会发展的良性互动机制。①

四、加强农村基础教育信息化绩效评估

在农村基础教育信息化领域，评估不仅是一种操作，更是一种理念，既要成为所有农村教育工作者的指导思想，又要贯穿整个农村基础教育信息化活动的全过程，更有效地推进其进程。作为推动可持续发展的重要手段，评估在我国农村基础教育信息化实践中尚未得到认可和普及，尚无法对农村基础教育信息化的改进做出有效的指导。因此，开展绩效评估、建立科学合理的评估体系是推进农村基础教育信息化可持续发展的必然要求，是引领和推动农村基础教育信息化可持续发展的重要策略。本研究结果告诉我们，绩效

① 解月光、孙艳、刘向永：《可持续发展：农村中小学教育信息化的战略选择》，《东北师大学报（哲学社会科学版）》2008 年第 1 期。

评估开展过程应该突出如下思想和原则:

(一) 差异关照

农村基础教育信息化的起点较低,受地域经济、社会文化背景的影响,特别是基本保障、外部援助和主体发展水平等制约因素的影响,资源贫乏和闲置并存,低效问题严重,城乡之间、学校之间、个体之间差异明显,不平衡显著。这些特征告诉我们,不能采用缺乏差异关照的统一标准对发展水平状况复杂和信息化需求多变的对象进行评价。[①]

(二) 主体为本

评估教育信息化活动过程与结果,应以主体发展为本,要从教育信息化资源(人力资源、物质资源、信息资源)的配置与使用状况出发,加入投入、产出的视角,但必须立足教育信息化主体活动过程的合理性和优化程度,全面考虑教育信息化活动过程及其各种制约因素。以这样的思想建立评估体系和评估机制,就可以指引、监督教育信息化活动过程,进而推动农村基础教育信息化健康、稳定、可持续地发展。

(三) 系统观指导

绩效评估的对象是整个基础教育信息化系统,是包括信息化参与主体、信息化基础设施、信息化教学资源、信息化政策等保障体系的一个整体,这就决定了必须以系统化的思想进行评估。信息化活动的成效是资源(人力资源、物质资源、信息资源)、外部援助、主体发展状况、课程目标等因素相互制约共同作用的结果,必须把各种资源的配置与使用状况和制约因素综合起来考虑,才能得到最科学的评估结果。如果仅仅从最终效果的角度来评价,就容易使人们简单地采取加大投入的方式促进效果(如增加对学生的时间资源的使用),这就类似于人们在经济活动中采用的以扩大外延为主的增长

---

① 成江荣、解月光:《农村中小学教育信息化绩效评估指标体系的构建》,《中国电化教育》2011 年第 2 期。

方式。

（四）判定阶段

由于农村基础教育信息化的发展具有差异性，城乡之间、学校之间、个体之间不平衡显著。因此在评估时，应对当下学校所处的信息化整体状况的发展阶段进行判定，以农村基础教育信息化发展的阶段性、主体的人本性、结果的绩效、结构的开放性为基本原则，在构建绩效评估模型和指标体系的基础上，对一定时期的农村基础教育信息化进行绩效评估，引导和促进其健康持续发展。

（五）关注资源

信息化绩效评估对资源的关注促使我们同时从两个方面（投入和产出）来考虑问题——通过对信息化教育资源的合理配置和应用过程的优化，达到信息化绩效和教育效果的全面提高。这是一种以实现内涵改进为主的总体效益的提高。具体地说，绩效评估对资源配置和使用的积极作用表现在以下三个方面：第一，将有利于解决信息化教育资源使用上的瓶颈。资源使用不合理、配置不恰当或闲置不用等都是造成出现瓶颈的原因，对教育过程中使用的资源进行评估就能发现这些瓶颈并加以解决。第二，能促进资源的优化重组。绩效评估会促使教育工作者因地制宜地从硬件、软件等不同层面，对信息化教育资源进行优化重组，以期取得最佳的教育效果。第三，为资源开发提供依据。绩效评估的结果为进一步配置物化资源、开发智化资源和软件、培训信息化参与主体等提供参照和依据。①

综上，绩效评估能够为正在进行的教育信息化建设与应用提供反馈信息，及时发现建设及应用过程中存在的问题，指导前景规划以提高教育信息化建设质量，是一种促进农村基础教育在有限资源的条件下获得更全面、绩效水平更高、更长远发展的推进性策略。采用这种推动策略的意义在于：能从农

---

① 杨斌、解月光、孙艳：《农村基础教育信息绩效评估模型的构建》，《中国电化教育》2009年第7期。

村基础教育信息化发展具有差异性和不平衡性的实际出发，关注教育信息化参与主体的内在需求；以学校、教师、学生的发展为本，综合、系统地考虑学校信息化建设的各个方面，既包含了量化的数据（如硬件生机比）评估，也包含了质化的数据（如学生学业成绩的影响）评估，既侧重于分析、诊断教育信息化建设及其应用过程中存在的问题，又强调对教育信息化阶段性建设与应用价值的判断，极其利于学校有效提升信息化绩效水平和可持续发展的内驱力形成与强大。

第十章　农村基础教育信息化
可持续发展战略选择

教育信息化的建设与发展不仅是一个系统化的工程，更是一个体制与文化变革的过程。选择可持续发展战略就是要建立强大而又稳定的机制，突破既有体制制约，以信息化服务为核心，推进教学管理模式和组织结构实现优化和变革，力求信息化在教育组织更大的范围内产生更为深度的持续性影响。本研究作为对农村基础教育信息化可持续发展战略选择的思考，主要涉及如下内容，包括要秉持终身学习理念，围绕农村终身教育体系的建设目标，坚持政府主导，吸纳社会力量参与，要引入第三方机制，构建具有农村特色的基础教育信息化公共服务平台和公共服务体系，要从信息生态的角度关注教育与技术的深度融合，以应用和绩效引领农村基础教育信息化的发展与创新。

一、政府主导：基于终身学习理念推动
农村基础教育信息化可持续发展

（一）秉持终身学习理念

构建终身教育体系，建设"全民学习、终身学习的学习型社会"，是未来20年我国教育发展和改革的重要奋斗目标。教育信息化作为构建终身教育体系的重要途径，在建设学习型社会中发挥了重要的作用。随着教育信息化推动工作的深入，必将触及其固有的组织流程、关系与结构，从而遭遇阻力，如管理体制不顺、运营机制不完善、资源流不畅通、"信息孤岛"与"资源死

库"现象严重、资金严重匮乏与使用严重浪费、信息化人才缺口大、教育队伍素质和能力远远不能适应信息化要求、区域和城乡之间数字化鸿沟明显存在，等等。这些使我们认识到，我国基础教育信息化发展的难题仍然是：缩小数字鸿沟，促进教育公平；建设、共享和应用优质数字教育资源；实现学校教学方式根本变革；发展学生信息化学习能力，培养终身学习习惯。而这些难题得到破解，必须在终身学习理念指导下，建设和推动农村基础教育信息化的可持续发展，进而构建农村终身教育体系。

（二）发挥政府主导作用

教育信息化的发展，包括基础设施建设、资源开发、应用开展、标准化、技术研发、人才培养、国际合作等多方面工作，需要组织协调各级政府相关部门、各级各类学校、企事业单位、社会团体等多方面力量。农村基础教育信息化的建设与可持续发展，更需要政府的主导，各级政府应当充分发挥主导作用，积极地研究、智慧谋划、有效监控、加强管理、会合社会各方力量、积极筹措经费，整合各种资源，关注弱势群体，形成覆盖全社会的学习和援助系统，乃至建立和完善终身教育体系。

（三）引导社会力量参与

国外的实践经验证明，在教育信息化建设发展过程中，组织社会力量参与，形成基础教育信息化与ICT产业发展的良性互动的利益格局，不仅是发展教育信息化产业的最有效的推动力量，也是农村基础教育信息化可持续发展的可靠途径。2012年3月颁布的《教育信息化十年发展规划（2011—2020年)》也强调：建立教育信息化产业发展机制，营造开放灵活的合作环境，推动校企之间、区域之间、企业之间广泛合作。形成良性竞争的教育信息化产业发展环境。吸引企业参与教育信息化建设，鼓励企业和社会力量投资、参与教育信息化建设与服务，形成多渠道筹集教育信息化经费的投入保障机制。但目前我国教育信息化的发展在很大程度上还是取决于各级政府的行政推动与主导。企业等社会团体作为教育信息化服务和产品供应的主体、教育信息化研发投入的重要参与者，其作用还没有很好发挥出来。[①] 换言之，我国至今为止还没有形成良性竞争的教育信息化产业发展环境。虽然在我国教育本身不能市场化，但教育信息化服务应该充分市场化，只有引入市场机制才能整体推动信息化服务效能提升。因此，在农村基础教育信息化服务方面应动员国有企业、乡镇企业、民营企业或民间团体进行资金投入，并建立相应的优惠或激励机制，鼓励企业和团体对农村基础教育信息化的支持和支援。当然，在实践中也会存在很现实的问题，例如，民间的社会团体、企业等在重组现有教育教学资源上也能发挥有效作用，但与国家权力所担负的责任和所发挥的作用则无法比拟，这就需要政府统筹的协调和组织，形成以终身教育学习为理念，由政府主导、社会力量参与的农村基础教育信息化可持续发展战略。

二、引入第三方：构建具有农村特色的基础教育信息化公共服务平台与公共服务体系

我国农村基础教育信息化已经启动了"农村中小学远程教育工程""校校通"等战略工程，但由于我国教育经费投入毕竟有限，在农村基础教育信息化建设资金保障不足的同时，又普遍存在应用层面互不相通，大量低水平重复建设问题。为减少资源的重复建设，建立优质资源的共享机制和共享平台，促进校际之间的资源共享，需要在国家教育信息化公共服务平台和公共服务体系的基础上，根据农村区域特色和农村基础教育的实际需求，进行资源共享机制、服务模式和深度融合的新探索，形成促进可持续发展的教育资源公共服务平台、教育管理公共服务和公共服务体系。本研究借鉴近几年来我国现代远程教育公共服务体系建设发展的经验和教育部"数字化学习港与终身学习社会的建设与示范"教改项目的研究成果，针对农村基础教育信息化公益性的特点和改变目前农村基础信息化教育多部门、多头实施的现状，本着体现政府主导和保障农村义务教育的原则，提出了构建"农村基础教育信息

---

① 余胜泉：《推进技术与教育的双向融合——〈教育信息化十年发展规划（2011—2020 年）〉解读》，《中国电化教育》2012 年第 5 期。

化公共服务平台与公共服务体系"的战略选择。

（一）公共服务平台与体系的特征

农村基础教育信息化可持续发展，不仅需要利用新的技术构建数字化学习环境，更需要建立切实可行的资源整合平台与机制、学习与服务模式以及有效的运行体制和机制。公共服务体系是随着信息技术发展出现的社会化、第三方服务的机构，是为现代远程教育服务的提供者。它利用现代信息技术和专业化的服务队伍，以社会第三方服务的方式，为办学单位和学生提供远程教育过程非学术性的共性服务，并接受教育行政部门和办学者的委托承担一些专项服务业务。它是运用信息技术和现代管理的一种新型的现代教育服务业，采用现代企业的公司治理结构和服务渠道，以连锁加盟、协议合作的管理体制，形成服务运营的有机整体。在社会主义市场经济条件下，它适于引入市场机制，以企业资本、市场竞争手段和企业管理方式，按社会需求更有效地配置资源，为教师和学生提供高效的支持服务，对办学单位和委托部门负责。①

公共服务平台是公共服务体系的重要支撑。即通过信息技术新手段构建的教育信息化应用平台，从根本上能够改变农村中小学信息孤岛的尴尬现状，打通学校与学校之间、学校与社区之间的信息壁垒，建立一个高效、互通的信息合作平台。

综上，公共服务体系的运行，在外部得到政府监管和上下游服务对象的监督，在内部引入绩效管理、全面质量管理，有效提高服务质量和效率。这样既有利于资源提供方快速拓展市场、降低交易成本，又使资源使用方取得低价、优质、获取方便的教育资源和周到的支持服务，形成多方合作共赢的服务模式和运行机制。

（二）公共服务平台与体系的重要性

在传统意义上，向社会公众提供公共服务一直是公共组织的"专利"。20

---

① 任为民、施志毅：《公共服务体系建设与电大教育发展》，《中国远程教育》2008 年第 9 期。

世纪 80 年代以来，市场价值的重新发现和利用改变了这种观念，政府不是公共服务的唯一提供者，私营部门、非盈利性组织完全可以承担这方面的职责。公共服务由一元供给走向多元供给，成为当代公共服务改革的基本趋势。按照政府或市场在其中发挥作用的程度划分，公共服务模式可概括为政府主导整合、政府补贴自主建设、完全自主建设三种模式。[①]

根据目前我国基础教育的内容和我国农村经济社会发展的水平，农村基础教育信息化主要是由政府或组织提供的公益性事业。但由于我国城乡、区域之间教育差距仍然存在，因此致力于更加公平的基础教育已经成为政府的重要任务和战略选择。《国家中长期教育改革和发展纲要（2010—2020 年）》提出"加快教育信息化基础设施建设""加强优质教育资源开发与应用""构建国家教育管理信息系统"，整合各级各类教育管理资源，搭建国家教育管理公共服务平台，为宏观决策提供科学依据，为公众提供公共教育信息，不断提高教育管理现代化水平的要求。《教育信息化十年发展规划（2011—2020年）》也在行动计划中提出教育资源共享方案：即要建设一个公共平台，要不断地丰富资源，要建设一些资源共享的机制等。并在落实教育纲要和十年规划的要求时，重点推动"三通两平台"（宽带网络校校通、优质资源班班通、网络学习空间人人通，建设教育资源公共服务平台和教育管理公共服务平台）建设。明确提出了国家教育云基础平台建设。要充分整合和利用各级各类教育机构的信息基础设施，建设覆盖全国、分布合理、开放开源的基础云环境，支撑形成云基础平台、云资源平台和云教育管理服务平台的层级架构。到2015 年，初步建成国家教育云基础平台，支持教育云资源平台和管理服务平台的有效部署与应用，可同时为 IPv4 和 IPv6 用户提供教育基础云服务。因而探索国家级和区域性教育信息化公共服务平台和公共服务体系，为不同用户提供个性化、主动式、透明化的知识服务，已经成为新一轮教育信息化改革的重点，也为解决我国城乡教育的不均衡发展提供了新的思路与途径。

[①] 施志毅：《数字化学习港公共服务体系的运行机制》，《中国远程教育》2008 年第 9 期。

（三）农村基础教育信息化公共服务"云"平台构建

移动互联网、智能终端、大数据、云计算、高端芯片等新一代信息技术发展将为公共服务平台的建设带来新的技术创新。在 2012 年颁布的《教育信息化十年发展规划（2011—2020 年)》中，对正在改变 IT 行业的云计算技术、IPv6 网络技术、智能信息环境等最新发展给予了高度重视，强调运用先进信息技术，改变技术的供给模式，突出公共服务体系的构建。尤其是 2008 年迅速发展的云计算（Cloud Computing）是通过分布式处理（Distributed Computing）、并行处理（Parallel Computing）、网格计算（Grid Computing）以及互联网（Internet）结合起来的一种新的 IT 资源提供模式，可以使师生之间的交互更加实时、流媒体播放更加流畅、访问速度更加快捷，满足多元化计算需求。如围绕学习型城区和终身教育体系构建，通过服务器、应用、桌面的虚拟化技术，将各种类型的信息化教育资源进行整合开发利用，充分挖掘潜力，提高资源的利用率，通过加强对虚拟资源进行智能的、自动化的管理和分配，提高未来远程教育云适应和应用能力。可以说，"云"颠覆了传统的计算应用模式，使得计算机应用从"桌面"转移至"网络"。云计算的出现有可能完全改变教育领域现有的以学校为核心的信息化系统建设的常规思路，而转移到以 Web 为核心，使用 Web 上的教育信息公共服务等。

"云计算"为农村基础教育信息化建设"够用""实用""社会化"信息化硬件环境和教育资源共享提供了新的发展趋势。结合农村区域的特点，重点从以下几方面推进基于云计算的公共服务平台构建[1]：

一是要树立信息化教育资源"云服务"理念。克服自己开发"小农经济"思想，充分利用好已有的各种"云服务"资源。

二是新型的教育资源建设要充分体现"云服务""以用户为中心""互动性""参与性"等特点，建立资源共享机制，使教育资源真正成为师生共建共享；并将本地资源转化为云服务，拓展为更多师生提供服务的"云"资源；

---

[1]　祝智庭、杨志和：《云技术给中国教育信息化带来的机遇与挑战》，《中国电化教育》2012 年第 10 期。

在此基础上构建"云—地"中介服务，成为"云计算辅助教学资源中心"或者"社区"。

三是建设农村基础教育信息化数据库。建立统一、完善的教育基础信息数据库，整合各个教育类型和相关领域的基础数据，逐渐将校内各个部门、各个应用系统的数据动态及时地互联互通，彻底消除教育信息化中的信息孤岛，实现信息分散、动态采集，集中安全管理，共享应用。

四是建立基于云计算教师发展中心。将云计算融入教师专业化发展中，帮助教师学会利用社会化网络组织教学，能够根据学生的不同学习风格和水平选择合适的媒介、提供个性化学习、支持学生的学习和创新。构建教师同伴互助的云环境，让教师学"云技术"、用"云技术"、在"云服务"中实现专业成长。

（四）农村基础教育信息化公共服务体系构建

搭建农村基础教育信息化公共服务平台，既有利于不断提升农村基础教育网络普及程度和信息技术应用水平，又能优化农村学生信息素养的培养，从而缩小"数字鸿沟"，促进城乡教育均衡发展。目前，北京、上海、天津等发达城市已经在终身教育学习公共服务的基础上，开始探索搭建农村基础教育资源共享和学习支持服务平台，通过第三方服务的方式，建立资源整合共享的有效机制，为中央、地方政府及其有关部门之间缩小"数字鸿沟"提供了有效、可行的通达渠道。并实现了基本公共教育服务的提供者和生产者的分工合作，有助于农村基础教育信息化应用效率和质量的提高。

农村基础教育信息化公共服务体系不是办学者，而是为办学者和学习需求方提供的一种"共用服务"。它的运营总部作为为农村基础教育信息化提供第三方服务的专门机构，根据现代教育服务业的理念创新体制、机制，按照现代企业制度建立公司治理结构，适应市场需求，为上游的资源提供方和下游农村学校资源使用方提供社会化服务。可以使乡镇学校或数字化学习中心在基层政府主导下和政府有关部门、党群组织、农村企事业单位等多方合作建设，依托运营总部承接各方的教育培训任务并取得相应的经费和人员支持。

综上所述，农村基础教育信息化公共服务体系建设坚持在教育公益性的原则下，增加教育供给，提高服务效率和质量，将有利于深化行政管理体制改革，使政府从教育培训经营活动中淡出，而强化政府及其有关部门作为教育培训的规划者、经费投入者、监管者的责任，推动基础教育信息化公共教育提供方式的改革与创新。同时，农村基础教育信息化公共服务体系是以推进城乡均衡发展和促进农村基础教育可持续发展为目标，以满足农村基础教育需求和提高农村教育质量为导向，在各级政府和主管部门的主导和监管下，由公共服务体系运营机构与相关部门合作，吸纳、整合社会各类教育资源，采用信息技术平台为农民学习提供各种培训和学习支持服务。因此，建设农村基础教育信息化公共服务体系既是一项艰巨的系统工程，又是解决城乡均衡发展和农村基础教育信息化可持续发展的切实可行的有效措施和战略。

三、深度融合：构建农村基础教育信息化生态环境

根据生态学理论，"生态环境"是指生物及其生存繁衍的各种自然因素、条件的总和，是由生态系统和环境系统中的各个"元素"共同组成。通过本书第二章我们知道，"教育信息生态"是一个比喻式的概念，产生于教育学与信息学，具有广泛性、复杂性和综合性的特点。因此，"教育信息生态环境"既具有教育生态环境的特征，又具有信息生态环境的特征，强调的是人、教育信息实践、技术等内部各要素之间的彼此联系、相互作用过程以及和外部环境之间的相互协调和发展。教育信息化的生态环境强调的是内部因素和外部因素的相互关联与协调，这种相互作用与影响的结果是人、实践活动与技术的共生，即技术与教育的深度融合。作为农村基础教育信息化可持续发展的战略选择来说，应该坚持这种融合观来构建技术的教育生态环境以及新技术支持下的教育实践生态环境。

（一）以深度融合为目标

2012 年我国颁布的《教育信息化十年发展规划（2011—2020 年）》，第一次从国家的角度提出教育发展与信息化发展的双重视角，并在规划文本 15 次

提到"融合"的概念。"融合"成为教育信息化十年规划的核心。

就"融合"的本意之解，是两者相互靠近，相互优势互补，寻求共同点与连接点，产生实质的、有意义的联系，最终成为一体的过程。教育信息化语境中的"融合"，是要实现新技术环境下的教育系统性的流程革新与系统性改造，建构起整合型的信息化教育新形态，为教师和学生的生活提供人本信息化空间，在这个空间中，信息技术更多表现为文化性和精神性的存在，拥有最优的人与技术的共生关系。① 因此，融合的核心是技术的生态观，是从技术和人的共生关系来考察。

我国教育信息化经过十多年大规模的信息基础设施建设和资源开发，取得了长足的进展，但是由于我国教学模式整体发展的滞后，技术在教育中往往是碎片化的应用，技术的潜力没有得到很好地发挥，对教育的变革性影响还没有真正发生。因此，从未来我国农村基础教育信息化战略性选择的角度，应该以新技术与教学过程的深度融合为目标，改变技术的碎片化应用，构建满足深度学习的信息生态系统。

（二）体现深度融合的教育信息生态环境模型

为促进技术与学校教育的深度融合，借助技术的优势来实现奥巴马政府"革新教育"的挑战性目标，美国于 2010 年 11 月发布了国家教育技术规划（the National Educational Technology Plan，NETP），号召对美国教育实施革命性的转变，呼吁美国民众与机构一起合作来设计有效、高效且灵活的教育结构和教学过程，并提出了一种技术支持下的学习生态模型（见图 10 - 1）。分析此模型可以得到三方面的认识：一方面，技术不再是单独的工具，而是蕴含了许多不同类型的专业资源、人和工具，它们以互补的方式共同运作，革新学生及其学习环境之间的作用关系，建立和维护一种创新性的生态圈或者学习文化；另一方面，强调技术与教育服务的融合、人和技术的融合、实体的空间和虚拟的空间融合，形成一个技术完全融入"学习"的和谐教育信息

---

① 余胜泉：《技术何以革新教育——在第三届佛山教育博览会"智能教育与学习的革命"论坛上的演讲》，《中国电化教育》2011 年第 7 期。

生态；再一方面，从整体优化的视角理解技术在教育中的角色与定位，从技术要素的关注到人和技术之间的关系关注，强调技术和人相互作用的整体优化变革，强调技术与技术之间、技术与人之间信息的无缝流通、认知的分布均衡。

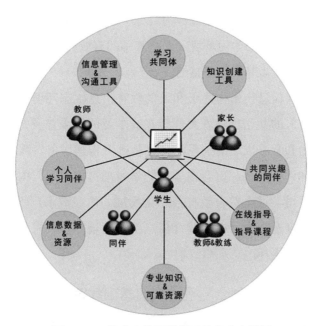

图 10 - 1　技术支持下的学习信息生态模型

在经历过教育信息与技术的融合之后，技术在教育中的凸显地位日渐消失，在达到技术作为认知工具和技术无痕的平衡状态，就是技术与教育深度融合——一种人、技术和实践活动共生的教育信息生态环境形成。

（三）新技术支持下的教育信息生态环境构建

新一代信息技术迅速发展，对人类生存和发展方式都产生了颠覆性的影响。在教育信息化领域，新技术、新方式构建了使技术场景变为现实的教育生态环境。如互联网和智能终端、学习的环境建设系统平台；社会交互技术、增强现实技术、大数据技术、云计算技术；个性化和交互学习系统、线上线下学习融合的混合学习模式等。2007 年以来，随着云计算的发展，其提供的海量数据的存储、检索和近乎无限的计算能力，将有利于大规模在线流媒体、移动微型学习、泛在学习、虚拟实验室、学生行为分析等。而云计算"整合资源，集中服务"的思想也促使人们重新考虑学习资源、学习环境等的设计，进而改善人类学习的方式。学校和教师利用"云计算"提供的服务，构建个性化教学的信息化环境，支持教师的教学和学生的学习。云计算环境下学习方式更以学习者为中心、以学习任务为目标、以协作为形式、以资源为核心，构建出真正的个性化生态学习环境，支持教师的有效教学和学生的主动学习，促进学生高阶思维能力和群体智慧的发展。

总之，新一代信息技术构建了和谐的教育信息生态环境，实现了技术的生态化、技术与人的共生。随着大规模在线学习的逐步普及，应用大数据技术研究学习行为和学习成绩的关系，在此基础上构建学习者需求分析系统和学习成绩监测和评价系统，更会在丰富的学习理论指导下，构建出更优化的教育信息生态环境。这正符合教育信息化发展的内在需求。所以，基于新信息技术构建以深度融合为目标的教育信息生态环境，是农村基础教育信息化可持续发展的必然选择。

（四）构建"深度融合"观的农村基础教育信息化生态环境

由于教育环境、社会经济和区域文化的特殊性，农村基础教育信息化更应该从"融合"的角度来构建"农村教育信息生态环境"。重视人、信息、教育实践活动以及人与信息环境的互动关系。以应用为核心，推进信息技术深度进入教学、管理、学生活动等领域内的关键性业务。一方面提高这些业务的效率；另一方面为这些关键业务提供完全不同的实施生态环境，从而促进这些业务流程与模式的优化，最终导致管理与服务体制的变革。即要形成由信息人、教育实践和技术化的环境构成的一个自组织、自我进化的系统，信息、人与技术化环境之间以教育实践活动为纽带，以信息技术为手段促进信息资源的传输、交流、反馈和循环，以最优化的实现系统价值而形成一种均衡化运动系统。处于均衡状态的农村基础教育信息生态系统要拥有最优的人与技术的共生关系和最大的系统价值——也就是促进教师和学生的全面发展。

四、以应用和绩效引领农村基础教育信息化的发展与创新

创新发展是未来农村基础教育信息化可持续发展的战略选择。就目前来说，农村基础教育信息化创新发展的前提基础，是思想、思路和行动方式的转变。

（一）引领思想的转变

2012 年 3 月，《教育信息化十年发展规划（2011—2020 年）》的制定与颁布，使信息技术真正、快速地进入了各级各类教育的关键业务。农村基础教育信息化作为教育信息化的重要组成部分，其建设需要从"以硬件为中心"引领的思路转变到"以解决实际问题应用和促进人的发展为核心"的思路；从"建网、建库、建队"以建设为中心的思路转变为以"能力提升、服务提升"为核心的思路；从设备供给思路转变到基于信息技术环境的服务供给思路。

"以应用为核心"引领的思路，实质上是坚持以人为本，坚持以教师和学生的和谐发展为价值取向，依据实践应用和人的发展需求，创新性的规划相关硬件、软件、资源、培训、制度调整和服务等。2012 年 12 月，刘延东在全国教育信息化工作电视电话会议上的讲话指出：信息技术的深度应用，迫切要求教与学的"双重革命"，加快从以教为中心向以学为中心转变，从知识传授为主向能力培养为主转变，从课堂学习为主向多种学习方式转变。我们必须主动适应这一转变，加快推进信息技术的全面应用，满足学习者的多样化与个性化需要，使教育更加体现以人为本。[1] 这清楚地告诉人们，应用是教育信息化的根本目的，在农村基础教育信息化建设与发展中，作为战略选择，必须坚持"应用"这个永恒的主题。

---

[1]　余胜泉：《推进技术与教育的双向融合——〈教育信息化十年发展规划（2011—2020 年）〉解读》，《中国电化教育》2012 年第 5 期。

（二）行动重心的转移

以应用为核心引领农村基础教育信息化的创新发展，必须改变以往的信息化行为方式，转移信息化行动重心，这也是战略选择的重要内容。以应用为核心的引领，具体表现在行动重心关注的转变，即要从关注基础设施的信息化转变到关注实际应用的效益和效能、关注教师与学生的信息化发展；要从关注硬件、软件和内容建设转变到关注教学与管理的实践活动；要从关注个别学校的实验转变到关注推进整体区域的规模质量效益，要从关注技术在学科教学中应用的表象到关注技术对学生学习质量促进的实效，要从关注教育信息化建设的短期行为转变到关注教育信息化的可持续发展；要从关注单一、静止的要素转变为关注系统信息流通、共享以及要素之间嵌套关系，关注推进信息系统从孤立走向连接与整合，实现从独立系统到集成化的综合服务的转向。这种应用为核心的引领所形成的关注重心的转移，使信息化应用的教育活动更好地将人、技术、实践与价值融合，并通过有效问题的解决，实现自上而下的建设驱动转变为自下而上的应用需求驱动。

（三）绩效导向的应用

以应用为核心引领农村基础教育信息化的创新发展，还必须强调"绩效"导向，这也是战略选择的重要内容。我们知道，教育信息化十年建设规划所蕴含的重大转变，最实质的是对"绩效"的高度关注，体现在"绩效"为导向形成的关注重心的转移。

以绩效为导向的教育信息化应用，是对教育信息化整个组织"行为"和"价值"的综合反映。因为，以绩效为导向的应用本身就是与教育信息化组织总体目标及价值追求相一致的行为倾向和业绩成就。其应用效果的绩效是与组织总体目标和主流价值观相关；是组织中投入产出关系的具体体现。而且，以绩效为导向的教育信息化应用具有可测量性。因此，在教育信息化应用领域中，绩效可以表现为"信息化教学绩效"和"信息化学习绩效"以及"信息化效果绩效"。一般地说，信息化教学绩效指与信息化教学目标的价值追求相一致的，教师在信息化教学过程中产生的行为表现与教学成就。信息化学习绩效指与个体或群体追求的目标相一致的，学生在持续的信息化学习过程中产生的行为表现与学业成就。

农村基础教育信息化应用更具有特殊性和复杂性。在经历了"农村远程教育工程""校校通"等以"硬件为中心"的信息化发展初期之后，必将走向"应用需求和促进人的发展为核心"的应用阶段。在这个阶段，应该按照绩效为导向的教育信息化应用规律，制定绩效目标、选择绩效干预、设计绩效改进评价等。即通过组织分析明确组织前进的方向（期望绩效），通过环境分析明确组织的实际绩效水平（实际绩效），最后确定期望的绩效状态与目前所实现的绩效状态之间的差距，并分析其原因，目的在于查明绩效差距的根源。

引领思想的转变、行动重心的转移、绩效导向的应用，是农村基础教育信息化发展与创新战略选择的重要内容，也应该成为推动农村基础教育信息化健康、可持续发展的可用措施与方法。

参考文献

［法］埃德加·莫兰：《复杂思想：自觉的科学》，北京大学出版社 2001 年版。

岑健林：《佛山基础教育信息生态系统的构建》，《中国电化教育》2008 年第 4 期。

［美］比尔·盖茨：《五年内网络将提供最优质教育》，2012 年 4 月 1 日，见 http：// news. xinhuanet. com/eworld/2010－08/09/c_ 12423143. htm。

曹卫真：《中小学教育信息化评价指标的探讨》，《中国远程教育》2003 年第 17 期。

陈海燕：《中学班集体建设中非正式群体的引导策略研究》，西南大学硕士学位论文，2012 年。

陈劲：《协同创新与国家科研能力建设》，《科学学研究》2011 年第 12 期。

陈劲、阳银娟：《协同创新的理论基础与内涵》，《科学学研究》2012 年第 2 期。

陈卫东、韩雪峰：《高校教育信息化的复杂性探究》，《现代远距离教育》2007 年第 12 期。

陈文韬、杨晓宏：《农村教育信息化资源整合的新途径——基于约束理论的分析》，《信息化教学》2011 年第 5 期。

陈一壮：《复杂性理论：科学方法的第三个梯级》，《学习时报》2005 年 7 月 4 日。

成江荣、解月光：《农村中小学教育信息化绩效评估指标体系的构建》，《中国电化教育》2011 年第 2 期。

丁钢：《提升中国教育研究理论张力》，《中华读书周报》2002 年 1 月 23 日。

丁婧、李艺：《教育信息化标准演变取向分析》，《电化教育研究》2011 年第 4 期。

董玉琦、解月光、孙启林：《信息技术教育国际比较研究》，人民教育出版社 2005 年版。

董玉琦：《农村初中学生信息素养发展策略研究》，高等教育出版社 2008 年版。

杜杰、刘启华：《非线性科学的回顾》，《南京工业大学学报（社会科学版）》2004 年第 2 期。

范柏乃：《政府绩效评估与管理》，复旦大学出版社 2007 年版。

顾建军：《浅析教育的双主体性特征》，《教育科学》2000 年第 1 期。

顾小清：《教育信息化建设项目评估：国际研究现状调查》，《电化教育研究》2006 年第 8 期。

顾小清、林阳、祝智庭：《区域教育信息化效益评估模型构建》，《中国电化教育》2007 年第 5 期。

规划编辑专家组：《教育信息化十年发展规划解读（2011—2020）》，人民教育出版社 2012 年版。

郭绍青、王珠珠、陈美玲：《农村远程教育中教师能力水平与学校应用发展研究》，《电化教育研究》2007 年第 11 期。

郭伟刚、李亚娟、岑健林、朱珍、戎海武：《学校教育信息化绩效评价模型的设计和应用》，《中国电化教育》2010 年第 4 期。

郭向远：《大力推进教育信息化实现教育跨越式发展——在 2008 中国教育信息化创新与发展论坛开幕式上的讲话》，《中国教育信息化》2008 年第 12 期。

郭志虎、刘洋：《西北藏族地区农村中小学远程教育资源建设及应用现状调查研究》，《电化教育研究》2012 年第 7 期。

国家信息中心"中国数字鸿沟研究"课题组：《中国数字鸿沟 2010 年报告》，2011 年 9 月 8 日。

［德］H. 哈肯：《协同学导论（第三版）》，郭治安等译，成都科技大学出版社 1993 年版。

韩树华：《小学主题信息教育读本农村版》，电子工业出版社 2001 年版。

何克抗、吴娟：《信息技术与课程整合》，高等教育出版社 2007 年版。

胡锦涛：《在庆祝清华大学建校 100 周年大会上的讲话》，《人民日报》2011 年 4 月 25 日。

胡水星、张剑平：《高校教育信息化成本效益分析与评价》，《现代远程教育研究》2012 年第 3 期。

黄兰芳、贾巍：《新课改背景下基础教育信息化效益评估模型研究》，《现代教育技术》2011 年第 1 期。

黄润生：《混沌及其应用》，武汉大学出版社 2000 年版。

黄松、郭伟：《基于诺兰模型的高校信息化建设趋势分析与展望》，《江汉大学学报（自然科学版）》2013 年第 1 期。

黄松爱、唐文和、董玉琦：《日本基础教育信息化最新进展述评》，《中国电化教育》2006 年第 8 期。

黄梯云：《管理信息系统》，高等教育出版社 2005 年版。

黄希庭：《心理学导论》人民教育出版社 2001 年版。

黄欣荣、吴彤：《复杂性科学兴起的语境分析》，《清华大学学报（哲学社会科学版）》2004 年第 3 期。

黄志坚：《谈基础教育的均衡发展》，《青年教师》2007 年第 8 期。

姜曾贺：《平衡计分卡在学校信息化校本绩效评估中的应用》，《甘肃联合大学学报：自然科学版》2007 年第 6 期。

蒋鸣和：《基础教育教学资源的标准化与网上共享》，《中小学信息技术教育》2002 年第 12 期。

焦宝聪、温志华：《以绩效指标体系推进教育信息化建设》，《开放教育研究》2005 年第 2 期。

焦宝聪、赵意焕、董黎明：《基于数据包络分析的教育信息化绩效评价模型》，《电化教育研究》2007 年第 4 期。

焦建利、叶力汉：《教育技术的复杂性与复杂的教育技术学——从复杂性科学角度看教育技术学》，《电化教育研究》2006 年第 1 期。

教育部：《国家中长期教育改革和发展规划纲要（2010—2020）》，2010 年 10 月 1 日，见 http：//www. moe. edu. cn。

教育部：《教育信息化十年发展规划（2011—2020 年）》，2012 年 4 月 1 日，见 http：//www. moe. gov. cn/ewebeditor/uploadfile/2012/03/29/20120329140800968. doc。

金吾伦、郭元林：《国外复杂性科学的研究进展》，《国外社会科学》2003 年第 6 期。

邰红艳、杨雪萍、江新等：《基于 CIPP 模型的教育信息化项目评估方法——微软"携手助学"项目年度评估》，《中国教育信息化》2006 年第 10 期。

［奥］L. 贝塔朗菲：《一般系统论——基础·发展·应用》，社会科学文献出版社 1987 年版。

乐军：《对教育信息化的本质分析》，《电化教育研究》2006 年第 9 期。

黎加厚：《创造教育信息化环境中学生和教师的精神生命活动——教育信息化的生命环境观》，《电化教育研究》2002 年第 2 期。

李成言：《领导学基础》，中央广播电视大学出版社 2003 年版。

李娟、马颖峰、陈怡君：《贵州边远地区农村教育信息化发展的阶段性特征与政策选择》，《中国医学教育技术》2010 年第 6 期。

李克东编：《教育技术研究方法》，北京师范大学出版社 2003 年版。

李青、王瑜、勾学荣等：《基于成熟度模型的教育信息化评估方法研究》，《中国远程教育》2012 年第 10 期。

李锐锋：《复杂性是系统内在的基本属性》，《系统辩证学学报》2002 年第 10 期。

李松林：《社区课程资源开发对学校课程的支持研究》，西南师范大学，2003 年 4 月。

李涛：《高校信息化水平评估指标体系设计研究》，《教育信息化》2006 年第 5 期。

李兴华：《协同创新是提高自主创新能力和效率的最佳形式和途径》，《科技日报》2011 年 9 月 22 日。

李亚婉：《欧洲远程教育与电子学习的发展趋势》，《中国远程教育》2006 年第 8 期。

李正贤：《普通高校篮球教学活动的教育生态研究》，苏州大学，2010 年 3 月。

梁红军：《什么协同有助创新》，《学习时报》2013 年 3 月 4 日。

梁林梅、桑新民：《基础教育区域信息化现状及问题调查、分析和反思》，《中国电化教育》2004 年第 8 期。

林益、刘思峰、D. H. 麦克尼尔：《系统科学研究的过去、现在与未来》，《系统工程与可持续发展战略——中国系统工程学会第十届年会论文集》。

刘菊等：《自组织理论及其教育研究应用前景探析》，《远程教育杂志》2012 年第 2 期。

刘香玉：《国际 ICT 教育应用有效性指标研究及启示》，东北师范大学硕士学位论文，2007 年。

刘向永：《校长的技术领导力：内涵与结构》，《中小学信息技术教育》2007 年第 11 期。

刘彦尊、于杨、董玉琦：《印度基础教育信息化最新进展述评》，《中国电化教育》2007 年第 1 期。

龙群兵：《基础教育信息化区域推进模式研究》，江西师范大学硕士学位论文，2008 年。

吕新奎：《中国信息化》，电子工业出版社 2002 年版。

罗明东等：《区域教育可持续发展研究》，科学出版社 2005 年版。

《马克思恩格斯全集》第 19 卷，人民出版社 1963 年版。

《马克思恩格斯全集》第 46 卷上，人民出版社 1979 年版。

［美］马尔库塞：《单向度的人信息技术课程导论》，上海译文出版社 2006 年版。

满海峰、姜玉莲、解月光：《行动学习法在农村教师信息素养发展中的应用策略探讨》，《教育理论与实践》2005年第11期。

毛信德：《当代中国词库》，航空工业出版社1993年版。

苗东升：《系统科学原理》，中国人民大学出版社1990年版。

苗逢春：《我国未来5年基础教育信息化的系统推进和实施关键》，《中国电化教育》2003年第9期。

闵家胤：《关于"复杂性研究"和"复杂性科学"》，《哲学动态》2003年第7期。

南旭光：《我国开放大学体系协同能力生成模式研究》，《中国电化教育》2013年第1期。

祁玉娟、毛丽萍：《教育信息化中的城乡差异分析》，《当代教育理论与实践》2013年第7期。

钱松龄、解月光、孙艳：《美国基础教育信息化最新进展述评》，《中国电化教育》2006年第9期。

钱学森：《智慧的钥匙：钱学森论系统科学》，上海交通大学出版社2005年版。

饶燕婷：《"产学研"协同创新的内涵、要求与政策构想》，《高教探索》2012年第7期。

任志新：《一般系统论在企业管理中的运用》，《商场现代化》2005年第6期。

施维、黄朝武：《教育的天平不能在城乡继续失衡》，《农民日报》2008年3月15日。

孙慧琴、陈文韬、杨改学：《基于农远工程的藏族教师专业化发展探究》，《中国教育技术装备》2011年第6期。

孙小礼：《模型——现代科学的核心方法》，《哲学研究》1993年第2期。

孙艳、解月光、曾水兵：《农村中小学信息技术教育目标的反思与重构——基于城乡差异视角的分析》，《中国教育信息化》2007年第10期。

田振清、陈梅、周越、昭那斯图：《内蒙古地区农村中小学信息技术教育基本状况的调查与分析》，《中国电化教育》2002年第7期。

田祖荣：《制造企业差异化竞争战略研究》，《中国高新技术企业》2008年第8期。

汪应洛：《系统工程理论方法与应用》，高等教育出版社1998年版。

王海、解月光、张喜燕、付海东：《农村基础教育信息化EEE模型的构建与解析》，《中国电化教育》2013年第6期。

王磊：《教育信息化评估指标体系及其基本要素研究》，华中师范大学信息管理学院硕士学位论文，2002年。

王童、杨改学：《农村中小学现代远程教育的可持续发展之我见》，《中国电化教育》2006 年第 1 期。

王宪明、李烨：《经济学视角下高等学校协同创新的战略选择》，《国家教育行政学院学报》2014 年第 2 期。

王有远、姚永红、曾卓知：《教育信息化综合评价指标体系研究》，《教育信息化》2006 年第 1 期。

王佑镁等：《教育信息化开放生态系统模型建设策略》，《现代远程教育研究》2009 年第 1 期。

王珠珠、刘雍潜、黄荣怀、赵国栋、李龙：《中小学教育信息化建设与应用状况的调查研究报告（上）》，《中国电化教育》2005 年第 10 期。

王珠珠、刘雍潜、黄荣怀、赵国栋、李龙：《中小学教育信息化建设与应用状况的调查研究报告（下）》，《中国电化教育》2005 年第 11 期。

王珠珠：《对农村中小学现代远程教育工程存在的问题的分析》，《中国远程教育》2009 年第 8 期。

王珠珠：《整合创新："三通两平台"推动教育变革——专访中央电化教育馆王珠珠馆长》，《中小学信息技术教育》2010 年第 3 期。

魏宏森：《复杂性研究与系统思维方式》，《系统辩证学学报》2003 年第 1 期。

韦克难：《现代管理心理学》，四川人民出版社 2006 年版。

吴迪：《绩效管理系统复杂性研究》，天津大学，2010 年 6 月。

吴海燕等：《教育信息化绩效评价指标体系研究》，《武汉大学学报（理学版）》2012 年第 10 期。

吴彤：《复杂性，科学与后现代思潮》，《内蒙古大学学报（人文、社会科学版）》2003 年第 4 期。

吴彤：《自组织方法论论纲》，《系统辩证学学报》2001 年第 4 期。

吴晓军：《复杂性理论及其在城市系统研究中的应用》，西北工业大学，2005 年 3 月。

吴永和、祝智庭等：《基础教育信息生态系统白皮书》，2006 年 8 月。

萧鸣政：《现代绩效考评技术及应用》，北京大学出版社 2007 年版。

肖华茂：《基于系统论的循环经济发展模式的研究》，《工业技术经济》2007 年第 7 期。

谢进川：《关于差异化管理的理论探讨》，《理论前沿》2005 年第 12 期。

解月光等：《信息技术教学应用研究》，人民教育出版社 2005 年版。

解月光等：《农村教育资源优化与信息技术教育发展的策略与方法研究总课题研究》，东北师范大学，2005 年 6 月。

解月光等：《欧美农村偏远乡村教育信息化推进策略及其启示》，《外国教育研究》2007 年第 12 期。

解月光等：《可持续发展——农村教育信息化的战略选择》，《东北师大学报（哲学版）》2008 年第 1 期。

解月光等：《欠发达地区农村学校教育信息化参与主体的需求分析与思考》，《中国电化教育》2010 年第 2 期。

谢忠新：《基于系统视角的学校信息技术与课程整合 EIPO 评价模型》，《中国电化教育》2009 年第 5 期。

熊才平：《中小学教育信息化进程中的城乡差距调查报告》，《电化教育研究》2006 年第 2 期。

熊励、孙友霞等：《协同创新研究综述——基于实现途径视角》，《科技管理研究》2011 年第 14 期。

杨斌、解月光、孙艳：《农村基础教育信息化绩效评估模型的构建》，《中国电化教育》2009 年第 7 期。

杨改学、田健：《"农远"工程：加快西部民族地区基础教育发展的战略选择》，《现代远程教育研究》2010 年第 7 期。

杨健：《农村教育信息化建设任重道远》，《人民日报》2003 年 11 月 11 日。

杨小微：《从复杂科学视角反思教育研究方法》，《教育研究与试验》2000 年第 3 期。

杨晓宏、黄兰芳：《农村中小学现代远程教育的应用效益及效益评价指标体系研究》，《远程教育》2008 年第 8 期。

杨晓虹、梁丽：《全面解读教育信息化》，《电化教育研究》2005 年第 1 期。

杨永贤、罗瑞：《国内外区域教育信息化效益评估述评》，《中国教育信息化：高教职教》2012 年第 11 期。

杨宗凯：《〈教育信息化十年发展规划〉解读》，《国外社会科学》2003 年第 6 期。

姚丹：《全面质量管理的核心——以人为本》，《南平师专学》2006 年第 10 期。

姚建萍、孙德芬：《高校科研创新团队建设的路径选择：以系统论为视角》，《中国成人教育》2013 年第 18 期。

姚文建：《自组织理论下的国家开放大学办学体系建设探索》，《中国远程教育》2013 年第 5 期。

姚宇：《生产要素关系的时代差异研究——基于耗散结构的分析》，《价值工程》2010年第 3 期。

叶澜：《让课堂焕发出生命力——论中小学教学改革的深化》，《教育研究》1997 年第 9 期。

叶澜：《21 世纪社会发展与中国基础教育改革》，《中国教育学刊》2005 年第 1 期。

殷雅竹、李艺：《论教育绩效评价》，《电化教育研究》2002 年第 9 期。

尹睿：《区域基础教育信息资源共建共享机制的研究》，《中国电化教育》2009 年第 9 期。

尤太权、高元华：《协同创新的服务型项目研究》，《中国科技信息》2013 年第 10 期。

尤学贵：《树立协同创新观念 大力推进教育信息化的有效应用》，《江苏教育》2012 年第 10 期。

余胜泉：《生态观突围教育信息化困境》，《中国教育网络》2005 年第 6 期。

余胜泉、马宁：《区域性教育信息化的应用推进》，《中国电化教育》2005 年第 11 期。

余胜泉、陈莉：《构建和谐"信息生态"，突围教育信息化困境》，《中国远程教育》2006 年第 5 期。

余胜泉：《教育信息化生态观与新技术教育应用的科学发展》，《基础教育参考》2006 年第 9 期。

余胜泉、赵兴龙：《基于信息生态观的区域教育信息化推进》，《中国电化教育》2009 年第 8 期。

余胜泉：《技术何以革新教育——在第三届佛山教育博览会"智能教育与学习的革命"论坛上的演讲》，《中国电化教育》2011 年第 7 期。

余胜泉：《推进技术与教育的双向融合——〈教育信息化十年发展规划（2011—2020年）〉解读》，《中国电化教育》2012 年第 5 期。

袁贵仁：《价值学引论》，北京师范大学出版社 1992 年版。

袁晓勐：《城市系统的自组织理论研究》，博士学位论文，东北师范大学人文地理学，2006 年。

曾健、张一方：《社会协同学》，科学出版社 2000 年版。

曾水兵、解月光、孙艳：《农村中小学教育信息化有效性：问题、归因与对策》，《教育发展研究》2007 年第 5 期。

曾水兵、解月光、孙艳：《一种基于参与主体真实需求视角的探究》，《教育发展研究》2007 年第 5 期。

张宝山、姜德刚：《论教育研究思维方式的转换》，《科技资讯》2006 年第 11 期。

张本祥、孙博文：《社会科学非线性方法论》，哈尔滨出版社 1997 年版。

张豪峰、范喜燕：《河南省农村骨干教师教育技术能力现状调查与分析》，《中国远程教育》2011 年第 7 期。

张红延、李红梅：《教育系统模型与过程模型的研究及应用》，《计算机教育》2007 年第 3 期。

张虹：《区域基础教育信息化发展相关问题调研与分析——来自 72 位教育局长的视角》，《中国电化教育》2008 年第 1 期。

张力：《产学研协同创新的战略意义和政策走向》，《教育研究》2011 年第 7 期。

张际平：《系统论与基础教育信息化应用推进》，《中国电化教育》2009 年第 3 期。

张建伟：《教育信息化系统化分析》，《教育科学》2000 年第 1 期。

张建伟：《教育信息化的系统框架》，《电化教育研究》2003 年第 1 期。

张杰、唐宏、苏凯等：《效能评估方法研究》，国防工业出版社 2009 年版。

张进宝：《基础教育信息化可持续发展的战略思考》，《现代教育技术》2008 年第 3 期。

张进宝：《从"六要素模型"到"CIPO 模型"，教育信息化研究思路的再审视》，《中国电化教育》2008 年第 10 期。

张林英、蒋薇：《教育质量与有形产品质量的区别与联系》，《中国教育学刊》2013 年第 12 期。

张倩苇：《国家教育信息化政策的发展及对策研究》，《中国电化教育》2005 年第 11 期。

张松、吴先锋：《差异化理论在企业新时期竞争战略选择中的实施》，《中国管理信息化（综合版）》2007 年第 5 期。

张天雪：《区域教育均衡发展的理想效度》，《中国教育报》2013 年 1 月 10 日。

张喜艳、马捷：《教育信息生态系统的进化研究》，《电化教育研究》2010 年第 11 期。

张喜艳、解月光：《教育信息化绩效特征结构解析》，《中国电化教育》2011 年第 6 期。

张晓卉、解月光、王海、张喜艳：《基于 EEE 模型的农村基础教育信息化绩效评估体系应用方法研究》，《中国电化教育》2013 年第 1 期。

张志慧：《系统视角下区域信息化差异比较研究——以粤、桂、滇、黔为例》，广西大学硕士论文，2012 年 5 月。

赵福赞、李小龙、安娜、陈妙菊：《农远工程环境下信息化教学资源绩效评价指标体系的设计》，《软件导刊（教育技术）》2010 年第 8 期。

赵天书：《农村教育信息化的策略——专访东北师范大学农村教育研究所解月光教授》，《信息技术教育》2004 年第 5 期。

赵晓声、傅钢善、卢燕：《陕西省农远工程资源应用的现状与策略研究》，《现代教育技术》2011 年第 4 期。

中国教育年鉴编辑部著：《中国教育年鉴》，人民教育出版社 2005 年版。

中国科学院政策与管理科学研究所：《信息化与经济的发展报告》，2006 年 3 月 30 日。

中国民主同盟上海市委员会课题组：《教育行政部门与政府其他部门的协同性研究》，《教育发展研究》2006 年第 2 期。

中央电大咨委会第三子课题组任为民、施志毅：《公共服务体系建设与电大教育发展》，《中国远程教育》2008 年第 9 期。

周培植：《以教育生态理论促进区域教育现代化——杭州市下城区"高位均衡、轻负高质"教育发展路径探索》，《教育研究》2009 年第 10 期。

周平红、杨宗凯、张屹、陈蓓蕾：《基于结构方程模型的我国高等教育信息化水平综合评价研究——来自"中国高校信息化建设与应用水平"的调研》，《电化教育研究》2011 年第 11 期。

朱永、张新明：《论教育信息系统的演进——兼论教育信息生态的形成》，《中国远程教育》2008 年第 7 期。

祝智庭、顾小清：《突破应用瓶颈，关注教育效益：教育信息化建设的问题与对策》，《中国教育报》2006 年 3 月 6 日。

祝智庭：《中国教育信息化十年》，《中国电化教育》2011 年第 1 期。

祝智庭、杨志和：《云技术给中国教育信息化带来的机遇与挑战》，《中国电化教育》2012 年第 10 期。

卓么措、罗江华：《青海省民族地区中小学教师教育技术能力现状的调查》，《中国远程教育》2010 年第 5 期。

Ely, Donald P. Technology Is the Answer! But What Was the Question?

George Siemens. Connectivism: A Learning Theory for the Digital Age. Instructional technology &distance learning, 2005, 2 (1).

Jacques Ellul: The Technological society, New York: John Wilkinson Vintage Books, 1964.

Office of Educational Technology U. S. Department of Education, Transforming American Education: Learning Powered by Technology—National Educational Technology Plan 2010, http: // www. ed. gov/technology, 2012 – 04 – 01.

Von Krogh: Carein knowledge creation, California Management Review, 1998, 40.

Zhou Nan – Zhao & Fumihiko Shinohara & Sharon Sivert. Regional Guidelines for Teacher Development for Pedagogy – Technology Integration, Thailand: UNESCO Asia and Pacific Regional Bureau for Education, 2004.

后　记

　　我对农村基础教育信息化的关注始于 2001 年。当时，人类刚刚踏入 21
世纪，各国都在全面迎接世界信息技术迅猛发展的挑战。在教育界，以信息
化带动教育现代化，通过信息化途径实现教育跨越式发展，成为一种战略共
识甚至是重要的实践指导思想。2000 年 10 月，教育部在北京召开了"全国中
小学信息技术教育工作会议"，决定从 2001 年起用 5—10 年左右的时间在全
国中小学基本普及信息技术教育，全面实施"校校通"工程，以信息化带动
教育现代化，努力实现我国基础教育新的跨越。这次会议除了时任教育部长
的陈至立做了题为《抓住机遇，加快发展，在中小学大力普及信息技术教育》
的报告，同时出台了三个重要文件，即《关于在中小学普及信息技术教育的
通知》《关于在中小学实施"校校通"工程的通知》和《关于印发〈中小学
信息技术课程指导纲要（试行）的通知〉》。这是在国家层面的关于全国中小
学普及信息技术教育的动员大会，是一个里程碑的会议。昭示着信息技术教
育将肩负的新型人才培养以及缩小区域间教育差距的历史使命。

　　信息技术教育是面向信息社会的公民的教育。其追求的终极目标是：培
养在信息社会中良好生存、成功发展、辛福生活的个体必须具备的信息素养。
然而，信息技术教育的有效实施与可持续发展受制于教育信息化基础建设的
水平，特别是体现区域现实特征与需求的信息化资源的建设及其应用水平。
我国地大物博，幅员辽阔，区域特色鲜明，经过长期发展的基础教育形成了
显著的区域特征。尤其是在社会、经济、文化等方面，东西部之间、城市与
农村之间、发达地区与欠发达地区之间存在巨大差异。就当时的现状来说，
农村基础教育信息化建设面临根本性的挑战，在全国中小学普及信息技术教

育是一个未来梦。但是，在我国，基础教育在农村，有 2.05 亿的初中学生和小学生在农村，接受信息技术教育是每个学生的权利，农村学生的这个权利谁也不能剥夺。那么出路在哪里？唯一的选择就是集各方力量助推农村基础教育的信息化建设与发展，积极落实 2000 年全国中小学信息技术教育工作会议的精神与各项决定。

正是在这样的背景、形势和思想情感下，我开始了农村基础教育信息化方面的研究。在过去的 10 年里，我先后主持研究了关于农村基础教育信息化的国家级别的课题三项。2002 年，申请获批全国教育科学规划"十五"重点课题"农村教育资源优化与信息技术教育开展的策略与方法研究"（课题批准号 BYA010115）；2005 年，申请获批教育部人文社会科学重点研究基地重大课题"欠发达地区农村基础教育信息化推进战略研究"　　（课题编号 05JJD880006）；2010 年，申请获批国家社科基金"十一五"规划 2010 年度教育学一般课题"农村基础教育信息化绩效评估体系构建及应用研究"（课题编号 BCA100097）。这三项课题是有纵向性和继承性的，但总体上始终着眼于欠发达农村基础教育信息化的基本理论问题、实践策略问题和有效的可持续发展问题的解决与深入探索。

2010 年以来，教育均衡成为国家在基础教育发展方面着重解决的重大问题之一，从外在均衡走向内在高位均衡，是基础教育均衡发展的最终目的，也是复杂难解之题。国内外实践表明，此难题破解的有效途径在于全面提升基础教育信息化的应用水平和促进可持续发展。作者试图通过对已有研究成果的梳理，呈现这一途径的可能与可行，以及如何保证可能与可行的一些思路、对策与方法。

本书是 2010 年国家社科基金项目"农村基础教育信息化绩效评估体系构建及应用研究"的研究成果。该课题的研究是以前面两个课题（"农村教育资源优化与信息技术教育开展的策略与方法研究""欠发达地区农村基础教育信息化推进战略研究"）研究的积累为基础，就此而言，本书也是三个课题研究成果的集合，凝结了 10 余年来农村基础教育信息化研究团队精诚合作、协同创新的精神与集体智慧。

全书分为上、中、下三个篇章，书中核心内容包括了对农村基础教育信息化绩效评估理论的研究，在系统观下对农村基础教育信息化绩效与发展阶段的研究，对农村基础教育信息化绩效评估模型和绩效评估体系的研究，以及对农村基础教育信息化绩效评估的实施与结果分析。同时也包括了通过问卷调查、实地考察和访谈等方法，对欠发达地区农村基础教育信息化的发展现状，从主体需求、可持续发展及制约因素等方面，进行了深入的研究与分析。此外，还对农村基础教育信息化可持续发展问题进行了探讨，提出了绩效导向的农村基础教育信息化整体推进策略，从发展趋势的角度讨论了农村基础教育信息化可持续发展的战略选择。

全书由解月光设计整体架构与内容。第一章由姜玉莲撰写；第二章由姜玉莲、解月光、张喜燕撰写；第三章由王珏、赵琳、裴雪娇、邱博撰写；第四章由曲茜茜、解月光撰写；第五章由解月光、张晓卉、孙宏志、付海东撰写；第六章由褚丹、解月光撰写；第七章由王海、解月光撰写；第八章由王海撰写；第九章由张喜燕撰写；第十章由解月光、姜玉莲撰写；第十一章由姜玉莲、解月光撰写。

解月光负责全书的统稿，姜玉莲、王海、卢丹、张喜燕、曲茜茜、庞敬文、王珏、姜旬恂、孙宏志全程参加统稿与校对。

本书是课题研究成果的呈现。从课题研究、到成果整理、再到书稿撰写，这历时不短的过程中，充满了我的团队成员协同构建、破难攻坚、求真求是的辛勤与汗水、快乐与酸甜。这些团队成员有已经毕业了的我的博士、硕士研究生，有在读的我的博士、硕士研究生，有的即将成为我的博士研究生，还有曾经是我的学生，现在成为我的同事或合作研究者。在这里，我要向我的研究团队表示深深的谢意！感谢他们给予本研究的大力支持与无私奉献！感谢李岩、简婕、邢志芳、魏俊杰、魏国宁、张婧、葛林、梁凯华、李鹏飞、高明、孙鹤、孙宏志、姜宇飞、裴雪娇、邱博、张秋月、孙中芳等已经毕业的同学，感谢王海、张晓卉、张喜燕、庞敬文、王珏、曲茜茜、卢丹、姜玉莲、姜旬恂、褚丹、付海东、赵琳等还在就读的各位同学，感谢吉林工商学院的孙艳副教授，东北师范大学传媒科学学院的杨斌副教授。在这里，还要感谢为课题调研提供大力支持与帮助的朋友们，他们是内蒙古师范大学传媒学院的田振清教授，东北师范大学农村教育研究所的李伯玲副所长，内蒙古民族大学的邱晓丹老师。在这里，还要感谢为评估指标体系构建研究提供指导和咨询意见的专家朋友们，他们是南京师范大学的李艺教授，浙江大学的张剑平教授，北京师范大学的衷克定教授，华中师范大学的赵呈领教授、王继新教授，陕西师范大学的傅刚善教授，海南师范大学的关文信教授，上海师范大学的董玉琦教授，内蒙古师范大学的田振清教授，华南师范大学的徐晓东教授，海南省教育研究院的段青教研员、徐强教研员，海南华侨中学的周珺老师，吉林省电化教育馆的陈铭馆长，吉林师范大学的唐文和教授，谢谢你们在百忙之中为本课题研究成果品质的提升与保证所做出的努力！

本书的出版，得到人民出版社的大力支持，非常感谢张燕编辑和提供封面设计的美编们，感谢你们为本书审核、校对，以及为达到精致所做的点点滴滴。

最后，向书中所列出及未列出的各类参考文献的作者同行们致以深深的谢意，是你们的辛勤探索与智慧结晶丰富了本书的内容。

对书中参考和引用的国内外资料文献，我们尽量注明出处，如果有遗漏和不准之处，恳请原谅。

书中一定会有不当或错误之处，真诚希望读者批评指正。

作　者

2015 年 6 月 18 日

责任编辑:张　燕
封面设计:林芝玉
装帧设计:胡欣欣
责任校对:吕　飞

图书在版编目(CIP)数据

农村基础教育信息化绩效评估及发展研究/解月光 著.
 -北京:人民出版社,2015.7
ISBN 978－7－01－014953－0

Ⅰ.①农…　Ⅱ.①解…　Ⅲ.①乡村教育-基础教育-信息化-研究-中国
　Ⅳ.①G639.2

中国版本图书馆 CIP 数据核字(2015)第 136988 号

农村基础教育信息化绩效评估及发展研究
NONGCUN JICHU JIAOYU XINXIHUA JIXIAO PINGGU JI FAZHAN YANJIU

解月光　著

人民出版社 出版发行
(100706　北京市东城区隆福寺街 99 号)

北京中科印刷有限公司印刷　新华书店经销

2015 年 7 月第 1 版　2015 年 7 月北京第 1 次印刷
开本:710 毫米×1000 毫米 1/16　印张:22.25
字数:340 千字

ISBN 978－7－01－014953－0　定价:58.00 元

邮购地址 100706　北京市东城区隆福寺街 99 号
人民东方图书销售中心　电话 (010)65250042　65289539